Reinhard Keck Marc-André Rüssau

Menschen
durchschauen
wie ein
Polizeipsychologe

Reinhard Keck   Marc-André Rüssau

Menschen
durchschauen
wie ein
Polizeipsychologe

Von den Experten der Polizei
für den Alltag lernen

Bibliografische Information der Deutschen Nationalbibliothek:
Die Deutsche Nationalbibliothek verzeichnet diese Publikation in der Deutschen
Nationalbibliografie; detaillierte bibliografische Daten sind im Internet über
http://d-nb.de abrufbar.

Für Fragen und Anregungen:
polizeiwissen@rivaverlag.de

Wichtiger Hinweis:
Bitte beachten Sie, dass die Ermittler bei ihrem Handeln auf jahrelange Erfahrung zurückgreifen können und eine andere rechtliche Absicherung genießen als der » Normalbürger«.
Wir übernehmen für Schäden, die sich aus der Umsetzung der in diesem Buch versammelten Vorschläge ergeben, keine Haftung.

1. Auflage 2014

© 2014 by riva Verlag, ein Imprint der Münchner Verlagsgruppe GmbH,
Nymphenburger Straße 86
D-80636 München
Tel.: 089 651285-0
Fax: 089 652096

Redaktion: Wolfgang Gartmann, München
Umschlaggestaltung: Kristin Hoffmann unter Verwendung von shutterstock und istock
Satz: Georg Stadler, München
Druck: GGP Media GmbH, Pößneck
Printed in Germany

ISBN Print: 978-3-86883-362-1
ISBN E-Book (PDF): 978-3-86413-452-4
ISBN E-Book (EPUB, Mobi) 978-3-86413-453-1

─ Weitere Informationen zum Verlag finden Sie unter ─

www.rivaverlag.de

Beachten Sie auch unsere weiteren Verlage unter
www.muenchner-verlagsgruppe.de

Inhalt

»Wenn jemand so fantasielos ist, eine Lüge mit Beweismaterial zu stützen, kann er ebenso gut gleich die Wahrheit sagen.«
Oscar Wilde (1854–1900), *Der Verfall der Lüge*

Verhören wie ein Kommissar

Wie Sie ein Gespräch richtig vorbereiten – Wie Sie die Vernehmungsstrategien der Polizei nutzen können – Wie Sie bewusst kommunizieren – Wie Sie einen Lügner enttarnen – Wie Sie Ihr Gegenüber mit ins Boot holen

Karsten Schilling ist Kriminalhauptkommissar in Unna. Er ist Dienststellenleiter im KK1, das unter anderem bei Tötungs- und Sexualdelikten sowie Brandstiftung ermittelt. Er ist Spezialist für Vernehmungen, sein Buch *Vernehmungen – Taktik, Psychologie, Recht*, das er gemeinsam mit Staatsanwalt Heiko Artkämper verfasst hat, gehört zu den Standardwerken in der Polizeiausbildung.

Wie Sie ein Gespräch richtig vorbereiten

Das Mädchen war neun Jahre alt. Es war in dem Fall Opfer und wichtigste Zeugin in einer Person. Als ich mich auf seine Vernehmung vorbereitete, war mir klar, dass seine Aussage entscheidend dafür sein würde, ob ein Sexualstraftäter ungeschoren davonkommen oder ob er für einige Jahre aus dem Verkehr gezogen werden würde. Denn damit ein Täter verurteilt wird, muss die Aussage des Opfers so glaubhaft sein, dass es für das Gericht keinen Zweifel mehr geben kann. Nun ist es gerade bei Kindern oft schwierig, eine solche Aussage zu bekommen, da sie leicht beeinflussbar sind. Wenn das Gericht aber das Gefühl hat, hier wurde dem Kind von Eltern, Lehrern oder Ermittlungsbeamten eine Aussage in den Mund gelegt, muss es den Beschuldigten freisprechen, da die belastende Aussage so verwässert ist, dass gilt: im Zweifel für den Angeklagten.

Wir hatten im KK1 einen neuen Motorroller bekommen, so eine kleine Maschine, mit der man lediglich kurze Fahrten unternehmen konnte. Aber immerhin war es ein echter Polizeiroller, mit einem Polizeiaufkleber drauf und einem Behördenkennzeichen. Ich dachte mir: Für ein neunjähriges Mädchen ist das schon was. Also nahm ich einen kleinen Helm für Kinder mit und fuhr zu dem Haus, in dem das Mädchen lebte.

Die Mutter machte mir auf, sie wirkte verstört, aufgelöst. Ihre Tochter reagierte zunächst schüchtern auf mich, wie das für ein Mädchen ihres Alters normal ist.

»Magst du mir mal dein Zimmer zeigen?«, fragte ich.

Das Mädchen lächelte, das wollte sie schon. Also nahm es mich mit nach oben, ich schaute mir seine Pferdeposter, die Kuscheltiersammlung, selbst gemalte Bilder an. Es schien vertrauen zu fassen. Zeit also, meinen nächsten Trumpf auszuspielen.

»Bist du schon mal mit einem Polizeiroller gefahren?«, fragte ich das Mädchen. Es war begeistert. Die Mutter reagiert erst etwas verdattert, aber instinktiv merkte sie wohl, was ich vorhatte. Also drehte ich mit dem Mädchen ein paar Runden durch die Siedlung. Ein Eis spendierte ich ihm außerdem.

Dann brachte ich es wieder nach Hause. »Du und deine Mutter, ihr könnt mich jetzt in der Polizeiwache besuchen kommen. Da hab ich ein paar Fragen an dich. Ist das okay?«

Das Mädchen nickte glücklich. Denn die Vernehmung, die ihm jetzt bevorstand, hatte jeden Schrecken verloren. Für die Kleine war es nur die Fortsetzung des spannenden Tages, des Abenteuers, von dem sie ihren Freundinnen erzählen konnte. Wie sie mal Polizeiroller gefahren ist und in eine richtige Polizeiwache eingeladen wurde.

Meine Vernehmungen mache ich alle in meinem Büro. Nicht weil es der ideale Raum dafür wäre, sondern einfach, weil wir bei uns auf der Wache kein Verhörzimmer haben, das nur zu diesem Zweck genutzt wird. Ideal wäre ein Raum mit angenehmer Atmosphäre, am besten wäre es, auf einem Sofa zu sitzen und sich zu unterhalten. Das würde zu besseren Ergebnissen führen. Wer entspannt ist, kann sich besser öffnen, hat nicht das Gefühl, jedes Wort auf die Goldwaage legen zu müssen, weil er Teil eines amtlichen Vorgangs ist. Für die Vernehmung von Kindern bräuchte man eigentlich ein eigenes Zimmer mit Spielzeug. Aber ich hatte durch die »Vorarbeit« mit dem Polizeiroller bereits genug Vertrauen aufgebaut und war mir mittlerweile sicher, dass sich das Mädchen von der Behördenatmosphäre nicht mehr abschrecken lassen würde.

»Jetzt musst du mir bei was helfen«, sagte ich. Dann nannte ich den Namen eines Bekannten der Familie. »Ich muss wissen, was der mit dir gemacht hat.«

Ich sagte nicht: Der hat was Schlimmes gemacht, für das er bestraft werden muss. Ich wollte nur hören, was passiert ist, ohne dass sich das Mädchen über eventuelle Konsequenzen für den Mann, der ja ein Freund der Familie war, Gedanken machen musste.

Die Neunjährige dachte kurz nach, dann erzählte sie. In kindlichen Worten berichtete sie mir von der Vergewaltigung, dass es ihr unangenehm gewesen sei, dass sie sich gewehrt habe. Ich musste nicht viele Fragen stellen, sie erzählte mir davon, als ginge es um etwas Belangloses, was ihr in der Schule mit Freunden passiert war.

Ich habe großen Respekt davor, was Hilfsorganisationen für die Opfer von Sexualstraftaten leisten. Aber meine Arbeit machen sie schwerer. Ein Kind kann meist unbefangen davon erzählen, was geschehen ist. Es weiß noch nicht, was Sexualität ist. Erst wenn sie in die Pubertät kommen, mit 12, 13 Jahren, wird ihnen bewusst, was mit ihnen gemacht wurde. Dann setzt die Scham ein, die Traumatisierung. Ein missbrauchtes Kind, das nicht von Psychologen oder den eigenen Eltern beeinflusst wurde, gibt eine glasklare Schilderung der Tat ab, die selbstverständlich vor Gericht Bestand hat.

Der Mann wurde zu neun Jahren Freiheitsstrafe verurteilt. Auch weil die Aussage seines Opfers so klar war, dass das Gericht keinen begründeten Zweifel mehr haben konnte. Weil das Mädchen mir vertraut hat, nicht zuletzt wegen der paar Runden, die ich sie auf dem Polizeiroller mitgenommen habe.

Bei jedem Gespräch, das Sie führen, ist die innere Einstellung Ihres Gegenübers zu Ihnen entscheidend. Die wird aber nicht nur dadurch bestimmt, was Sie sagen, oft ist entscheidender, unter welchen Rahmenbedingungen das Gespräch stattfindet, also der Ort und die aktuelle Gefühlslage Ihres Gegenübers. Investieren Sie Zeit, um gute Rahmenbedingungen für ein Gespräch zu schaffen. Nehmen wir als Beispiel, Sie wollen Ihren Chef um eine Gehaltserhöhung bitten. Sie haben dafür vermutlich gute Argumente, wahrscheinlich haben Sie sich lange überlegt, was Sie alles ins Feld führen können. Investieren Sie noch einmal genauso viel Zeit, um herauszufinden, wann die Rahmenbedingungen für das Gespräch gut sind – und wie Sie sie verbessern können.

Fragen Sie ihn nicht in seinem Büro. Stellen Sie sich vor: Er sitzt an seinem Schreibtisch, leicht erhöht, die Vorzimmerdame kommt immer mal wieder herein, das Telefon klingelt. Sie erscheinen in dem Moment als Bittsteller, Ihr Chef ist der gefragte Mann mit Heimvorteil. So ist kein Gespräch auf Augenhöhe möglich. Was spricht dagegen, dass Sie sich zum Essen in der Kantine verabreden?

Und klären Sie vorher ab, in welcher Grundstimmung Ihr Chef ist. Hat er gerade Druck von oben, weil die Zahlen nicht stimmen? Dann verschieben Sie das Gespräch. Er wird sich nicht für Sie einsetzen, wenn er gerade an anderen Fronten kämpfen muss. Außerdem sollte er Ihnen in diesem Moment vertrauen. Bitten Sie ihn also eher um ein Gespräch, wenn Sie gerade einen dicken Auftrag an Land gezogen haben.

Wie Sie die Vernehmungsstrategien der Polizei nutzen können

Es gibt mehrere Strategien, nach denen Polizeibeamte ihre Vernehmungen planen. Einige Methoden sind umstritten, sie nutzen Psychotricks, um den Tatverdächtigen zu einem Geständnis zu bringen. Dabei besteht die Gefahr, dass auch Unschuldige den

Druck nicht mehr aushalten und gestehen, einfach um ihre Ruhe zu haben. Die Reid-Methode, die aus den USA stammt und einige Jahre auch bei uns populär war, steht beispielsweise im Verdacht, einige falsche Geständnisse provoziert zu haben. Ich stelle Ihnen in diesem Kapitel die beiden bekanntesten Vernehmungsstrategien vor. Die eine, die Reid-Methode, setzt den Vernommenen unter Druck. Die andere, die RPM-Methode, lockt ihn in eine Falle.

Die Reid-Methode

Der Chicagoer Polizeibeamte John E. Reid galt in seinem Revier als harter Hund, der auch den abgebrühtesten Kriminellen ein Geständnis abrang. Im Jahr 1948 publizierte er die Methode, mit der er die Vielzahl der Geständnisse erreicht hat. Seither wird die Methode in mehreren Ländern angewendet, seit den 90er-Jahren auch vermehrt in Deutschland. Mittlerweile hat sich bei Juristen allerdings die Meinung durchgesetzt, dass die Vernehmungsmethode mit der deutschen Strafprozessordnung nicht zu vereinbaren ist – da sie mit Druck und Täuschung arbeitet.

Bei der Reid-Methode versucht der Polizist, die Angst vor einem Geständnis abzubauen und gleichzeitig die Angst des Beschuldigten vor den Folgen seines Leugnens zu vergrößern. Die Methode zielt einzig und allein darauf ab, ein Geständnis zu bekommen. Es geht nicht in erster Linie darum, die Wahrheit herauszufinden.

Die Reid-Methode beginnt mit einem Gespräch mit dem Tatverdächtigen, das etwa 30 Minuten lang ist. Hier geht es noch nicht direkt um den Tatvorwurf, der Vernehmende will die »Nulllinie« des Gegenübers herausfinden, also wie er in einem ganz normalen Gespräch reagiert. Dann stellt er bewusst Fragen, die Stress erzeugen – beispielsweise: »Wer könnte Ihnen ein Alibi geben?«, »Wie fühlen Sie sich dabei, in dieser Angelegenheit befragt zu werden?« So sieht der Vernehmende, wie der mutmaßliche Täter unter Stress reagiert.

Danach beginnen neun Phasen der Vernehmung, in denen massiv Druck ausgeübt wird.

1. **Dominante Eröffnung des Tatvorwurfs** – auch mit der Behauptung, es gebe objektive Beweise oder Zeugenaussagen, die den Vernommenen schwer belasten.
2. **Themenbildung.** Dem Vernommenen werden in einem mehrminütigen Monolog Rechtfertigungen angeboten, die seine Tat weniger verwerflich erscheinen lassen. Beispielsweise: Es war ein Unfall. Es ist passiert, weil ich provoziert wurde. Es geht aber nicht mehr darum, ob die Tat begangen wurde, sondern nur noch um die Frage, warum.
3. **Umgang mit der Leugnung.** Der Vernommene wird versuchen zu widersprechen. Hier lässt ihn der Verhörende nicht zu Wort kommen, Einwände soll er mit ruhigem, aber energischem Ton unterbinden. Unterstellt wird dabei: Je öfter ein Täter sagt »Ich war es nicht«, desto schwieriger ist es später für ihn, die Schuld einzuräumen.
4. **Überwältigung der Einsprüche.** Der Verdächtige wird jetzt Argumente vorbringen, warum er nicht der Täter sein kann. Die Einsprüche soll der Verhörende ohne Überraschung aufnehmen, als habe er mit der Tatleugnung gerechnet. Er soll nun den Widerstand des Vernommenen brechen, indem er ihn immer wieder in Richtung Geständnis bringt.
5. **Wiederherstellung der Aufmerksamkeit.** In dieser Phase versucht der Vernommene häufig, sich innerlich abzukapseln, um über die Tat und die Folgen eines Geständnisses nachzudenken. Das soll der Vernehmende verhindern, indem er immer wieder die Aufmerksamkeit auf sich lenkt, beispielsweise durch kurze Berührungen oder Verringerung der körperlichen Distanz.
6. **Handhabung passiver Einstellung.** Jetzt sollte der Widerstand des Vernommenen gebrochen sein, was sich an einer besiegten Körperhaltung zeigt. Nun kommt kurz der »gute Bulle« zum Einsatz. Der Beamte soll dabei ein verständnisvolles Verhalten zeigen.
7. **Präsentation der »alternativen Frage«.** Der Beamte stellt dem Vernommenen eine Frage, bei der er zwei Antwortalternativen vorgibt. Beide Antworten räumen den Tatvorwurf

ein, die eine Antwort allerdings mit einer nicht akzeptablen Begründung, die andere mit einer scheinbar entlastenden, moralisch besser vertretbaren Begründung. Fällt der Vernommene auf die Finte herein und wählt die moralisch vertretbare Begründung, war die Reid-Methode erfolgreich.

8. **Das mündliche Geständnis.** Jetzt hat der – nun bereits geständige Vernommene – zum ersten Mal die Möglichkeit, den Tatablauf aus seiner Sicht zu schildern.

9. **Erneute Vernehmung** zur Aufnahme eines schriftlichen Protokolls.

Die RPM-Technik

Täter, davon geht die RPM-Technik (kurz für: Rationalisierung-Projektion-Minimierung) aus, nutzen Abwehrmechanismen, um ihre Tat zu rechtfertigen und zu verarbeiten. Genau diese Abwehrmechanismen präsentiert ihnen der Vernehmende in der Hoffnung, dass der Vernommene darauf eingeht, weil er in seiner eigenen Gedankenwelt abgeholt wird.

Die Abwehrmechanismen sind:

- **Rationalisierung**: Täter versuchen, logische Gründe für ihre sozial geächtete Tat zu finden. Der Vernehmende spricht diese Überlegung des Täters aus, bestärkt ihn: »In dieser Ausnahmesituation haben Sie völlig normal gehandelt.«
- **Projektion**: Der Täter versucht, die Schuld auf andere zu projizieren, beispielsweise auf das Opfer. Die vergewaltigte Frau hat den Täter »heiß« gemacht, das Mordopfer hat provoziert. Auch diese Rechtfertigung präsentiert ihm der Vernehmende: »Sie sind verführt worden, die Schuld tragen andere.«
- **Minimierung**: Bagatellisierung des Verbrechens. Der Täter sagt sich: So schlimm war die eigene Tat nicht; was ich gemacht habe, kommt jeden Tag hundertmal in der Welt vor. Auch der Vernehmende nimmt dem Tatvorwurf die Schärfe, den Mord nennt er konsequent »Unfall«, der Betrug wird »Versehen« genannt.

Wenn der Vernehmende Glück hat, geht der Täter irgendwann über eine der goldenen Brücken, die ihm gebaut wurden, und gesteht. Weil der Vernehmende ihm genau die Ausrede präsentiert hat, die er schon die ganze Zeit im Kopf hatte.

Die zielgerichteten Vernehmungsmodelle, so fragwürdig sie in der Polizeiarbeit sind, da sie mit Täuschung und Druck einzig auf ein Geständnis hinarbeiten, können in der »normalen« Gesprächsführung durchaus hilfreich sein.

Wenn Sie ein Gespräch planen, machen Sie sich klar, welches das positive Ergebnis ist, das Sie erreichen wollen – im Sinne der Reid-Methode ist es das Geständnis. Und seien Sie sich auch bewusst, was das negative Ergebnis ist – in einer Vernehmung wäre es die Situation, dass der Beschuldigte weiter leugnet.

In Ihrer Gesprächsführung müssen Sie dann darauf hinwirken, Ihrem Gegenüber klarzumachen, dass das für Sie negative Ergebnis auch für ihn negativ ist. Und dass ihm das für Sie positive Ergebnis zumindest nicht schadet.

Bei der Reid-Methode geht es hingegen um das Gefühl Angst, das im einen Fall aufgebaut und im anderen Fall abgebaut wird. In einer normalen Diskussion oder Verhandlung – beispielsweise einem Gespräch mit dem Chef wegen einer Lohnerhöhung – ist Angst ein zu starkes Gefühl, das Sie kaum werden aufbauen können. Es wäre auch unpassend. Sie können aber schwächere negative Gefühle für den Fall der Ablehnung Ihrer Gehaltsforderung aufbauen. Beispielsweise das Gefühl, der Chef würde sich in diesem Fall illoyal gegenüber seinem Mitarbeiter verhalten. Oder ihm den Eindruck vermitteln, in anderen Abteilungen würde die Arbeit guter Mitarbeiter mehr gefördert werden.

Auch die RPM-Technik kann da hilfreich sein. Versetzen Sie sich in Ihren Chef – welche Argumente wird er bei seinem Vorgesetzten nutzen, um die Gehaltserhöhung zu rechtfertigen? Die können Sie ihm direkt vorgeben. Gerade die »Bagatellisierung« könnte da funktionieren. Gehaltserhöhung ist ein sehr hartes Wort – vielleicht sollte man im Gespräch häufiger das Wort Wertschätzung benutzen. Oder darauf hinweisen, dass ein finanzieller Ausgleich für die gute Arbeit doch wohl normal sei.

Wie Sie bewusst kommunizieren

Wenn wir kommunizieren, tauschen wir Informationen auf unterschiedlichen Ebenen aus. Das sogenannte TALK-Modell unterscheidet vier Ebenen:

- **Tatsachen**: also Zahlen, Daten, Fakten. Dies sind die einzigen Informationen, die auf der Sachebene ausgetauscht werden; die drei anderen Informationen werden auf der Beziehungsebene ausgetauscht.
- **Auskunft**: über den Sender der Information.
- **Lenkung**: Versuch der Einflussnahme auf das Verhalten des Empfängers.
- **Klima**: Auskunft über die Situation.

Analysieren wir den Satz »Ich bin seit 30 Jahren Kriminalbeamter« nach dem TALK-Modell, dann wird klarer, was die Ebenen bedeuten.

Die Tatsache ist klar: 30 Jahre bei der Polizei.

Spannender und in der Wirkung des Satzes deutlich wichtiger sind die anderen Ebenen.

Auf der (Selbst-)Auskunftsebene drücke ich durch den Satz aus: Ich bin erfahren, ich kenne mich aus.

Auf der Lenkungsebene signalisiere ich meinem Gegenüber: Du sollst mir glauben, mich nicht belehren, nicht mit mir verhandeln.

Auf der Klimaebene stelle ich das Zusammenspiel der Beziehung klar: Du bist unerfahren und mir unterlegen.

Wenn Sie mit einem Menschen sprechen, seien Sie sich bewusst, welche Signale Sie auf den anderen Ebenen senden. Und achten Sie darauf, was der andere Ihnen, abseits der Sachebene, mitteilen will. Nur wenn Sie die anderen Ebenen nicht nur unbewusst auf sich wirken lassen, können Sie ein Gespräch steuern.

Kommunikation kann ins Stocken geraten. Sie findet nicht mehr zielgerichtet statt, sondern tritt auf der Stelle oder dreht sich im Kreis. Man hat dann drei mögliche Reaktionen:

- sich mit der Situation anfreunden.
- die Situation verlassen.
- versuchen, die Situation zu verändern.

Ein Weg, die Situation zu verändern, ist die explizite Metakommunikation. Also ein Gespräch über das Gespräch zu beginnen. Zunächst dem Gegenüber die eigene Beobachtung schildern (»wir drehen uns im Kreis«), dann das eigene Gefühl offenlegen (»ich finde das nicht gut«) und schließlich den Gesprächspartner um einen Vorschlag für das weitere Vorgehen bitten (»wie können wir das ändern?«).

Wie Sie einen Lügner enttarnen

Es gibt keine sichere Methode, einen Lügner zu entlarven. Aber es gibt Warnsignale der Lüge, auf die Sie in einem Gespräch achten sollten:

- **Verlegenheit**: Ihr Gegenüber verhält sich unterwürfig, zurückhaltend, drückt sich unklar aus, verspricht sich oft.
- **Übertreibung**: Ihr Gegenüber schildert einen Sachverhalt zu exakt. Das menschliche Erinnerungsvermögen ist begrenzt – trotzdem behauptet Ihr Gegenüber, sich minutiös an alles erinnern zu können. Auf Vorhalte reagiert er übertrieben entrüstet.
- **Mangelnde Kompetenz**: Ihr Gegenüber schildert einen Sachverhalt sehr abstrakt. Als wäre er nicht wirklich dabei gewesen, sondern referiere nur.

All diese Warnsignale reichen aber nicht, einen Lügner zu überführen. Gerade wir Polizisten haben das Problem, dass die Person, die vernommen wird, oft eingeschüchtert und nervös ist, allein aufgrund der ungewohnten Situation.

Auf der anderen Seite gibt es einige Indizien, die für eine wahrheitsgemäße Aussage sprechen. Der Bundesgerichtshof

(BGH) stellte im Jahr 1999 acht Qualitätskriterien für eine Inhalts- und Konstanzanalyse auf:

- **Detailreichtum der Aussage:** Bei einer ausgedachten Geschichte wirkt die Schilderung hölzern, weil sie nicht so plastisch wiedergegeben werden kann wie eigenes Erleben – außer man hat es mit einem talentierten Schriftsteller zu tun. Wie gesagt, übermenschlich genau wie bei einer übertriebenen Aussage sollte sie auch nicht sein. Wenn ein Zeuge auf die Minute genau weiß, wann er eine Tat beobachtet hat, sollte er einen Grund dafür haben – warum hat er kurz davor auf die Uhr geguckt? War er zu dieser Zeit verabredet?
- **Individuelle – ausgefallene – Besonderheiten:** Man merkt sich viele Dinge, die mit der eigentlichen Tat nichts zu tun haben. Bei einer konstruierten Geschichte fehlen diese Besonderheiten.
- **Raum-zeitliche Verknüpfung mit objektivierbaren Faktoren:** Wenn es objektive Beweise gibt, sollten sich die schlüssig in die Schilderung einfügen lassen.
- **Konstanz in wesentlichen Teilen:** Innere Widersprüche sollten fehlen und relevante und irrelevante Schilderungen sich gleichmäßig abwechseln. Die Aussage sollte sprachlich und situativ gleich bleiben.
- **Homogenität der Aussage:** Die unterschiedlichen Teile der Aussage müssen sich wie ein Puzzle zu einem stimmigen Gesamtbild zusammenfügen lassen. Vorfälle entwickeln sich logisch aus anderen Begebenheiten.
- **Ungeordnete Beschreibungen:** Eine nicht chronologische Wiedergabe einer auswendig gelernten Geschichte ist deutlich schwieriger, deswegen haben Lügengeschichten eine klare »Storyline«, Erlebtes wird oft ungeordnet geschildert.
- **Spontane Erweiterungen:** Der Lügner will Widersprüche nicht aufkommen lassen. Deswegen will er von seiner ursprünglichen Geschichte möglichst nicht abrücken. Lücken-

auffüllungen, Präzisierungen und Erweiterungen sind ein Indiz für eine wahre Aussage.

• **Objektivität durch Beschreibung be- und entlastender Umstände:** Der Lügner will mit seiner Geschichte ein bestimmtes Ziel erreichen, er wird nur Dinge erzählen, die auf dieses Ziel zuführen. Wer etwas wirklich Geschehenes schildert, tut das neutral.

Wenn die Geschichte, die Ihnen jemand erzählt, all diesen Qualitätskriterien genügt, ist es hoch wahrscheinlich, dass sie der Wahrheit entspricht. Was für den BGH okay ist, dem sollten auch Sie Glauben schenken können.

Wenn Sie einer Geschichte misstrauen, lassen Sie sich diese von Anfang bis Ende erzählen. Dann springen Sie mitten in die erzählte Handlung und stellen Sie dazu Fragen. Beispielsweise: »Als du die Tür aufgemacht hast, kamst du da von links oder rechts? Und was hast du vorher gemacht?« Der Lügner hat sich eine Geschichte zurechtgelegt, die er chronologisch wiedergeben kann. Sprünge und Rückfragen zu Nebensächlichkeiten setzen ihn unter Stress, weil er aus der eingeübten Geschichte herausgerissen wird und seine Lüge mit neuen Lügen erweitern muss.

Wie Sie Ihr Gegenüber mit ins Boot holen

Der junge Mann war ein armer Kerl. Vor einigen Monaten war seine Mutter gestorben, seine Chefin, seine Göttin, seine Versorgerin. Sie hatten eine fast symbiotische Beziehung geführt, für andere Frauen, überhaupt für andere Menschen hatte er nie Augen gehabt. Jetzt war er allein, hauste in einem Hochhaus im fünften Stock. Und spürte eine unendliche Leere in sich.

Dann begannen die Brände.

Vor dem Hochhaus standen fünf Papiercontainer. Alle paar Wochen fingen sie Feuer. Der Mann stand auf dem Balkon, beobachtete, wie die Szenerie nach kurzer Zeit vom Blaulicht erhellt wurde. Er hatte dabei ein gutes Gefühl, weil er etwas bewegt hatte.

Immer häufiger hatte er das Bedürfnis, etwas anzuzünden. Wenn er abends spazieren ging, um an der Tankstelle einzukaufen, zündete er gern an, was er auf dem Weg fand.

Bei Brandstiftung gibt es meist so gut wie keine Spuren. Das Feuer hat alles vernichtet oder berußt. So kann man als Ermittler nur hoffen, dass einen Zeugenaussagen zum Täter führen. Und der sich dann zu einem Geständnis bewegen lässt.

Die Brandserie dauerte mehr als ein Jahr. Bis wir schließlich eine Zeugin hatten, die etwas beobachtet hatte. Sie wohnte in dem Haus, vor dem die Papiercontainer regelmäßig brannten. Sie hatte beobachtet, wie der Mann aus dem fünften Stock kurz vor dem Brand auf dem Hof bei den Containern war.

Wir fuhren im Fahrstuhl direkt hoch zu ihm, klopften an die Tür. »Aufmachen, Polizei.«

Niemand machte uns auf. Aber wir hörten, dass sich in der Wohnung jemand bewegte.

Man kann in solch einer Situation jetzt den Schlüsseldienst rufen. Oder auf einen alten Trick zurückgreifen. Wenn Sie mit der Polizeimarke am Türschloss kratzen, hört sich das an, als würde das Schloss aufgebohrt werden. Der Mann wurde nervös und öffnete schließlich.

Wir nahmen ihn mit auf die Wache. Er leugnete, etwas mit dem Feuer zu tun zu haben. Ich holte ihn in mein Büro.

»Ich habe ein Problem«, sagte ich. »Vielleicht können Sie mir dabei helfen.«

Dann zählte ich die Brandorte auf, einen nach dem anderen. »Ich muss herausfinden, warum es da brennt.«

So habe ich ihn geknackt. Bei einer konfrontativen Vernehmung hätte er gemauert. Er hatte schon genug Angst vor dem Leben, mit einem Polizisten, der böse auf ihn ist, hätte er nicht umgehen können. So aber hatte er das Gefühl, mir helfen zu müssen. Menschen helfen anderen Menschen gern, wenn sie darum gebeten werden. Vor allem Menschen wie der Brandstifter, den seine Mutter zur Höflichkeit erzogen hatte. Einen Brand nach dem anderen räumte er ein. Außerdem erzählte er von seinen Problemen, vom Verlust seiner Mutter, wie sein Leben aus den Fugen geraten war. Im Verfahren erkannte auch die Staatsanwaltschaft das wesentliche Problem: Dem Mann musste geholfen werden. Unter Justitias Druck begab er sich in psychologische Behandlung und fing schließlich ein neues – eigenes – Leben an.

Man lernt als Polizist, dass man gut und böse streng trennen muss. Viele Polizisten haben eine Scheu, sich mit einem Verbrecher offen zu unterhalten. Ihm zu signalisieren: Ich habe Verständnis für deine Tat, billige sie aber nicht. Ich will wissen, wie es dazu gekommen ist. Dabei respektiere ich dich als Mensch.

Als junger Streifenpolizist habe ich einmal einen Mann bei einer Verkehrskontrolle angehalten. »Sie haben ein Stoppschild missachtet«, fuhr ich ihn an, als wäre er ein Schwerverbrecher. Als junger Polizist denkt man so, ein Stoppschild zu missachten ist eine Ordnungswidrigkeit, also ist der Täter böse.

Und dann leugnete der Mann auch noch. »Ich hab kurz angehalten.« Der Autofahrer war für mich damit endgültig zum Verbrecher mutiert. Er begeht eine Ordnungswidrigkeit, dann lügt er mich auch noch an. Ich vermochte in dem Moment nicht mehr zu sehen, dass jeder schon mal ein Stoppschild missachtet hat. Völlig unnötig sorgte ich für verhärtete Fronten.

Bei jedem Gespräch sollten Sie versuchen, Ihre und Ihres Gegenübers Gemeinsamkeiten zu sehen. Wenn Sie sich in Ihren Gesprächspartner hineinversetzen, wird er sich Ihnen öffnen. Sie müssen ihn mit ins Boot holen. Dann wird Ihre Kommunikation erfolgreich sein. Das ist wichtiger als alle Taktik und Gesprächsführung, die Sie sich zurechtlegen.

Kämpfen wie ein SEKler

Wie Sie sich auf den (Selbst-)Verteidigungsfall vorbereiten – Wie Sie zuschlagen – Wie Sie sich vor Bewaffneten schützen – Wie Sie Ihre eigene Eingreiftruppe bilden – Wie Sie sich gegen einen Kampfhund wehren – Wie Sie Türen aufbrechen – Wie Sie Stress und Angst besiegen – Wie Sie Teamgeist stärken

Nur die härtesten Polizisten schaffen es in ein Spezialeinsatzkommando (SEK). Und nur die Härtesten der Harten verbringen dort die Hälfte ihres Beamtenlebens. **Emil Pallay** ist einer von ihnen. Er ist 20 Jahre beim SEK Südbayern gewesen, hat mehr als 1000 Einsätze erlebt, dabei geschossen, geschlagen, mehr als 30 Geiselnahmen gelöst, manchmal mit Worten, manchmal mit Gewalt. Als Ausbilder hat er Hunderte Beamte zu Präzisionsschützen geformt, hat ihre Fitness und Stressbelastung getestet, ihre Willenskraft ausgereizt und sie als Kommandant in den Einsatz geschickt. Pallay ist ein kerniger, aber freundlicher Typ. Doch er kann auch anders. Von ihm lernen heißt besiegen lernen: Angreifer, Kriminelle, Nachbars Hund, den Widerstand der zugesperrten Tür, die eigene Angst. Das Leben ist ein einziger Kampf. Man sollte sich also zu wehren wissen.

Wie Sie sich auf den (Selbst-) Verteidigungsfall vorbereiten

Sie sind kein SEK-Beamter, besitzen keine Pistolen, Pfeffersprays oder andere Waffen? Sie prügeln sich nie, beherrschen kein Karate und betrachten sich als einen friedliebenden Menschen?

Schön für Sie. Aber: Auch Ihnen kann es passieren, dass Sie unerwartet und unverschuldet in Notlagen kommen und sich wehren müssen.

Wenn Sie eine Frau sind, haben Sie sicher Ihre Erfahrungen mit aufdringlichen Verehrern in der Disko gemacht. Hatten Sie da nicht immer ein mulmiges Gefühl, wenn Sie spätabends allein durch eine dunkle Gasse nach Hause gelaufen sind?

Oder denken Sie an den Betrunkenen, der in Ihrer Stammkneipe randaliert hat. Wären Sie da nicht gern gewappnet, falls er sich auf Sie stürzt?

Oder die Jugendlichen in der U-Bahn, die Sie angepöbelt haben, obwohl Sie keinen Stress mit ihnen gesucht haben. Wären Sie da nicht gern mit breiter Brust den aggressiven Heißspornen entgegengetreten?

Wenn Sie nach jeder dieser Fragen laut »Ja« gerufen haben, sind Sie hier richtig.

Nun werden Sie sagen, ein SEK-Kommandant hat gut reden. Stimmt. Als Spezialbeamte sind wir mit etlichen Kampftechniken vertraut, denn unser Job ist es, dann gezielt Gewalt auszuüben, wenn reden allein nichts mehr bringt. Das Gewaltmonopol liegt ausschließlich beim Rechtsstaat. Wir, das SEK, sind seine härteste und schärfste Waffe im Kampf gegen das Verbrechen und die Kriminalität.

Wir geben uns alle Mühe, Menschen vor Gefahr für Leib und Leben zu schützen; trotzdem können wir nicht immer und überall zur Stelle sein.

Auch darum sollten Sie wissen, wie man sich verteidigt. Selbst ist der Mensch. Selbstbewusst ist er, wenn er sich zu wehren weiß.

Selbstverteidigung ist viel mehr, als einen Angreifer auszuschalten oder bewusstlos zu schlagen. Sie beginnt viel früher. Selbstverteidigung hat auch damit zu tun, Bedrohungslagen gar nicht erst aufkommen zu lassen. Der beste Schutz besteht darin, gefährliche Situationen zu vermeiden. Und wenn das nicht möglich ist, gut auf sie vorbereitet zu sein.

Auch beim SEK verbringen wir die meiste Zeit damit, für den Ernstfall zu trainieren. Sie sollten das ebenfalls tun, bevor Sie den (Selbst-)Verteidigungsfall ausrufen.

1. Trainieren Sie Ihre Fitness

Kein Witz: Gehen Sie regelmäßig joggen, treiben Sie Sport, es muss nicht Kampfsport sein. Von mir aus auch Yoga. Hauptsache, Sie haben einen gesunden Körper. Denn in einem gesunden Körper wohnt ein wacher Geist. Wenn Sie in guter körperlicher Verfassung sind, stärkt das Ihr Selbstbewusstsein. Sie sind beweglicher, aufmerksamer und schneller und können Ihre Energie rasch mobilisieren. Schon dadurch können Sie Angreifern überlegen sein, denn die sind meist gestresst oder stehen unter Alkohol und Drogen. Das macht ihre Reaktionen langsam und ihr Handeln unkontrolliert.

Wenn Ihnen Joggen oder andere Fitnessübungen zu eintönig sind, kann ich das Fitnesstraining der Kollegen vom Berliner SEK empfehlen: Dort müssen Anwärter beim Einstellungstest einen Hindernisparcours mit Gasmasken auf dem Kopf bewältigen. Der fiese Nebeneffekt: Man bekommt 30 Prozent weniger Luft. Kandidaten, die nicht durchhalten und während eines Trainings aufgeben, müssen an einer Glocke läuten. Eine unüberhörbare Schmach. Schlagen Sie diesen Motivationstrick doch dem Betreiber Ihres Fitnessstudios vor.

2. Schreien Sie!

Wenn Sie allein im Auto sitzen, schreien Sie einfach mal los, und zwar so laut Sie können. Warum? Weil Sie dadurch Hemmungen ablegen. Das ist wichtig, wenn es später ums Zuschlagen geht. Sofern Sie kein Choleriker sind, werden Sie feststellen, wie ungewohnt es sich anfühlt zu schreien und wie schnell sich ein Kratzen im Hals einstellt. In unserer Kultur ist es nicht immer erwünscht, laut zu werden oder zu sein (ausgenommen die Fankurve im Fußballstadion).

Es ist jedoch wichtig, dass Sie sich der Kraft Ihrer Stimme bewusst werden. Auch mit ihr können Sie einen Angreifer einschüchtern. Das ist wie im Tierreich. Löwen müssen gut brüllen können.

3. Verlieren Sie Ihre Hemmungen!

Wie beim Schreien müssen Sie auch Ihre Schlaghemmung ablegen. Hauen Sie zu Hause übungshalber auf ein Kissen oder eine
Matratze. Schreien Sie auch dabei, aber nicht so laut, dass der
Nachbar die Polizei ruft. Sonst könnte es passieren, dass wir uns
persönlich kennenlernen.

4. Spielen Sie SEK!

Trainieren Sie Ihren Geist, indem Sie sich im Alltag spielerisch
vorstellen, Sie seien Mitglied eines SEK-Teams. Scannen Sie einen
Raum auf potenzielle Gefahrenquellen, wie wir es immer und überall tun. Das bereitet Sie geistig darauf vor, in realen Gefahrensitua-
tionen schneller Optionen für Ihr Handeln zu erkennen. Besonders geeignet für dieses Fantasiespiel ist Ihre Stammkneipe. Beginnen Sie, den Ort durch eine »Sicherheitsbrille« zu betrachten.
Stellen Sie sich nicht die üblichen Fragen (Wo gibt's das Bier? Welche Bardame ist die hübscheste? Oder: Welcher Kellner ist für einen Flirt zu haben?), sondern: Welcher Ort ist der sicherste, wenn
plötzlich ein Erdbeben aufkommt? (Richtige Antwort: Die Ecke eines Raums, denn an den Eckpfeilern ist jede Hauskonstruktion am
stabilsten.) Oder: Gibt es Fluchtmöglichkeiten? Womit kann ich
das Fenster einschlagen? Traue ich mir zu, aus dem Stand hinter
den Tresen zu springen? Welches Gesicht habe ich hier noch nie gesehen? Welcher Gast wirkt betrunken und aggressiv? Reagiert der
Wirt ungewohnt auf meine Präsenz? Wer beobachtet mich?

Stellen Sie sich nun Was-wäre-wenn-Fragen: Was wäre, wenn
mich der Typ mit dem Weißbierglas angreift? Der Kellner mir
das Tablett auf den Kopf knallt? Der Koch aus der Küche heraus ein Messer auf mich wirft? Es gibt unzählige Fragen, die Sie
sich stellen können. Aber übertreiben Sie es nicht. Sie sollen sich
ja nicht in Wahnvorstellungen hineinsteigern, sondern lediglich
Ihren Geist wach halten.

Wir beim SEK können uns diesen Blick für die Gefahr nicht
abgewöhnen. Auch im Alltag beobachten wir jedes Detail, ziehen
Schlüsse und spielen im Kopf Flucht- und Rettungsmaßnahmen
durch. Berufskrankheit.

5. Ziehen Sie sich passend an!

Sie wollen Freunde treffen, einen Kaffee trinken oder ins Museum gehen? Wofür brauchen Sie Ihre Kreditkarte oder sämtliches Bargeld in Ihrem Geldbeutel? Wofür brauchen Sie Ihren Ausweis? Trennen Sie immer Ausweis und Wohnungsschlüssel. Sie wollen Einbrecher doch nicht absichtlich zu sich nach Hause einladen. Wählen Sie Kleidungsstücke, die Sie in der Bewegungsfreiheit nicht behindern und die nicht als Waffe gegen Sie eingesetzt werden können – ein Schal ist ein perfektes Würgeinstrument. Wenn Sie wissen, dass Sie sich in geschlossenen, warmen Räumen aufhalten werden, lassen Sie ihn zu Hause. Tragen Sie keine High Heels, wenn Sie einen weiten Nachhauseweg haben, oder nehmen Sie ein zweites Paar bequeme Schuhe mit. So können Sie besser weglaufen und zutreten. Dazu aber später mehr.

6. Nehmen Sie eine Taschenlampe mit!

Sie finden es albern, Pfefferspray, eine Alarmsirene oder Trillerpfeifen in der Handtasche herumzutragen? Wie wäre es mit einer stark leuchtenden Taschenlampe? Die ist nützlich und auch zur Verteidigung einsetzbar. Wir beim SEK benutzen Taschenlampen nicht allein, um in dunklen Räumen besser zu sehen, sondern auch, um Gegner mit dem Lichtschein zu blenden. Doch Vorsicht! Eine Taschenlampe, die so groß ist wie ein Knüppel, kann auch als Waffe gegen Sie eingesetzt werden.

7. Bleiben Sie nicht allein

Sie wollen auf Reisen Ihre Ruhe haben? Ich empfehle Ihnen, eher lautes Kindergeschrei zu ertragen, als sich allein in leere oder nur mit einer Person besetzte Zugabteile zu setzen. Wenn Sie nachts Bus oder Straßenbahn fahren, sollten Sie sich einen Platz in der Nähe des Fahrers, der Tür oder anderer Fahrgäste suchen. Machen Sie keine Kompromisse, sondern wechseln Sie den Platz, wenn Sie sich von der Präsenz Ihres Sitznachbarn gestört fühlen. Erst recht, wenn er Sie belästigt.

8. Bewegen Sie sich richtig!

Es gibt etliche einfache Regeln, die Ihr Leben sicherer machen, die von vielen Menschen aber kaum beachtet werden. Wenn Sie auf einem kurvigen Weg gehen, laufen Sie immer an der Außenseite. So können Sie den Weg besser überschauen. Gehen Sie auf Straßen mit Verkehr immer links. So kommt Ihnen der Verkehr entgegen, und Sie haben die Autos nicht im Rücken.

9. Strahlen Sie Selbstbewusstsein aus!

Wenn Sie allein unterwegs sind und einem Unbekannten begegnen, halten Sie zwei Armlängen Abstand. Wenn Sie ins Gespräch kommen, zeigen Sie keine Unsicherheit, sondern sprechen Sie mit klarer, deutlicher Stimme. Wer aufrecht und mit erhobenem Haupt geht, strahlt Selbstsicherheit, Ruhe und Konzentration aus. Und wer Autorität ausstrahlt, schreckt auf natürliche Weise potenzielle Gewalttäter ab. Schärfen Sie Ihre Sinne und Ihr Wahrnehmungsvermögen, indem Sie Ihre Umwelt analysieren. Stellen Sie sich vor, Sie wären Ihr eigener Leibwächter und müssten alles hinterfragen: Warum ist der Mann in Eile? Warum parkt das Auto die Hofeinfahrt zu? Ist das ein Besenstiel oder ein Gewehrlauf, der aus dem offenen Fenster ragt? Noch einmal: Keine Paranoia, sondern erhöhte Aufmerksamkeit!

10. Beachten Sie Ihre Rechte!

Bevor ich Sie mit Techniken vertraut mache, mit denen Sie Angreifer überwältigen und schwer verletzen können, sollten Sie sich mit der Rechtslage vertraut machen. Lesen Sie die folgenden Fälle aufmerksam durch, um zu wissen, wann und wie Sie sich wehren dürfen, in welchen Situationen Sie zuschlagen sollten und wann eher nicht.

Auf dem Nachhauseweg springt ein Unbekannter hinter einem Gebüsch hervor und beginnt, mir ins Gesicht zu schlagen. Darf ich mich verteidigen?

Ja. Wann, wenn nicht jetzt? In § 32 Strafgesetzbuch (StGB) heißt es: »Notwehr ist die Verteidigung, die erforderlich ist, um einen gegenwärtigen rechtswidrigen Angriff von sich oder anderen abzuwehren.« Gegenwärtig ist der Angriff, weil er gerade stattfindet. Rechtswidrig ist er, weil der Unbekannte Sie nicht grundlos überfallen darf. Und ein Angriff im rechtlichen Sinne ist eine durch menschliches Verhalten drohende Verletzung rechtlich geschützter Güter. Ihr Leben und Ihre körperliche Unversehrtheit sind solche geschützten Güter. Als Grundsatz gilt: Das Recht braucht dem Unrecht nicht zu weichen. Das heißt, Sie müssen sich nicht auf reine »Schutzwehr« beschränken, also Schlägen ausweichen oder abblocken. Nein, Sie dürfen auch »Trutzwehr« verüben und den Angreifer in seinen Rechten verletzen.
Also: Verteidigen Sie sich!

Ich bin wachsam, habe den unbekannten Angreifer gerade noch bemerkt, und nun sehe ich seine Faust auf mich zukommen. Darf ich ihn schlagen, bevor er mich trifft?

Ja. Man muss nicht abwarten, bis der Angriff ausgeführt ist und eigene Rechtsgüter verletzt werden. Wenn Sie denjenigen, der zuschlagen möchte, noch vor seinem Schlag niederstrecken, ist trotzdem eine Notwehrlage gegeben.
Also: Schlagen Sie zurück!

Leider war meine Gegenwehr nicht erfolgreich. Dafür habe ich das Gesicht des Angreifers erkannt. Er ist mein Nachbar. Ich trommele also später meine starken Brüder zusammen und verpasse dem Kerl dann eine Abreibung. Darf ich?

Nein. Der Angriff ist nicht mehr gegenwärtig. Es besteht keine Notwehrlage mehr. Und Notwehr darf auch nur dann verübt werden, wenn hoheitliche Hilfe nicht rechtzeitig erlangt werden kann – ergo wenn wir vom SEK oder andere Kollegen von der Polizei nicht zufällig oder absichtlich vor Ort sind und Sie sich deshalb allein verteidigen müssen. Also: Lassen Sie das!

Der Unbekannte entpuppt sich als ein SEK-Beamter in Zivil, der mich festnehmen will. Darf ich mich wehren und zurückschlagen?

Nein. Der Angriff gegen Sie muss selbst rechtswidrig sein. Das heißt, Sie dürfen sich nur gegen Handlungen wehren, welche gegen geltendes Recht verstoßen. Eine Festnahmehandlung durch die Polizei erfüllt zwar den Tatbestand der Freiheitsberaubung. Trotzdem handeln wir Polizisten (im Normalfall) rechtmäßig, denn wir würden Sie nicht festnehmen, wenn wir nicht davon ausgingen, dass Sie ein Verdächtiger sind.
Also: Sorry, falls wir uns doch geirrt haben. Immerhin, Sie können uns nun verklagen.

Der Unbekannte hat nach dem Schlag sofort laut gerufen: »Entschuldigung! Ich habe Sie verwechselt!« Darf ich trotzdem noch zurückschlagen?

Nein. Der Angriff ist nicht mehr gegenwärtig.
Also: Nehmen Sie die Entschuldigung an! Notieren Sie sich Name und Adresse des Angreifers, sofern er diese Daten herausrückt. Erstatten Sie Anzeige bei der Polizei.

Sie unterbrechen Ihren Nachhauseweg, setzen sich auf eine Parkbank und rauchen eine Zigarette. Plötzlich springt ein Unbekannter aus dem Gebüsch, nimmt Ihnen die Kippe weg und versucht wegzurennen. Doch Sie halten ihn fest und strecken ihn mit einem Pressschlag gegen die Ohren nieder. Zu Recht?

Nein. Zwar ist tatsächlich eine Notwehrlage gegeben, denn Sie werden bestohlen, und der Dieb ist noch nicht außer Sichtweite. Und es gilt der Grundsatz, das Recht braucht dem Unrecht nicht zu weichen. Aber bei groben Missverhältnissen zwischen Ihrem Rechtsgut und Ihrer Notwehrhandlung ist dies nicht mehr verhältnismäßig. Wollen Sie also eine Zigarette im Wert von etwa 30 Cent mit einem harten Angriff gegen die Gesundheit des Angreifers verteidigen, könnten Sie Probleme bekommen.
Also: Nur wehren, wenn Sie sich eine teure Cohiba-Zigarre angesteckt haben.

Der unbekannte Angreifer entpuppt sich als ein betrunkener Störenfried, er kann sich kaum noch auf den Beinen halten. Soll ich ihm mit einem gezielten Schlag den Rest geben?

Nein. Bei Kindern, erkennbar Geisteskranken oder schwer Betrunkenen müssen Sie sich auf die »Schutzwehr«, also das Ausweichen oder Parieren, beschränken. Warten Sie daher lieber, bis der Angreifer von allein umfällt, und rufen Sie dann die Polizei oder gleich einen Arzt!

Sie kommen auf dem Nachhauseweg am Grundstück Ihres Nachbarn vorbei. Mit dem hatten Sie schon immer Ärger. Sie pöbeln ihn an, und – wie erhofft – er versucht, Sie zu schlagen. Sie strecken ihn vorher jedoch nieder. War doch Notwehr ...

Nein. Die Notwehr ist kein Freibrief, um alte Rechnungen zu begleichen. Vor Gericht ginge das nicht gut für Sie aus. Denn wahrscheinlich hat Ihr Nachbar selbst in Notwehr gehandelt, um sich gegen Ihren Angriff (tätliche Beleidigung) zu wehren. Dann ist sein Angriff gerechtfertigt, und es gibt für Sie keine Notwehrlage, weil kein rechtswidriger Angriff vorliegt. Doch auch wenn Ihr Nachbar überreagiert: Haben Sie die Situation absichtlich herbeigeführt, ist das ein Fall der sogenannten Notwehrprovokation. In dem Fall müssen Sie sich auf Schutzwehr durch Fliehen oder Parieren beschränken.
Also: Lassen Sie das!

Wie Sie zuschlagen

Vergessen Sie jetzt alles, was Ihnen James Bond, Terence Hill oder Bruce Lee an Kampfkunst vermittelt haben. Sofern Sie und Ihr potenzieller Gegner keine passionierten Kampfsportler sind, werden Sie niemals einen Faustkampf wie im Kino erleben. Denn wenn abseits der Leinwand Menschen aufeinander losgehen, erinnert das eher an eine wütende Schulhof-Keilerei: Es wird gerauft, gekratzt, gespuckt und gewürgt. Nicht ästhetisch, nicht filmreif, aber real.

Das sollte Ihnen klar sein, wenn Sie in die Situation kommen, dass Sie sich gewaltsam verteidigen müssen. Meine Tipps richten sich deshalb nicht an Hobby-Kampfsportler, sondern an friedliebende, harmlose Zeitgenossen, die es vermeiden wollen, sich selbst und anderen wehzutun. Die aber trotzdem gewappnet sein wollen, wenn es keinen anderen Ausweg mehr gibt. Und dafür muss man lernen, wie man rauft.

1. Der ideale Ort

Sie werden sich nicht aussuchen können, wo Sie angegriffen werden, doch Sie können die Örtlichkeit zu Ihrem Vorteil nutzen. Achten Sie auf Hindernisse, die Sie zwischen sich und den Angreifer bringen. Mülltonnen, Stühle, Tische, auch Feuerlöscher, die Sie bei Bedarf aus der Verankerung reißen und als Waffe benutzen. Muss Ihr Gegner einen Hindernisparcours überwinden, bevor er Sie erreicht, gewinnen Sie Zeit, sich Fluchtmöglichkeiten zu überlegen.

2. Die passende Ansprache

Überwindet ein möglicher Angreifer die Hindernisse, die Sie ihm entgegengestellt und -geworfen haben, müssen Sie nun psychologische Grenzen setzen. Rufen Sie laut »Stopp!«, wenn er näher kommt. Oder: »Jetzt reicht es!«, »Finger weg!«, »Fassen Sie mich nicht an!« Dadurch erregen Sie die Aufmerksamkeit von anderen, die Ihre Zeugen sind, falls es später zu polizeilichen Ermittlungen kommen sollte. Unterstreichen Sie Ihre Ansage mit der richtigen Körpersprache: Strecken Sie Ihre Arme aus, zeigen Sie Ihre Handflächen, als würden Sie ein Auto stoppen wollen. So halten Sie den Aggressor auf Abstand und können Schläge abfangen. Lassen Sie Ihrem Gegner eine Hintertür offen. Er soll die Möglichkeit haben, gesichtswahrend einen Ausweg aus der Situation zu finden, die er selbst provoziert hat. Bieten Sie ihm etwas an, indem Sie sagen: »Lassen Sie uns die Sache vergessen« oder »Lassen Sie uns das an einem anderen Tag regeln«.

3. Überraschen Sie!

Nutzen Sie jede Möglichkeit, den Angreifer abzulenken oder zu irritieren. Dies gelingt vor allem mit Aktionen, die er nicht erwartet. Werfen Sie einen Gegenstand durch die nächste Fensterscheibe. Das knallt und splittert, macht Lärm und erregt Aufmerksamkeit. Oder schreien Sie, denn das haben wir schon geübt. Achtung: Kampfschrei nicht mit Angstschrei verwechseln! Wenn Menschen in den Kampfmodus wechseln, überschreiten sie die Schwelle zum Tierreich, dann herrschen die Gesetze des Dschungels. Das heißt für Sie: Schreien Sie wie der König der Löwen! Und machen Sie sich groß: Stellen Sie sich auf Bordsteinkanten oder Treppen.

Je nachdem, wie es um Ihre Fähigkeiten als Schauspieler bestellt ist, können Sie auch einen Notfall, etwa einen Herzinfarkt, vortäuschen und nach Ihren Tabletten verlangen. Doch das ist ein riskantes Spiel: Sie begeben sich dadurch in die Opferrolle. Ob Ihr Angreifer Sie aus Mitleid in Ruhe lässt, Ihre Schwäche zu seinem Vorteil nutzt oder Sie auslacht und als Dank für die Comedy-Einlage in Ruhe lässt – nun, man kann es nur ausprobieren.

4. Wehren Sie sich mit allem, was Sie haben!

Alles hat nichts geholfen, und nun sehen Sie, wie Ihr Angreifer zum Schlag ausholt. Jetzt wird es ernst. Bevor Sie selbst zuschlagen (und gleich werde ich Ihnen zeigen, wie), wehren Sie sich mit allem, was Ihnen in die Hände fällt: Handtasche, Wasserflasche, Deospray, Kugelschreiber, Schlüsselbund, Einkaufstasche,

Aschenbecher, Stuhlpolster, ganze Stühle, Gläser, Holz, Erde, Sand. Ihr Körper ist eine mächtige Waffe, Sie müssen nur wissen, wie man sie einsetzt: Wie das Gebiss einer Hyäne können sich Ihre Zähne in die Gliedmaßen Ihres Gegners verbeißen. Ihr Schädel kann wie ein Hammer Nasenbeine zertrümmern, wenn Sie ihn beim Kopfstoß richtig einsetzen. Ihre Finger können wie Messer stechen, wenn sie in Augen gedrückt werden. Ihre Fingernägel können wie Raubtierklauen ein Gesicht zerkratzen. Sie haben verstanden.

5. Die Faustformel

Bevor ich Ihnen zeige, wie Sie selbst effektiv zuschlagen, müssen wir etwas Physik durchnehmen. Denn Sie sollten verstehen, was physikalisch beim Prügeln passiert. Und zweitens soll die Wissenschaft Ihnen Mut machen. Es kommt nicht auf die Größe des Bizeps an, sondern auf die Technik, mit der man auf den Gegner einhämmert.

Wenn wir zuschlagen, entsteht kinetische Energie, auch Bewegungsenergie genannt. Sie entspricht der Arbeit, die aufgewendet werden muss, um ein Objekt aus der Ruhe in Bewegung zu versetzen. Diese Bewegungsenergie hängt von Masse und Geschwindigkeit des bewegten Körpers ab.

Schleudern wir also unsere Faust dem Angreifer entgegen, entsteht kinetische Energie. Je mehr Energie wir generieren, desto schmerzhafter ist sie für unseren Gegner. Trifft unsere Faust auf den Körper des Gegners, wird die Energie in Arbeit umgewandelt, der Körper des Gegners wird bewegt, weggeschoben, weggeschleudert, verformt oder gar deformiert. Und je stärker die Deformation des gegnerischen Körpers, desto größer der Schaden, desto größer der Schmerz für ihn, desto besser für uns.

In eine physikalische Formel gepackt, sieht das so aus:

$E = m * v^2 / 2$

Oder als Faustformel:

Schmerz beim Gegner (E) = Masse der Faust (m) * Geschwindigkeit unseres Schlages »im Quadrat« (v^2) dividiert durch zwei.

Das bedeutet: Wer mit einem imposanten Bizeps und einer tellergroßen Faust zuschlägt, und das besonders schnell, wird mehr Energie generieren, also auch mehr Schmerz verursachen.

Der schlaue Selbstverteidiger erkennt aber, dass eine Erhöhung der Geschwindigkeit v größeren Einfluss auf den »Schmerz beim Gegner (E)« hat als eine Erhöhung der Masse m. Denn die Geschwindigkeit v wird quadriert (also mit sich selbst multipliziert), und das ist für Prügel-Novizen wie Sie eine richtig gute Nachricht: Denn das bedeutet, dass Geschwindigkeit größeren Einfluss auf die Energie hat als die Masse. Sie müssen also nicht die Masse eines Schwergewichtsboxers haben, um effektiv zuschlagen zu können. Im Gegenteil: Wenn Sie durch die richtige Technik die Geschwindigkeit Ihres Schlages erhöhen, können Sie mehr Schmerzen bei Ihrem Gegner verursachen als ein Kerl, der von Natur aus die Statur und Masse eines Wandschranks mitbringt.

Nun müssen Sie nur noch sicherstellen, dass Sie den Körper Ihres Gegner dort deformieren, wo es besonders wehtut. Zu empfehlen sind alle Weichteile, wo kein oder nur wenige Knochen schützen: Genitalien, Augen, Nase, Mund, Ohren, ein wakkeliger Unterkiefer.

Hier eine praktische Übung, damit es auch der Letzte kapiert: Holen Sie eine Wassermelone. Machen Sie eine Faust und drükken Sie sie gegen die Schale der Frucht. Sie werden nun, wenig überraschend, die Melone wegschieben, weil die Masse Ihrer Hand mit nur geringer Geschwindigkeit auf den Melonen-Körper einwirkt. Nun legen Sie die Melone in die ursprüngliche Lage zurück und boxen Sie mit einem blitzschnellen Faustschlag gegen die Frucht. Die kinetische Energie sorgt dafür, dass die Melone weggeschleudert wird, dass die Rinde aufplatzt, dass die Frucht deformiert wird.

Nun verwandeln Sie die kaputte Melone in einen Obstsalat. Sie sollten besser nicht mit leerem Magen in den Nahkampf ziehen.

6. Spielen Sie nicht Dr. Faust!

Wir haben gesehen, dass die Geschwindigkeit, mit der Sie Ihre Schläge ausführen, viel entscheidender ist als die Masse Ihres Körpers. Nun werden Sie verstehen, warum dürre Karate-Meister dank effektiver Technik mit nur einem Hieb Betonklötze durchschlagen können, während schwergewichtige Boxchamps an solchen Aufgaben scheitern.

Wenn Sie einen Selbstverteidigungskurs machen, wird man dort zwischen Angriffs- und Verteidigungssystemen unterscheiden. Man wird Ihnen zeigen, wie Sie schlagen und wie Sie Schläge abwehren oder blocken. Das macht Sinn.

Da wir aber festgestellt haben, dass Sie Ihre Kenntnisse nur in Notfällen anwenden und ansonsten Ihr friedliches und unbehelligtes Dasein genießen wollen, halte ich es für sinnvoller, Techniken vorzustellen, die Ihnen zweierlei erlauben: Erstens, den Gegner zu überraschen und ihm Schmerzen zu bereiten, um, zweitens, einen Zeitvorsprung zu haben und zu flüchten.

Ich kann immer nur warnen: Überschätzen Sie Ihre Fähigkeiten nicht. Überlassen Sie es lieber uns, mit den Gewalttätern fertigzuwerden. Ich kann Ihnen versprechen, wir gewinnen jede Schlägerei. Konzentrieren Sie sich darauf, unverletzt zu bleiben und schnell das Weite suchen zu können.

Bisher haben wir über den Faustschlag gesprochen, weil wir instinktiv die Faust ballen, wenn wir Gewalt androhen oder ausüben wollen. Tatsächlich macht der Faustschlag, wie man ihn vom Boxen kennt, zumindest für Sie nicht viel Sinn. Ein klassischer Faustkampf kommt auf der Straße kaum vor. Wie gesagt, dort wird gerauft.

Bei einem schlecht ausgeführten Faustschlag ist die Gefahr zudem groß, dass Sie sich selbst mehr verletzen als Ihren Gegner. Prallen Ihre Fingerknochen gegen dessen massiven Kieferknochen, kann es ganz schnell zu Verletzungen kommen. Am Kiefer des Gegners und an Ihrer Hand.

Versuchen Sie daher lieber den sogenannten Handballenschlag. Dabei schlagen Sie mit Ihrem Handballen statt mit Ihren Handknöcheln zu und zielen auf den Bereich zwischen Kinn und unterer Zahnreihe. Treffen Sie, schnappt der Kopf des Gegners nach unten, die einhergehende Erschütterung des Gehirns kann so stark sein, dass sie zur sofortigen Bewusstlosigkeit führt. Klingt Ihnen dies technisch zu anspruchsvoll, so versuchen Sie den Handballenschlag gegen Augen- und Nasenpartie. Das ist ebenso effektiv.

Denken wir noch einmal an die Faustformel zurück: Je mehr Geschwindigkeit Sie in Ihren Schlag legen, desto mehr Schmerz entsteht beim Gegner.

Stellen Sie sich vor, Sie hätten jemanden vor sich, dem Sie schon immer mal eine Ohrfeige verpassen wollten. Wie würden Sie vorgehen? Klassischerweise würden Sie mit dem Arm ausholen, die Hand wäre noch locker und würde erst beim Auftreffen der Handfläche auf der Backe versteifen. Sie machen instinktiv das Richtige, denn Sie sorgen dafür, dass zwischen Ausholen und Schlag reichlich Geschwindigkeit generiert wird. Stellen Sie sich einfach vor, Sie müssten Ihrem Gegner mit dem Handballen einen Nagel ins Kinn hauen.

Der große Bruder des Handballenschlags ist der Handballenstoß: Wie eine klassische Gerade beim Boxen zielt er auf das Kinn des Gegners. Üben Sie den Handballenstoß zu Hause gegen ein Kissen.

7. Benutzen Sie Ihre Beine

Der Genitalbereich des Mannes ist eine empfindliche, nein, eine sehr empfindliche Stelle. Darum: Ist Ihr Angreifer männlich, attackieren Sie seine Weichteile. Sie haben mal Fußball gespielt? Stellen Sie sich vor, Sie schießen das Tor des Jahrhunderts. Versuchen Sie die Weichteile wie einen Ball mit dem Vollspann Ihres Fußes zu treffen. »Spanntritt« nennt der Meister diese Technik. Sie haben keine Ahnung vom Fußball und keinen Platz zum Ausholen? Versuchen Sie den Kniestoß und zielen Sie in dieselbe Region. Technisch kein Problem: Ziehen Sie einfach explosiv und schnell das Knie nach oben. Der Angreifer hält Sie fest oder würgt Sie gar? Machen Sie das zu Ihrem Vorteil: Sie können sich mit beiden Händen an seinen Schultern festhalten, um noch mehr Wucht in Ihren Stoß zu bekommen. Auch hier gilt: Je höher die Geschwindigkeit v, desto mehr Schmerz beim Angreifer E.

8. Geben Sie ihm eins auf die Ohren

Ihr Angreifer hat Sie zu Boden geworfen, liegt auf Ihnen und würgt Sie mit beiden Händen? Soll er doch. Formen Sie Ihre Hände so, als wollten Sie Wasser darin sammeln und sich ins Gesicht klatschen. Dann schlagen Sie beide Handflächen gleichzeitig Ihrem Angreifer auf die Ohren. Es kommt zu einem Presslufteffekt, was mindestens das Trommelfell reißen lässt. Abgesehen von höllischen Schmerzen wird auch der Gleichgewichtssinn beim Gegner irritiert. Wenn der nicht mehr weiß, wo oben und unten ist, ist das Ihre Gelegenheit zu flüchten.

9. Ignorieren Sie alle Regeln

Nicht allein seine Boxkünste machten Mike Tyson so gefährlich, er hatte auch weniger sportliche Attacken parat: Unvergessen ist sein Biss nach seiner Niederlage gegen Evander Holyfield. Wie ein Raubtier schnappte Tyson nach seinem Gegner, biss erst ins linke Ohr und riss dann aus dem rechten ein anderthalb Zentimeter langes und einen halben Zentimeter tiefes Stück heraus. Tyson war enttäuscht, er missachtete die Regeln und wollte seinem Gegner schnell und unerwartet Schmerzen bereiten. Genauso sollten auch Sie verfahren: Ich habe bereits erwähnt, dass reale Straßenkämpfe mehr mit Raufen als mit Boxkämpfen zu tun haben. Denken Sie mal zurück an Ihre Zeit auf dem Schulhof. Diejenigen, mit denen sich keiner anlegen wollte, waren die Kratzer, Beißer, Steinewerfer und An-den-Haaren-Zieher. Es macht keinen Spaß, sich mit Leuten zu prügeln, die auf Fairness und Regeln pfeifen.

Da Sie sich aber in akuter Gefahr, womöglich sogar in Lebensgefahr befinden, spielen Regeln nun auch für Sie keine Rolle mehr. Sie müssen Ihren Gegner attackieren, um ihm zu entkommen, und zwar mit allen Mitteln. Darum schnappen Sie nach den Ohren Ihres Gegners wie ein Mike Tyson auf Ecstasy. Fau-

chen Sie ihn an, zerkratzen Sie sein Gesicht wie eine Raubkat-
ze, und zwar mit schnellen, überraschenden Bewegungen. Bekommen Sie seine Haare in die Hand, reißen Sie so lange daran,
bis sie ein blutiges Büschel in den Händen halten. Nein, Sie werden den Kampf nicht nach Stilnoten gewinnen, und falls Sie ein
Mann sind, wird Ihre Technik nicht sehr machomäßig wirken.
Aber das sollte Ihre geringste Sorge sein.

10. Zielen Sie auf empfindliche Stellen

Über die Verhältnismäßigkeit der Mittel haben wir bereits gesprochen. Die hier vermittelten Techniken sind das letzte Mittel, zu dem Sie greifen sollten. Denn wenn es um Leben oder Tod
geht, ist alles erlaubt. Aber nur dann. Mit diesen anatomischen
Grundkenntnissen können Sie Ihre Schläge gezielt gegen besonders empfindliche Körperregionen einsetzen.

Der Kopf

Der menschliche Schädel weist eine beachtliche Flexibilität bei
Krafteinwirkung auf. Bei einem Schlag kann sich der Durchmes-
ser des Schädelknochens um drei bis vier Millimeter deformieren und wieder ausgleichen. Dieses »Federn« nimmt einen Großteil der Energie auf, um das Gehirn vor Schäden zu schützen.
Der zuvor erläuterte Handballenstoß oder -schlag ist dann besonders effektiv, wenn er auf empfindliche Stellen trifft: etwa die
Schläfe. Bei Gewalteinwirkung in diesem Bereich sind Übelkeit,
Brechreiz, Kreislauf- und Atemstörungen sowie eingeschränk-
te Sehkraft die Folge. Meist kommt es auch zu Bewusstlosigkeit
und Erinnerungsverlust.

Der Hals

Der wichtigste Versorgungsweg des Organismus führt durch den
Hals. Blut, Luft, Information – was zwischen Hirn und Herz verkehrt, muss hier durch. Attackieren Sie diese Körperregion, hat
dies daher Konsequenzen für den gesamten Organismus. Der
Adamsapfel ist ein aus dem Hals herausragender Schildknorpel
des Kehlkopfs, der vor allem beim Mann sichtbar ist. Der Kehl-

kopf stützt die Luftröhre. Es ist besonders gefährlich, direkt auf den Kehlkopf zu schlagen. Die Gefahr ist groß, dass der Gegner erstickt, weil der Kehlkopf eingedrückt wird. Nur ein fachmännisch ausgeführter Luftröhrenschnitt kann dann das Ersticken verhindern.

Der Solarplexus

Der Begriff kommt aus dem Lateinischen und bedeutet »Sonnengeflecht«. Dieser empfindliche Punkt befindet sich am Übergang zwischen Brustkorb und Magengrube, eine Relaisstation für wichtige Informationen, die den ganzen Organismus betreffen. Wenn Sie hier attackieren, greifen Sie einen der wichtigsten Verkehrsknotenpunkte des Körpers an. Ein Schlag auf den Solarplexus kann zu Schwindel oder Bewusstlosigkeit führen, denn der Blutdruck und der venöse Rückstrom des Blutes zum Herz fallen ab. Dadurch steht nicht mehr genug Blut zur Versorgung des Gehirns zur Verfügung.

11. Schützen Sie Ihren Kopf – bis zuletzt

Sie haben alles versucht: Sie haben Ihren Angreifer angeschrien, Sie haben einen gewaltlosen Ausweg aufgezeigt, mit Gegenständen geworfen, zugeschlagen, getreten, gekratzt, und nun ist es nicht ein Gegner, sondern viele. Was nun?

Sie werden verlieren.

Bestimmt können Sie sich an die Bilder und Videos aus Überwachungskameras erinnern, die zeigen, wie Jugendliche auf ein wehrloses Opfer einprügeln. Immer wieder kommt es zu solchen Zwischenfällen.

Wenn Sie zum Ziel von zwei, drei oder einer ganzen Gruppe von Angreifern werden, haben Sie kaum eine Chance. Dann geht es darum, so lange bei Bewusstsein zu bleiben, bis Rettung kommt. Dann heißt es: sich auf Schmerzen einstellen und so lange um Hilfe rufen, wie es nur geht. Und je länger Sie Ihren Kopf schützen, desto länger bleiben Sie bei Bewusstsein, desto länger können Sie um Hilfe rufen.

Wenn Sie zu Boden gehen, klemmen Sie Ihren Schädel zwischen die angewinkelten Arme und pressen Sie Ihre Fäuste gegen die Ohren. Ziehen Sie das Knie als Schutz vor Ihren Unterleib. Sie werden sich wie von allein in der Fötusstellung einigeln. Halten Sie aus. Die Polizei, und vielleicht sogar wir vom SEK, werden kommen.

Wie Sie sich vor Bewaffneten schützen

Eine Waffe gibt Macht, verschafft Überlegenheit und kann in einer Auseinandersetzung den entscheidenden Unterschied ausmachen. Eine große Waffe hat bei Männern auch einen psychologischen Effekt, na ja, Sie wissen schon.

Ich rate allerdings nicht dazu, Waffen zum Eigenschutz anzuschaffen. Erstens hat man sie nie bereit, wenn man sie braucht. Zweitens kann eine Waffe, etwa ein Messer, auch gegen einen selbst eingesetzt werden.

Ich erinnere mich an einen Einsatz in einer Münchner Kneipe, bei dem wir einen international gesuchten Doppelmörder festnahmen. Es war eine verdeckte Operation, tagelang observierten wir den Mann. Als er sich in dem schummrigen Wirtshaus ein Bier genehmigte, schlugen wir zu. Unsere Zielperson fühlte sich wie ein Cowboy, trug immer eine Pistole in der Hosentasche mit sich. Darum mussten wir besonders schnell handeln, zumal wir die anderen Wirtshausgäste und viele Passanten vor Ort natürlich nicht gefährden durften. Wir näherten uns der Zielperson von hinten, die Kollegen schnappten nach seinem linken Arm, und ich griff seine rechte Hand, mit der er gerade noch die Waffe aus der Hose gezogen hatte. Ich war jedoch stärker und drehte die Pistole gegen seinen eigenen Körper und flüsterte ihm ins Ohr: »Wenn du abdrückst, tötest du dich selbst.« Dann stach mir auch schon ein übler Geruch in die Nase. Der Mann, der zwei Menschen auf dem Gewissen hatte, war so erschrocken, dass er sich in die Hose gemacht hatte. Angewidert wendeten sich die Kollegen ab. Vor seinem Termin beim Haftrichter bekam er zwei saubere Decken als Hosenersatz und durfte noch duschen.

Nicht nur um Peinlichkeiten wie diese zu vermeiden, rate ich von Bewaffnung ab. Wer Feuerwaffen mag und gern schießt, sollte sich seinem örtlichen Schützenverein anschließen oder Jäger werden. Selbst Spezialeinheiten schießen sehr selten. Die GSG 9 hat in rund 1700 Einsätzen nur sechs Mal von der Schusswaffe Gebrauch gemacht. Und wenn schon Spezialeinheiten so selten Feuerwaffen zur Verbrechensbekämpfung einsetzen, vielleicht sollten auch Sie dann die Finger davon lassen.

Auch gegenüber Pfeffer- und CS-Gasspray habe ich meine Vorbehalte. Pfefferspray, falsch eingesetzt und gegen die Windrichtung gesprüht, wird eher Sie selbst außer Gefecht setzen als Ihren Gegner. Und wer eine Waffe zieht, provoziert immer eine Aufrüstungsspirale. Ein Prinzip wie im Slapstickfilm: Sie haben ein Messer, der Angreifer zieht ein Samuraischwert, Sie holen eine Pistole, der Angreifer eine Kalaschnikow.

Generell gilt: Kommen Sie in die Situation, dass Sie sich gegen einen bewaffneten Angreifer zur Wehr setzen müssen, haben Sie schlechte Karten. Werden Sie mit einer Schusswaffe bedroht, können Sie sich nur mit psychologischen und mentalen Tricks verteidigen.

Auch wenn Sie, wie bei Straßenkriminalität häufig, von einem Räuber mit einem Messer bedroht werden, geben Sie am besten alles her, was gefordert wird: Geld, Handy, Kamera – nichts ist wertvoller als Ihr Leben.

Will der Messermann aber mehr als Ihr Geld, dann gibt es eigentlich nur drei Möglichkeiten, sich zu wehren:

Schaffen Sie Distanz

Sofern Sie nicht festgehalten werden, müssen Sie viel Platz zwischen sich und den Angreifer bringen, damit er Sie mit einem Messerhieb nicht erwischen kann.

Schützen Sie sich vor Stichen

Wickeln Sie Ihre Jacke um die linke Hand und den Unterarm (sofern Sie Rechtshänder sind). Mit der gepolsterten Hand können Sie Angriffe abwehren, versuchen Sie mit der freien Schlaghand einen Handballenstoß oder -schlag zu setzen.

Ziehen Sie Ihren Gürtel

Wenn Sie schnell genug sind und Ihre Hose gut sitzt, können Sie Ihren Gürtel als Peitsche benutzen. Umso besser, wenn Sie eine große Gürtelschnalle haben und Sie damit den Angreifer treffen. Haben Sie das geschafft, nutzen Sie den Zeitvorsprung und laufen Sie, so schnell Sie können, davon. Das geht natürlich nur, wenn Ihre Hose zwischenzeitlich nicht heruntergerutscht ist und unfreiwillig als Fußfessel fungiert. Falls Sie sich immer schon gefragt haben, warum manche Spezialkommandos Festgenommenen den Gürtel wegnehmen – nun, jetzt wissen Sie es.

Wie Sie Ihre eigene Eingreiftruppe bilden

Gemeinsam verteidigt es sich besser als allein. Doch Mitstreiter zu finden ist schwer. Leider.

Als 1964 in New York die 28-jährige Kitty Genovese vor den Augen von 38 Anwohnern ermordet wurde, ohne dass jemand die Polizei rief, begann die Psychologie das Phänomen des Zuschauer-Effekts zu untersuchen. Warum griff niemand ein? Warum schaute man weg, statt der Frau zu helfen?

Die Sozialpsychologen Bibb Latané und John Darley vermuteten, dass gerade die große Zahl der Zeugen dem Opfer zum Verhängnis geworden war. Man nennt dieses Phänomen das Genovese-Syndrom oder den Zuschauer-Effekt. Demnach sind manche Augenzeugen weniger bereit, bei einem Unfall oder kriminellen Übergriff zu helfen, wenn außer ihnen noch viele weitere »Zuschauer« anwesend sind. Die Psychologie nennt dies Verantwortungsdiffussion: Man schiebt die Verantwortung, zu helfen oder einzugreifen, den anderen zu und wartet, dass jemand anderer den ersten Schritt wagt. Menschen sind nun mal Rudeltiere.

Rechtlich betrachtet gilt das Notwehrrecht aus § 32 StGB auch für die sogenannte Nothilfe. Man kann also stellvertretend für einen anderen Notwehr verüben, um einen Angriff von diesem abzuwenden. Das heißt: Sie können alle in diesem Kapitel erklärten Techniken anwenden, um nicht nur sich, sondern auch andere zu verteidigen. Aber: Ob Sie helfen müssen, kommt immer auf den Einzelfall an. Sie müssen und sollen sich niemals selbst in Gesundheitsgefahr begeben. Der Straftatbestand der unterlassenen Hilfeleistung ist nämlich erst erfüllt, wenn Ihnen Hilfe hätte zugemutet werden können. Zumutbar ist es immer, die Polizei zu rufen, statt wegzuschauen. Nicht zumutbar ist, dass Sie sich mit einer Gruppe von Schlägern anlegen.

Zumutbar ist ebenfalls, den Zuschauer-Effekt zu durchbrechen und gemeinsam mit anderen Nothilfe zu leisten. Wie kann man also gemeinsam Mitmenschen in Not helfen?

Hier die Tricks, wie Sie eine schnelle Eingreiftruppe zusammenstellen:

Erregen Sie Aufmerksamkeit

Es ist eine traurige Wahrheit: Auf Hilferufe reagieren Menschen seltener als auf Signale, die sie so deuten, dass möglicherweise auch ihre eigene Gesundheit gefährdet ist. Darum sollten Sie kreativ sein, um die Aufmerksamkeit potenzieller Mitstreiter zu erregen. Rufen Sie also nicht »Hilfe«, sondern »Feuer!«

Sprechen Sie andere gezielt an

Als Kommandoführer bitte keine falsche Schüchternheit. Sprechen Sie laut und deutlich Umstehende und Passanten an. Wichtig ist eine direkte Ansprache wie: »Sie, der Mann im Polo-Hemd, helfen Sie mir bitte!« Noch besser ist eine psychologisch subtile Aufforderung: »Sie mit dem Stiernacken und den starken Oberarmen. Zeigen Sie mal, was Ihre Muckis wert sind.«

Informieren Sie die Polizei

Wählen Sie selbst die 110. Oder sprechen Sie wieder direkt Mitstreiter an: »Hey, Sie da, Ihr Smartphone kann wirklich alles, sogar Menschenleben retten. Also rufen Sie sofort die Polizei!« Der Notruf muss so präzise wie möglich die W-Fragen (wer, was, wo, wann) beantworten. Eine genaue Täterbeschreibung macht die Fahndung einfacher. Beobachten Sie deshalb die Situation und fragen Sie sich dabei, anhand welcher Merkmale Sie die Person einem Abwesenden beschreiben würden. Achten Sie auf Auffälligkeiten: Haarfarbe, besondere Kleidung, körperliche Auffälligkeiten, O-Beine, Hakennase, Narben, Zähne. Oft sind es die vermeintlichen Nebensächlichkeiten, die dazu führen, dass ein Täter identifiziert und ein Verbrechen aufgeklärt werden kann.

Schreien Sie gemeinsam

Es gibt viele Möglichkeiten, einen Täter gewaltlos und trotzdem effektiv anzugreifen. Auch wir beim SEK nutzen unsere Stimme – als Überraschungseffekt. Wenn ein schwarz gekleideter, vermummter und bewaffneter Beamter »Stehen bleiben, Polizei!« schreit, hat das meist eine einschüchternde Wirkung. Sie müssen sich aber nicht erst als SEK-Beamter verkleiden, um Eindruck zu machen. Schreien Sie den Täter an, drängen Sie ihn damit zum Aufhören. Die Erfahrung zeigt: Sobald eine Person die Initiative ergreift, machen andere mit. Ein gewaltiger Kriegschor kann ganze Heerscharen in die Flucht schlagen.

Kümmern Sie sich um die Opfer

Sie haben seit der Führerscheinprüfung keinen Erste-Hilfe-Kurs mehr gemacht? Dann wird es Zeit, dass Sie Ihre Kenntnisse auffrischen. Allein schon die Ausrichtung in eine stabile Seitenlage kann für das Opfer lebenswichtig sein. Wenn Sie also andere ansprechen, dann rufen Sie auch nach einem Sanitäter oder Mediziner. Wenn Sie bei der Versorgung des Opfers nicht helfen können, rufen Sie den Rettungsdienst und ziehen Sie sich zurück. Haben Sie keine Aufgabe, sind Sie Gaffer statt Helfer. Und stehen nur im Weg herum, wenn die Polizei eintrifft.

Melden Sie sich als Zeuge

Auch das kann Hilfe sein: sich als Zeuge zur Verfügung zu stellen und der Polizei genaue Angaben zu machen. Nur so können Verbrechen aufgeklärt werden.

Wie Sie sich gegen einen Kampfhund wehren

Nicht immer sind Angreifer von der eigenen Spezies. Schwerkriminelle, aber auch Straßenräuber und andere Unruhestifter setzen gelegentlich Kampfhunde als Waffen ein. Sind die Tiere erst einmal in Rage, kann man sie kaum noch aufhalten. Als Tierschützer und Hundefreund überspringen Sie bitte den folgenden Absatz.

Elf Pistolenschüsse brauchten Beamte einmal, um einen tollwütigen Kampfhund zu stoppen, der Minuten zuvor ein Kind in Hamburg angefallen hatte. Darum setzen SEKs in diesen Fällen auf Schrotflinten wie etwa das italienische Benelli M4 Super 90.

Dass ich von Waffen in den Händen Ungeübter wenig halte, habe ich bereits gesagt. Und eine Benelli werden Sie auch nur zur Hand haben, wenn Sie sich während des Hundeangriffs auf einer gut bestückten Schießanlage im mittleren Westen der USA aufhalten. Sollte das nicht der Fall sein, versuchen Sie es ohne Gewalt. Eine tierfreundliche Lösung ist möglich.

1. Stürmt der Hund auf Sie zu, legen Sie Ihre Arme eng an den Körper, bieten Sie wenig Angriffsfläche, denn Hunde beißen meist in Extremitäten wie die Arme.
2. Unterdrücken Sie unbedingt Ihren Fluchtreflex. Sie dürfen nicht wegrennen. Niemals. Der Instinkt macht das Tier zum Jäger, und den Wettlauf mit einem Kampfhund verlieren Sie.
3. Haben Sie Mumm in den Knochen? Versuchen Sie Folgendes: Gehen Sie dem Tier entgegen, stampfen Sie auf den Bo-

den, versuchen Sie, es einzuschüchtern. Machen Sie dem Hund klar, dass Sie der Boss sind. Haben Sie Glück, trollt sich das Tier und bricht den Angriff ab.

4. Haben Sie unverschämtes Glück, legt es sich auf den Rükken, zeigt seine Kehle und will Teil Ihres Rudels werden.

5. Will der Hund aber zubeißen, zerknüllen Sie Ihre Jacke (am besten Ihren dicken Wintermantel) und bieten Sie dem Hund an, sich darin zu verbeißen. Noch besser: ein Schirm.

6. Der Hund hat sich in Ihre Hand verbissen, Sie heißen aber John Rambo, kennen keinen Schmerz und werden vor diesem Schoßhündchen bestimmt nicht kuschen? Dann ballen Sie nun Ihre Hand zur Faust und schieben Sie diese noch tiefer ins Maul des Tieres. Das löst bei ihm den Würgereflex aus. Es kann nicht mehr beißen. Theoretisch.

Wie Sie Türen aufbrechen

Jetzt haben Sie gelernt, wie man sich selbst verteidigt und sein Leben schützt. Dabei sind es ja oft die kleinen Probleme des Alltags, die das Leben zur Hölle machen. Und wo Spezialwissen gefragt ist. Etwa wenn es gilt, Hindernisse schnell zu überwinden.

Der tückische Luftzug hat die Tür hinter Ihnen zuschnappen lassen, nachdem Sie im Bademantel den Briefkasten geleert haben, und nun realisieren Sie, ausgesperrt und handlungsunfähig, dass drinnen eine glühende Herdplatte Ihr Spiegelei in ein Feuerei verwandelt? Ein dynamisches Vorgehen wäre nun ratsam.

1. **Attackieren Sie eine Tür immer an ihren empfindlichsten Stellen: dem Schloss und den Türangeln;** »Der Letzte klingelt« – lautet nicht von ungefähr das Motto der Spezialeinsatzkommandos. Mit der perfekten Brechstange ist die Tür schnell geöffnet. Dem SEK Südbayern diente lange Zeit eine etwa anderthalb Meter lange Eisenbahnschiene als Ramme.

Oft war nur ein wuchtiger Stoß gegen das Schloss nötig, schon waren wir drin. Sie haben zufällig keine Eisenbahnschiene zur Hand? Versuchen Sie es anders.

2. **Holen Sie eine Axt und einen Hammer aus dem Werkzeugkeller.** Schieben Sie die Klinge der Axt in den Türschlitz auf Höhe des Schlosses. Schlagen Sie mit dem Hammer auf die Axt. Durch die Wucht wird die Klinge ins Schloss geschoben und sprengt darin den Schlossriegel. Die Tür ist offen. Falls Sie sich häufiger in Notlagen aussperren, besorgen Sie sich ein Hallagan-Tool, benannt nach einem New Yorker Feuerwehrmann, der das Werkzeug in den 40er-Jahren entwickelte. Das Hallagan-Tool benutzen Polizei und Feuerwehren, es ist Brechstange, Spitzhacke und Keil in einem und funktioniert, wie die Axt in obigem Beispiel, in Verbindung mit einem Hammer als effektiver Türöffner.

3. **Sie wollen Ihre Tür nicht ruinieren und subtiler vorgehen?** Dann leben Sie hoffentlich in einer schönen Altbauwohnung, denn nur dort lassen sich die Türen noch mit Kreditkarten öffnen. Versuchen Sie, die Plastikkarte durch den Türschlitz zu schieben, bis das Schloss zurückschnappt. Erfolgschance: 50 Prozent.

4. **Borgen Sie sich das Telefon des Nachbarn.** Rufen Sie einen Schlüsseldienst. Erfolgschance: 90 Prozent.

Wie Sie Stress und Angst besiegen

Selbstverteidigung bedeutet auch, sich vor negativen Emotionen zu schützen. Denn eines ist klar: Wer in die Situation gekommen ist, die hier erläuterten Tricks anwenden zu müssen, also auch Gewalt auszuüben, wird psychisch extrem belastet.

Psychologische Lebenshilfe vom SEK-Mann? Allerdings. Eine robuste Psyche und emotionale Stabilität sind viel wichtiger als der Umfang unseres Bizeps oder unser Auge beim Zielschießen.

Als Ausbilder habe ich immer nach dem Grundsatz gehandelt: »Was bringt mir ein Mann mit 1000 Volt im Arm, wenn in seinem Oberstübchen nie ein Licht angeht?«

Auch in unserer Branche gibt es natürlich nicht nur Vorbilder, was Stressbewältigung angeht. Vor einigen Jahren belegten die Navy Seals, die legendäre Einheit, die Osama bin Laden zur Strecke brachte, nur einen mittleren Platz bei der »Combat Team Conference«, der in Deutschland stattfindenden Olympiade der Spezialeinheiten. Aus Frust über das schwache Abschneiden zertrümmerten die Kameraden anschließend zwei Bonner Kneipen. Es heißt, die US-Botschaft habe sich großzügig gezeigt und den Wirten die Schäden bezahlt, verbunden mit der Bitte um Diskretion.

Eine hohe Stressresistenz ist für unsere Operationen entscheidend. Wer die nicht hat, braucht beim SEK nicht einmal als Schreibkraft anzufangen. Hier einige Tipps, wie Sie fokussiert, aber gelassen in Extremsituationen reagieren sollten. Glauben Sie mir, ich hatte einen stressigen Beruf und weiß, wovon ich rede.

1. Durchbrechen Sie die Negativspirale!

Der Fall: Acht Stunden verschanzte sich ein international gesuchter Gewaltverbrecher in einem Hotel am Tegernsee. Nach einem Zugriff, bei dem fast alles schiefging, wurde ausgerechnet ein Kollege als Geisel genommen. Es war mein Freund Hans. Ich hatte eine höllische Angst um ihn. Der Täter drohte, eine Handgranate zu zünden, um sich und seinen Gefangenen zu töten.

Die Emotionen: Die Angst um meinen Kameraden machte mich fast wahnsinnig. Dabei wurde von mir verlangt, einen Zugriff zu befehligen und klaren Kopf zu behalten. Schließlich richtete der Geiselnehmer die Waffe gegen sich selbst, und Hans, unser gefangener Kollege, kam unversehrt frei.

Die Methode: Stellen Sie sich vor, Sie haben einem Familienmitglied zu einer riskanten Operation oder Organtransplantation geraten, und nun treten plötzlich lebensbedrohliche Komplikationen auf. Damit könnte man meine damaligen Emotionen vielleicht vergleichen. Es gilt nun, die negative Gedankenspira-

le zu durchbrechen. Ich lasse Fragen wie »Was passiert jetzt?«
oder »Wohin führt das?« nicht zu, denn das paralysiert und führt
zu Passivität. Ich konzentriere mich stattdessen auf die Gegenwart. Ich habe damals sogar meinen Kollegen von meiner Angst
erzählt. Gegen Angst anzukämpfen bringt nichts. Während ich
einen möglichen Zugriff vorbereitete, verschwand das Angstge-
fühl. Ich hatte die Initiative zurück.

Der Trick: Die Bestie Angst will Aufmerksamkeit, sie will ernst
genommen werden. Wenn sie verdrängt und abgewimmelt wird,
schlägt sie umso mächtiger zu und kann Ihr ganzes Leben ruinieren. Darum: Analysieren Sie die Angst, als habe sie eine eigene
Persönlichkeit, beobachten Sie, wann sie kommt und wann sie
schwindet, akzeptieren Sie die Angst als Teil von sich und geben
Sie ihr den Platz, den sie braucht. Dann werden Sie feststellen,
wie die Angst geringer wird und ihr Einfluss schwindet.

2. Nicht zaudern, sondern entscheiden!

Der Fall: Ein Ingenieur aus Island, nennen wir ihn Aron, tauchte
unvermittelt in München auf, nahm Passanten als Geiseln. Was
den Wahnsinn in ihm entfesselt hat, ist bis heute ein Rätsel. Zu
Arons Opfern gehörte auch ein herzkranker Bibliothekar. Mit
dessen Auto fuhren Täter und Opfer durch die Innenstadt. Die
Kollegen von der Verhandlungsgruppe versuchten, Aron zum
Aufgeben zu überreden, doch der dachte nicht daran. Er hielt seiner Geisel ein Messer an den Hals. Eine Entspannung der Lage
war nicht in Sicht. Weil unsere Präzisionsschützen nicht vor Ort
waren, war ich als einziger Beamter für den Notzugriff zuständig.
Das Drama erreichte seinen Höhepunkt, als unser Polizeipsychologe plötzlich »Helft ihm!« rief. Ich sah, wie Aron sein Messer
zwischen Hals und Schulter der Geisel ansetzte. Eine Stichtech-
nik, wie spezielle Einheiten des Militärs sie kennen. Die Klinge
kann an dieser Körperstelle zwischen Schlüsselbein und Schul-
terknochen direkt in den Herzmuskel vorstoßen.

Ein Gefühl der Panik überkam mich. Adrenalin pumpte durch
meinen Körper. Meine Gedanken wurden fahrig, unsortiert. Ich
hatte Angst vor dem Chaos.

Die Emotionen: Stress und Panik – was kann es Schwierigeres geben als die Entscheidung, einen Menschen zu töten, um ein unschuldiges Leben zu retten? Als SEK-Polizist war ich diesem Dilemma häufig ausgesetzt: Man kann sich nur zwischen schlechten Varianten entscheiden, und das Nichtstun ist noch die schlechteste Option von allen. Meist, wie in diesem Fall, stand sogar ein Leben auf dem Spiel.

Die Methode: »Es ist besser, unvollkommene Entscheidungen zu treffen, als ständig nach vollkommenen Entscheidungen zu suchen, die es niemals geben wird«, sagte Charles de Gaulle. Glaubt man dem Sozialwissenschaftler Aaron Antonowsky, meistern wir schwierige Situationen dann gut, wenn wir ein hohes Kohärenzgefühl besitzen. Kohärenz (Zusammenhang) setzt sich aus den folgenden Komponenten zusammen:

Verstehbarkeit: Ich begreife, was passiert. Ich muss etwas tun, um ein Leben zu schützen. Es liegt allein an mir.

Handhabbarkeit: Ich habe zwar nicht die materiellen Ressourcen, denn die Präzisionsschützen sind nicht vor Ort. Dafür habe ich die körperliche Fitness und das Vertrauen in meine Fähigkeiten als Schütze.

Bedeutsamkeit: Ich erkenne einen Sinn in meinem Handeln: Meine Aufgabe als Polizist ist es, Leben zu schützen – im Notfall auch mit Gewalt.

Wer ein hohes Kohärenzgefühl besitzt, ist konsequenter in seinen Entscheidungen und kann die Passivität überwinden und proaktiv handeln. In diesem Fall habe ich den finalen Rettungsschuss abgefeuert, den Geiselnehmer tödlich verletzt und das Leben der Geisel gerettet, bevor das Messer ins Herz gestoßen wurde.

Der Trick: Es gibt zwei Aspekte, die schwierige Entscheidungen erleichtern und die sich für mich bewährt haben: emotionale Distanz und Akzeptanz der Konsequenzen. Betrachten Sie die Situation als komplexes Ganzes, das sich in Einzelteile zerlegen lässt. Isolieren Sie negative Emotionen wie Stress und Panik. Das Problem beim Entscheiden besteht nicht darin, Prioritäten zu setzen und eine Variante auszuwählen – sondern im Verzicht auf all die anderen nicht gewählten Varianten. Doch ist eine Entscheidung gefällt, gibt es kein Zurück. Als SEK-Kommandant habe ich erfahren: Meine Kollegen schätzen konsequentes Handeln. Zaudern und Zögern bedeutet dagegen Schwäche. Entscheiden nimmt Druck. Entscheiden befreit.

3. Verarbeiten Sie negative Gefühle nicht allein

Der Fall: Nach dem Schuss ändert sich das Leben vor und hinter der Waffe, heißt es. Der tödliche Einsatz gegen den isländischen Geiselnehmer beschäftigte mich lange. Nachdem ich Aron zwei Mal in den Oberkörper getroffen hatte, gab ich meine Heckler & Koch P7 an einen Kollegen, der sie als Beweismittel sicherstellte. Das Ermittlungsverfahren kam zu dem Schluss, dass ich richtig und korrekt gehandelt hatte. Meine Vorgehensweise entsprach dem, was von mir in solchen Situationen verlangt wurde und wozu man mich ausgebildet hatte. Das Leben eines unschuldigen Menschen gilt es nach dem Gesetz grundsätzlich zu schützen. Als SEK-Mann ist das meine Aufgabe.

Die Emotionen: Auf Außenstehende wirken SEK-Beamte so nahbar wie Aliens, wie anonyme Krieger, hinter deren Fassade man nicht blicken kann. Wer das Innenleben eines SEK-Teams kennt, weiß aber: Wir kämpfen genauso wie andere Menschen mit Schuldgefühlen und Gewissensbissen, vielleicht sogar noch mehr als andere, weil unsere Entscheidungen tödliche Konsequenzen haben können. Das Gewissen drängt uns zu normgerechtem Verhalten, es ist unser moralischer Kompass. Jeder Verstoß gegen ethische, moralische oder rechtsstaatliche Normen löst Schuldgefühle aus – zumindest bei uns Beamten (bei etlichen unserer Gegner war dieses Phänomen deutlich weniger ausgeprägt). Durch die Todesschüsse aus meiner Waffe habe ich zwar gegen eines der ältesten moralischen Gebote verstoßen, gleichzeitig habe ich aber auch ein Leben gerettet. Das Ermittlungsverfahren sprach mich von jeder Schuld in professioneller Hinsicht frei. Dennoch stellten sich mir Fragen: Wie soll ich mit den Todesschüssen umgehen? Und was kann ich meinen Kollegen sagen, die ähnliche Erfahrungen machen?

Die Methode: Man hätte viele Katastrophen vermeiden können, hätte man die Probleme, die sie auslösten, angepackt – statt verdrängt. Die psychischen Auffälligkeiten des späteren Amokläufers, die Drohungen des Stalkers, die Gewaltexzesse hinter der Tür des Nachbarn, die man mitbekam, aber ignorierte. Sind Probleme erst einmal weggeschoben, können sie sich im Windschatten des Bewusstseins entwickeln. Bis sie so groß und akut werden, dass sie uns ausbremsen und unsere Entwicklung verhindern. Meist können wir dann nur noch reagieren und befinden uns in einer viel schlechteren Position. Spricht man Probleme hingegen offen an, können sie sich gar nicht erst im Verborgenen zu Krisen auswachsen.

Der Trick: Ich habe nach den Todesschüssen viele Gespräche mit meiner Frau geführt, und das hat mir geholfen, das Geschehene zu akzeptieren. Das genügte mir. Heute ist das Angebot an psychologischen Therapieangeboten für Polizisten sehr groß, manchmal sogar zu groß. Früher trank man ein Bier zusammen, wenn ein Kollege den finalen Rettungsschuss abgefeuert hatte – dann war der Fall erledigt. Das war wiederum zu wenig. Heute rate ich meinen Kollegen: Verschweigt das Erlebte nicht, sondern sprecht mit den Menschen, die euch nahestehen, mit euren Kameraden oder euren Familien. Denn jeder verdrängte Schuss kommt zurück, und dann seid ihr sein Ziel. Eure engsten Vertrauten sind euer Schutzschild.

Wie Sie Teamgeist stärken

Wenn es um den Zusammenhalt geht (aber nur dann), sind wir Elitepolizisten der Mafia nicht unähnlich: Auch wir betrachten uns als Familie, in der jeder seinen Platz hat und in die sich jeder einfügen muss.

Wie der Personalchef einer Durchschnittsfirma, so stand auch ich immer wieder vor der Herausforderung, neue Mitglieder in unseren eingeschworenen Verbund integrieren zu müssen und den Geist der Truppe so zu stärken, dass sie ihre maximale Leistungsfähigkeit ausschöpfen kann.

Obwohl das Abseilen aus Helikoptern zu unserem Tagesgeschäft gehört, haben wir auch Touren in den Klettergarten unternommen, um den Teamgeist zu stärken.

Als Vorgesetzter eines SEKs war ich immer ein Verfechter klarer Hierarchien und Zuständigkeiten: Jeder muss wissen, was er zu tun hat. Und einer muss die Verantwortung tragen. Loyalität und Disziplin sind bewährte Attribute, die jedes Team, jede Bürogemeinschaft, jede Projektgruppe stärker machen – nicht nur ein SEK.

Um den Korpsgeist der Spezialkommandos ranken sich viele Gerüchte. Dabei ist dieser Begriff nichts anderes als ein altmodischer Ausdruck für Teamgeist. In meiner Zeit als SEK-Einsatzführer haben sich einige Tricks bewährt, mit denen sich auch andere Arbeitsgemeinschaften in eine schlagkräftige Truppe verwandeln lassen:

1. Konferieren Sie!

Wir sind Männer der Tat, doch wir legen größten Wert auf Kommunikation. Jedem Einsatz geht eine detaillierte Besprechung voraus. Nach dem Einsatz wird in der Nachbesprechung schonungslos das Geschehene analysiert: Wer hat wie reagiert? Wie lief der Zugriff ab? Haben wir die richtigen Entscheidungen getroffen?

Mein Rat: Legen Sie regelmäßige Teamsitzungen fest, in denen Leistungen evaluiert und Projektziele klar analysiert werden.

2. Definieren Sie Aufgabenbereiche und Zuständigkeiten!

Nicht umsonst gibt es Spezialisten für jeden Bereich: Der Zugriffsbeamte, der Präzisionsschütze, der Sprengstoffexperte, der Fahrer, der Psychologe von der Verhandlungsgruppe – wenn jeder weiß, was von ihm erwartet wird, kann jeder dafür in die Pflicht genommen werden.

Mein Rat: Machen Sie einzelne Teammitglieder zu Experten bestimmter Bereiche.

3. Sprechen Sie Probleme und Unklarheiten offen an – vor allen!

Ein Elitepolizist muss überdurchschnittliche Leistungen bringen, sonst ist er keiner. Individuelles Versagen kann zu weitreichenden und lebensgefährlichen Konsequenzen führen. Darum müssen Fehler offen und schonungslos angesprochen und aufgearbeitet werden. Dieser Prozess findet bei SEKs nicht in Einzelgesprächen, sondern in der Gruppe statt.

Mein Rat: Scheuen Sie sich nicht, Fehler offen anzusprechen. Das schärft das Bewusstsein des Einzelnen dafür, dass sich auch seine Leistung auf das Wohl des Kollektivs auswirkt.

4. Sagen Sie »Danke«!

Nach spektakulären Einsätzen (vor allem, wenn sie eine gute Presse nach sich zogen) kam sogar der Innenminister auf unsere Dienststelle, um uns zu gratulieren. Auch ich als Kommandoführer habe immer darauf geachtet, dass Leistungen honoriert werden. Bemerkenswert war der Brief einer Schülerin, die wir befreit hatten, nachdem sie von einem Schulkameraden als Geisel genommen worden war. Sie schrieb uns später: »Ich könnte jeden Einzelnen von euch umarmen.« Ohne Erlebnisse wie diese hätte ich diesen Job wohl niemals so lange machen können.

Mein Rat: Bedanken Sie sich bei Ihrem Team für gute Leistungen und Erfolge und machen Sie diese im ganzen Unternehmen bekannt!

5. Machen Sie Ihr Team zum Mythos!

Die GSG 9 umgibt bis heute eine magische Aura, dabei liegt die legendäre Befreiung der »Landshut« viele Jahre zurück. Der Erfolg von damals machte die »Neuner« zur Legende unter den Spezialeinheiten. Das wirkt bis heute nach außen und nach innen. Auch Sie sollten Ihre Teammitglieder animieren, die herausragenden Leistungen der eigenen Abteilung überall im Unternehmen bekannt zu machen.

Mein Rat: Kommunizieren Sie auch längst vergangene Erfolge offensiv. Die Kollegen der anderen Abteilungen sollen Ihrem

Team respektvoll zunicken, wenn es geschlossen die Kantine betritt.

6. Lassen Sie auch verrückte Aktionen zu!

Legendär sind die früheren Ausflüge der SEK-Truppen in die Weinbaugegenden rund um den fränkischen Ort Hammelburg. Auf dem dortigen Bundeswehrgelände hielten wir mehrtägige Übungen ab, spaßig wurde es, wenn einer es bei den nächtlichen Weinverkostungen übertrieben hatte. Dem wurde dann morgens eine Tränengaspatrone an den Reißverschluss des Overalls gesteckt. Verkatert und deshalb unvorsichtig konnte es passieren, dass der Kollege unfreiwillig das Kampfmittel zündete. Es war natürlich eine »Riesen-Gaudi« für alle Beteiligten, wenn der Mann mit tränenden Augen und Atemnot durch die Flure der Kaserne flitzte. Am Ende lachte er mit, und alles war gut.

Heute ist so etwas nicht mehr möglich. Wir leben in Zeiten, in denen aus Scherzen schnell Skandale werden, die dann zu Disziplinarverfahren führen.

Es ist also ein schmaler Grat, auf dem Sie wandeln, wenn Sie im Sinne des Teambuilding verrückte und absurde Aktionen zulassen oder gar unterstützen. Beim SEK haben uns diese Scherze näher zusammenrücken lassen. Sie waren ein Stimmungsaufheller, denn der Dienstalltag hielt genug deprimierende Erfahrungen bereit.

Mein Rat: Haben Sie Spaß mit Ihrem Team, dann macht die Arbeit Freude, und allen geht es gut.

Aber lassen Sie den dummen Scherz mit dem Tränengas.

»Alles auf Erden lässt sich finden, wenn man nur zu suchen sich nicht verdrießen lässt.«

Philemon von Syrakus,
griechischer Dichter (um 360–um 264 v. Chr.)

Spuren lesen wie ein Zielfahnder

Wie Sie Ihr Wissen über die Zielperson nutzen – Wie Sie Ihren Schuldner auftreiben – Wie Sie Personen finden, über die Sie nicht sonderlich viel wissen – Wie Sie über das Internet jeden finden – Wie Sie herausfinden, wer Sie immer zuparkt

Tobias Müller heißt eigentlich ganz anders. Er war mehr als zehn Jahren Zielfahnder bei einem Landeskriminalamt. Heute berät er Firmen in Sicherheitsfragen und arbeitet im Bereich Inkasso. Die Zielfahnder der Polizeibehörden sind normalerweise höchst verschwiegen. Sie heften sich an die Fersen von Schwerstkriminellen, von Menschen, die Geld und Beziehungen haben, um jahrelang in den Untergrund abzutauchen, und die bereit sind, auch über Leichen zu gehen, wenn sie befürchten, dass ihnen die Staatsgewalt zu nahe kommt. Anonym zu bleiben ist so etwas die Lebensversicherung der Menschen, die sie jagen.

Wie Sie Ihr Wissen über die Zielperson nutzen

Die Kriminellen, mit denen normale Polizisten zu tun haben, sind simpel gestrickt. Wenn jemand zur Fahndung ausgeschrieben ist, klicken meist schon nach ein paar Tagen die Handschellen. Wer jemanden im Suff in der Kneipe totschlägt, schafft es vielleicht, ein paar Tage bei einem Kumpel unterzukriechen. Eine jahrelange Flucht rund um die Welt übersteigt dann aber doch seine intellektuellen und finanziellen Fähigkeiten.

99 Prozent der Verbrecher bleiben in ihrem gewohnten Umfeld. Eine Flucht bedeutet für sie, mit dem Regionalexpress in die nächste Großstadt zu fahren. Fahndung bedeutet in einem solchen Fall, den engeren Bekannten- und Verwandtenkreis ab-

zufahren oder einfach zu warten, bis der Täter der nächsten Polizeistreife über den Weg läuft.

Wenn früher etwas auf meinem Schreibtisch gelandet ist, war jemand schon ein paar Monate verschwunden, hochgefährlich und gut vernetzt. In den meisten Fällen waren das Personen aus dem Bereich der organisierten Kriminalität, Betrüger und Drogenhändler. Berufskriminelle, die gut waren in ihrem Job. Und die schon vorher international unterwegs waren.

Wir hatten gegenüber den anderen Polizeiabteilungen einen Vorteil: Zeit. Wir konnten monate-, jahrelang an einem Kriminellen dranbleiben. Bis er einen Fehler machte. Es gelingt so gut wie keinem Menschen, wirklich dauerhaft vom Erdboden zu verschwinden. Meist sind es Fehler, die in den emotionalen Beziehungen des Kriminellen liegen. Selbst der abgebrühteste Berufkriminelle hat eben doch Bindungen, die er aufrechterhalten will. Es ist einfach, sich zu verstecken. Aber es ist schwierig, alles zurückzulassen, was einem wichtig ist – seine Familie, seine Freunde, seine Geliebte.

Wie zum Beispiel in jenem Fall in den 90er-Jahren. Ein Zuhälter, Sergej, war im Streit mit einem Konkurrenten durchgedreht. Der Kampfsportler marschierte mit fünf Kumpanen in das Etablissement des Gegners, zerschlug die Einrichtung, brach zwei Frauen den Kiefer und dem anderen Zuhälter das Rückgrat. Seine Freunde konnten schon zwei Tage später festgenommen werden, ein Tatbeteiligter stellte sich freiwillig. Nur der Kopf der Bande setzte sich ab.

Nach drei Monaten wurden wir Zielfahnder hinzugezogen. Wir befragten das Umfeld des untergetauchten Zuhälters intensiv. Schnell verdichteten sich die Hinweise, dass er sich in Osteuropa aufhielt. Denn in der Region hatte er viele Kontakte, viele der Frauen, die er auf den Strich geschickt hatte, kamen aus Osteuropa. Bei unseren Befragungen kam auch schnell heraus, dass unser Mann eine Favoritin unter seinen Frauen hatte. Anja war Deutsche, kam aus Bayern, sie war eine 25-jährige Blondine. Im Milieu wurde erzählt, dass sie aus besserem Hause kam. Die Eltern hatten sie wohl ziemlich kurz gehalten – Mädcheninternat –, als sie dann zum Studium in eine andere Stadt gegangen war, ließ sie es richtig krachen und holte alles nach, was sie als Teenager verpasst hatte.

So geriet sie dann an unseren brutalen Zuhälter, der aber wohl tatsächlich ernsthaft angetan war von der Unschuld vom Lande. Die Liebe ging nicht so weit, dass er sie nicht auf den Strich geschickt hätte, aber er finanzierte ihr eine schicke Wohnung und zeigte sich manchmal recht verliebt mit ihr in der Öffentlichkeit. Ein bisschen mehr, als es seine Stellung erlaubte, jedenfalls tuschelten die anderen Kolleginnen der Dame, und es gab durchaus Eifersüchteleien bei denen, die für Sergej auf den Strich gingen.

Uns war klar: Anja ist der Schlüssel zum Geheimnis von Sergejs Verbleiben. Offenbar ließ er ihr weiterhin Geld zukommen. Denn auf den Strich ging sie nicht mehr, das stellten wir bei unseren Observationen schnell fest. Das war für sie wohl auch zu gefährlich, denn seit Sergej verschwunden war, hatten andere Zuhälter das Sagen. Aber obwohl sie ohne Einkommen war, konnten wir sie bei ausgedehnten Shoppingtouren beobachten.

Zunächst dachten wir, ihre Eltern ließen ihr Geld zukommen. Die Theorie verwarfen wir schnell wieder, die Eltern hatten mit ihrer missratenen Tochter gebrochen. Gewissheit brachte ein Blick auf Anjas Kontoauszüge. Bis auf größere Bareinzahlungen, die Anja regelmäßig vornahm, waren dort keine Gutschriften zu verzeichnen.

Wir beschatteten Anja mehrere Monate lang. Schnell entdeckten wir, woher sie das Geld hatte. Alle zwei Wochen traf sie sich mit einem Mann in einem Restaurant in einer 100 Kilometer entfernten Stadt. Offenbar übergab er ihr das Geld, denn direkt nach den Treffen machte Anja jeweils eine Einzahlung bei der Bank. Daran merkte man, dass sie noch frisch im Milieu war. Wer Erfahrung hat, weiß, dass er Geld aus kriminellen Quellen besser bar aufbewahrt, damit es keine offiziellen Aufzeichnungen darüber gibt. Sergej hatte sie da wohl nicht gut genug instruiert.

Der Mann, der Anja das Geld übergab, war ein Handlanger aus dem Warschauer Rotlichtmilieu. Dass er alle zwei Wochen den Weg in seinem Auto nach Deutschland auf sich nahm, deutete darauf hin, dass Sergej in Warschau nicht nur gut Geld verdiente, sondern auch offenbar einiges zu sagen hatte.

Zwei unserer Beamten machten sich auf den Weg nach Polen, um sich gemeinsam mit den Kollegen vor Ort im Milieu umzutun. Sie wollten herausfinden, welche Männer in den letzten Monaten neu in den Bordellen aufgetaucht waren. Wir gingen davon aus, dass Sergej in Warschau schnell zu finden sein sollte.

Tatsächlich spürten die polnischen Kollegen Sergej auf einem Bauernhof in einem Dorf in der Nähe von Warschau auf, nachdem ein Informant aus dem Milieu ihnen einen Tipp gegeben hatte. Hier hielt er sich bei einem alten Ehepaar versteckt, deren Sohn ins Milieu verstrickt war. Aber Sergej musste Geld verdienen, dazu musste er sich zumindest ab und an in den Bordellen von Warschau sehen lassen und sein Versteck verlassen. In den Monaten seiner Flucht hatte er sich hier eine neue Existenz aufgebaut. Mehrere Frauen gingen für ihn anschaffen.

Sergej hätte wahrscheinlich lange Zeit im Untergrund bleiben können. Nach Deutschland hatte er klugerweise alle Kontakte abgebrochen, keine Spur führte zu seinem Versteck. Keine Telefonate mit alten Freunden, keine Geschäfte mit dem deutschen Rotlichtmilieu.

Nur Anja konnte er auch in Polen nicht vergessen. Nach kurzer Zeit hatte ihn die Liebe unvorsichtig gemacht. Wahrscheinlich fand er den Gedanken unerträglich, dass Anja für einen anderen Zuhälter anschaffen ging. Also schickte er ihr regelmäßig Geld.

Sergej, obwohl trainierter Kampfsportler und wegen gefährlicher Körperverletzung mehrfach vorbestraft, wehrte sich nicht, als die polnische Polizei den Bauernhof stürmte und ihn festnahm. Anja, und das macht die Geschichte für Sergej etwas tragisch, schaffte offenbar den Absprung aus dem Rotlichtmilieu. Jedenfalls hat sie Sergej nur zweimal in der Untersuchungshaft besucht.

Das ganze Geheimnis der Arbeit eines Zielfahnders besteht darin, die gesuchte Person genau kennenzulernen. Je länger wir einen Menschen suchen, desto mehr finden wir über ihn heraus, über all seine Gewohnheiten, Schwächen, Vorlieben. Wie bei einem alten Freund. Eine seltsame, sehr enge Beziehung. Die auf einen Schlag beendet ist, wenn wir der Zielperson zum ersten Mal leibhaftig gegenüberstehen – denn dann ist unsere Arbeit beendet. Dann schreiben wir nur noch einen Abschlussbericht für den Staatsanwalt.

Das Personagramm ist das Werkzeug, mit dem wir unserer Zielperson so nahe kommen. Es ist eine Sammlung aller Dinge, die wir über die Person wissen. Wir beginnen mit dem Namen und dem Geburtsdatum, Vorstrafen, Kontostand, Schulden, Voradressen – allem, was wir auf einen Schlag aus den Akten ziehen können.

Dann wird es komplizierter. Das Personagramm wird um »weiche« Fakten ergänzt. Was mag die Zielperson? Welche Zigaretten raucht sie? Welche Hobbys hat sie? Wie kann sie Geld verdienen? Ist sie Fan eines Fußballvereins? All diese Eigenschaften könnten irgendwann den entscheidenden Fehler enttarnen. Es ist schon vorgekommen, dass ein weltweit gesuchter Straftäter zu einem Freundschaftsspiel seines Heimatvereins ins Stadion gegangen ist, weil der Verein für ein Benefizspiel ins Ausland gereist war. Der Kriminelle war Profi, aber eben auch ein echter Fan, der sich die Chance, im Exil ein letztes Mal seinen Verein im Stadion zu erleben, einfach nicht entgehen lassen konnte.

Dann wird im Personagramm das Netzwerk der Beziehungen hinzugefügt. Man kennt das aus den TV-Krimis. In die Mitte einer Tafel schreiben wir den Namen der Zielperson. Von ihr gehen Pfeile aus zu anderen Menschen. Dicke Pfeile für starke, enge Beziehungen, dünne Pfeile für schwache Beziehungen. Freunde, Geschäftspartner, Familie. Um dieses Beziehungsnetzwerk zu ermitteln, muss man mit vielen Menschen sprechen, es ist der aufwendigste Teil. Aber auch der Teil, der den Tätern am häufigsten zum Verhängnis wird, so, wie es auch bei Sergej der Fall war.

Wenn das noch nicht genügt, wird noch tiefer in die Vergangenheit geblickt. Wir rekonstruieren gewissermaßen den Lebenslauf der gesuchten Person. Wo ist er zur Schule gegangen, wo hat er seine Ausbildung gemacht? Und dann wird für jede Lebensphase ein neues Beziehungsnetzwerk ermittelt. Vielleicht liefert ja ein enger Freund aus der Vergangenheit die entscheidende Spur zur Zielperson.

Warum ich Ihnen das erzähle?

Stellen Sie sich vor, Sie hätten ein Personagramm von Ihrem Chef. Oder von einem beruflichen Konkurrenten.

Stellen Sie sich vor, Sie wüssten genau, welche engen Beziehungen Ihr Konkurrent hat, und damit auch, welche Schwächen. Wer etwas über ihn weiß. Wer ihn genauso wenig mag wie Sie. Wer über die Leichen im Keller Bescheid weiß. Stellen Sie sich vor, Sie wüssten alles über die Gewohnheiten Ihres Konkurrenten. Geht er jeden Mittwochabend in die Kneipe, weil er da seine Skatrunde hat? Können Sie also damit rechnen, dass er Donnerstag verkatert ins Büro kommt? Dann ist das der Tag, an dem Sie angreifen sollten. Beraumen Sie Meetings an, greifen Sie ihn in Konferenzen an – er wird an diesem Tag schlechter aussehen als an allen anderen Tagen.

Wenn Sie das Beziehungsnetzwerk Ihres Chefs kennen, kann das für Sie noch mehr Profit bringen. Auf wen hört er? Versuchen Sie, zu dieser dritten Person eine Beziehung aufzubauen. Sie wird Sie irgendwann Ihrem Chef als besonders fähig empfehlen. Sie werden sehen: Das ist genauso viel wert wie die gute Arbeit, die Sie in der Firma leisten. Aber schon die Gewohnheiten Ihres Chefs zu kennen kann Gold wert sein. Geht er regelmäßig mit seiner Frau in ein bestimmtes Restaurant? Da können Sie ihm privat wunderbar über den Weg laufen. Macht er Sport in einem bestimmten Verein? Treten auch Sie ein! Ihr Chef wird Sie bald für einen Seelenverwandten halten.

Nur, wie kommen Sie an ein Personagramm Ihres Chefs? Da müssen Sie ermitteln. Fangen Sie gleich an: Drucken Sie sich seinen Lebenslauf von der Firmen-Homepage aus. Und dann beginnen Sie, diesen zu ergänzen um jede Information, die Sie aufschnappen. Auch ein Kaffee mit seiner Sekretärin wird Ihnen eine Menge Stoff liefern. Ab jetzt gibt es keinen Smalltalk mehr – ab jetzt werten Sie alles für das Personagramm aus.

Natürlich funktioniert das Personagramm auch im privaten Bereich, beispielsweise bei einer Frau oder einem Mann, den Sie für sich gewinnen wollen. Aber passen Sie auf: Ihre Ermittlungen, wenn sie nicht vorsichtig stattfinden, können in diesem sensiblen Bereich sehr schnell als Stalking erscheinen.

Wie Sie Ihren Schuldner auftreiben

Wenn Ihnen jemand Geld schuldet und plötzlich verzogen ist, haben Sie gute Chancen, ihn recht schnell aufzutreiben. Dazu müssen Sie auch erst mal keinen Anwalt einschalten – vielleicht lässt sich das Problem bei einem persönlichen Gespräch schneller klären. In Deutschland herrscht ja zum Glück Meldepflicht. Somit ist die Adresse jeder Person registriert. Viele Menschen wissen nicht, dass wirklich jeder Auskunft beim Einwohnermeldeamt beantragen kann und die auch sofort bekommt. In manchen Städten, beispielsweise in Berlin, geht das mittlerweile sogar online. In anderen muss man tatsächlich noch zum Einwohnermeldeamt gehen und Auskunft verlangen. Um die Adresse eines Menschen zu bekommen, muss man seinen Namen und sein Geburtsdatum kennen. Da die Daten nicht zentral gespeichert sind, sondern in den jeweiligen Städten, muss man zumindest auch noch wissen, in welcher Stadt die Zielperson lebt, damit man zum richtigen Einwohnermeldeamt geht. Dann bekommt man ohne Probleme die Adresse.

Wenn ein Schuldner verzogen ist, wie in unserem Beispiel, reichen auch der Name und die alte Adresse – das Geburtsdatum ist dann nicht nötig. Man geht in die Stadt, in der er zuletzt gewohnt hat, dort zum Einwohnermeldeamt und bekommt die Adresse, an die er gezogen ist. Wenn er mehrfach umgezogen ist, muss man sich im Notfall von Stadt zu Stadt hangeln. Merke: Durch Umzug entkommt man seinen Gläubigern nicht, da müsste man schon komplett in den Untergrund gehen.

So können Sie natürlich auch herausfinden, wohin Ihr Schwarm aus der Grundschule gezogen ist. Beginnen Sie bei seinem Elternhaus und fahren Sie dann jede neue Adresse an, in die er oder sie in den vergangenen Jahrzehnten gezogen ist. Seien Sie aber nicht zu enttäuscht, wenn Ihnen irgendwann der neue Partner die Tür des Reihenhäuschens öffnet.

Wie Sie Personen finden, über die Sie nicht sonderlich viel wissen

Wenn Sie noch weniger von der Person, die Sie suchen, wissen, hilft Ihnen das Einwohnermeldeamt nicht weiter. Nehmen wir mal an, Sie haben sich beim Kölner Karneval verliebt, haben sich aber vor lauter Knutscherei nicht mal den Nachnamen, geschweige denn die Telefonnummer notiert.

Durchatmen. Noch ist nichts verloren. Setzen Sie sich hin und schreiben Sie mit dem wenigen, das Sie wissen, ein rudimentäres Personagramm. Kennen Sie zumindest die Stadt, aus der sie oder er kommt? Den Vornamen? Den Beruf? Dann haben Sie fast schon gewonnen. Denn es gibt ein Gesetz der zwischenmenschlichen Beziehungen, das Ihnen jetzt helfen wird: das sogenannte Kleine-Welt-Phänomen.

Zum ersten Mal erforscht wurde das Phänomen im Jahr 1967 von dem amerikanischen Psychologen Stanley Milgram an der Universität von Harvard. Milgram erstellte ein Informationspaket, das 60 zufällig ausgewählte Teilnehmer an Personen in einer weit entfernten amerikanischen Stadt schicken sollten – allerdings nicht direkt, sondern an eine Person, die sie persönlich kannten und bei der sie davon ausgingen, dass sie die Zielperson vielleicht kannte. Die zweite Person sollte das Paket dann weitersenden, wieder nur an eine Person, die sie selbst persönlich kannte. Das Experiment hatte seine Schwächen, denn am Ende kamen nur drei Pakete an, der Rest war auf dem Weg verloren gegangen, weil irgendjemand die Pakete nicht weiterschickte. Aber die Pakete, die nicht verloren gingen, erreichten die Zielperson in sechs Schritten. Später wurden weitere ähnliche Experimente durchgeführt, mit mehr Paketen, noch später wurde mit Computersimulationen gearbeitet. Am Ende bestätigte sich immer wieder: Mehr als sieben Schritte braucht man nicht.

Die Forschung ergab auch, dass in den sozialen Netzwerken einige über die Maßen gut vernetzte Menschen existieren, die eine besonders große Anzahl anderer Menschen kennen. In jedem Freundeskreis gibt es ein paar dieser Menschen. Wer sie findet, trifft auch bald darauf auf die Zielperson.

Wie hilft Ihnen das bei Ihrem Karneval-Flirt?

Nehmen wir an, er heißt Christian, kommt aus München, ist Mitte 30 und Maschinenbauer. Wie er ungefähr aussieht, werden Sie ja auch noch wissen. Jetzt müssen Sie überlegen, mit wem er in München Kontakt haben könnte. Als Maschinenbauer gibt es einige Firmen, in denen er arbeiten könnte. Die Wahrscheinlichkeit, dass er in einer großen Firma arbeitet, ist größer, als dass er in einer kleinen Firma arbeitet. Ganz einfach, weil in großen Firmen mehr Menschen arbeiten. Oder anders ausgedrückt: Wenn er in einer kleinen Firma arbeitet, ist es schwieriger, ihn zu finden, weil er dann nur wenige Kollegen hat. Sie müssten dann in ganz vielen Firmen anfragen.

Idealerweise haben Sie jetzt jemanden in Ihrem Bekanntenkreis, der mit Münchner Firmen Geschäfte macht. Dann soll er einen Bekannten vor Ort fragen, ob er einen Christian, Maschinenbauer, Mitte 30, kennt, der in Köln beim Karneval war. Wenn der Bekannte es nicht selbst weiß, soll er Ihnen helfen, eine besonders gut vernetzte Person in der Firma zu finden, die weiterfragen kann.

Sie können es aber auch direkt machen. Wer kennt den potenziell in der Firma arbeitenden Christian? Stark vernetzte Personen wie Sekretärinnen, Betriebsrat, Personalabteilung. So hangeln Sie sich durch, von Person zu Person. Wenn das »Kleine-Welt-Phänomen« stimmt, sollten Sie nach sieben Anrufen den

Christian am Telefon haben. Aus meiner Berufserfahrung weiß ich, dass es stimmt. Es reichen eine Handvoll Informanten in einer Stadt, um fast alle Infos über die kriminelle Szene dort zu erlangen.

Wie Sie über das Internet jeden finden

Herauszufinden, welche Kontakte jemand unterhält, kann man neuerdings am besten im Internet. In den sozialen Netzwerken wie Facebook legen die Menschen das ja sogar freiwillig offen. Suchen Sie Ihre Zielperson aber nicht nur auf Facebook. Wohl einer der erfolgreichsten Ansätze ist ein Account bei »stayfriends«, da haben Sie gleich die gesamten Schulfreunde. Einer von denen weiß in jedem Fall, wie die Zielperson zu kontaktieren ist. Auch bei den kleineren Netzwerken wie »wer-kennt-wen« oder »lokalisten« sind viele Menschen registriert. Und selbst Netzwerke, die kaum noch aktiv genutzt werden, wie das ehemals sehr beliebte »StudiVZ«, können Ihnen helfen, einen Menschen zu finden. Kaum jemand löscht einen Account, der bleibt als Karteileiche bestehen, auch wenn er nicht mehr genutzt wird – inklusive aller abrufbaren Informationen.

Auch das Archiv der Lokalzeitung ist hilfreich. Vielleicht ist die Zielperson ja mal für ihre 25-jährige Vereinsmitgliedschaft geehrt worden, dann wissen Sie auch gleich, in welchem Kegelklub er mitmacht.

Immer weniger Menschen lassen sich in Telefonbücher eintragen. Das war vor ein paar Jahren noch anders. Versuchen Sie also, in der Bibliothek an alte Telefon- oder Adressbücher zu kommen.

Auch Todesanzeigen können entscheidende Hinweise auf noch lebende Personen geben. Vielleicht ist ja vor ein paar Jahren der Vater gestorben, auf der Todesanzeige stehen dann die

Namen vieler Verwandter. Manche Lokalzeitungen haben ihre Todesanzeigen mittlerweile im Internet durchsuchbar gemacht.

Es mag sich pietätlos anhören, aber auf diese Weise habe ich vor einem Jahr für ein mittelständisches Unternehmen einen untergetauchten Schuldner ermittelt. Der Mann schuldete meinem Klienten 130 000 Euro. Der Gerichtsvollzieher fand ihn nicht, da er die Wohnung, in der er zuletzt gemeldet war, nicht mehr nutzte. Er war da einfach abgehauen, zahlte keine Miete mehr, nach einiger Zeit stellte der Vermieter seine Möbel vor die Tür und tauschte die Schlösser aus.

Er war wie vom Erdboden verschluckt. Wir hatten uns ein recht genaues Personagramm von ihm erarbeitet, aber bei keinem seiner Freunde tauchte er auf. Irgendwann starb die Mutter des Mannes. Und sein Name tauchte in der Todesanzeige auf. Recherchen beim Bestattungsunternehmen ergaben, dass der Schuldner dort aufgetaucht war. Offenbar war er Einzelkind und musste deswegen die Beerdigung seiner Mutter organisieren, sonst wäre die Dame in einem Armengrab gelandet. Er war aber nicht allein beim Bestattungsunternehmen aufgetaucht, sondern mit einer Frau, die der Bestatter kannte – sie kam aus dem Ort, war wohl eine alte Schulfreundin des Schuldners.

Ich war von dieser Information wie elektrisiert. Mir war klar: Der Mann hatte, als er abgetaucht war, die Beziehung zu einer alten Flamme aufgewärmt. Schließlich musste er ja auch irgendwo wohnen. Über das Einwohnermeldeamt konnte ich ihre Adresse ermitteln. Drei Tage lang beschatteten wir ihr Haus, und tatsächlich: Der Schuldner ging dort ein und aus. Eines Abends klingelte ich mit meinem Partner. Der Schuldner öffnete mir die Tür. Er ließ sich auf einen Vergleich mit meinem Klienten ein, immerhin 80 000 Euro konnte er bezahlen. Ein guter Deal. Wenig später meldete er Privatinsolvenz an – offenbar hatte er noch einige andere Firmen geprellt, die alle leer ausgingen.

Wie Sie herausfinden, wer Sie immer zuparkt

In Deutschland wird aus der Adresse von Autohaltern immer eine Art Staatsgeheimnis gemacht. Wenn Sie ein Autokennzeichen haben, wissen Sie noch lange nicht, wem es gehört. Ein Zielfahnder kann natürlich einfach eine Halterfeststellung machen.

Es gibt jedoch einen Trick, der allerdings am Rande der Legalität ist, aber von vielen Privatermittlern genutzt wird. Ich erkläre ihn mal exemplarisch, um aufzuzeigen, dass man mit etwas List auch an eigentlich geschützte Informationen kommen kann. Machen Sie es also nicht nach.

Beim Zentralruf der Autoversicherer kann man anrufen, um die Versicherung eines Unfallgegners herauszubekommen. Der Privatermittler ruft dort also an und behauptet, einen Unfall mit einem Auto mit dem bekannten Kennzeichen gehabt zu haben. Er erhält die Versicherungsnummer und die Versicherung des Fahrzeughalters. Dann lässt er sich mit der Zentrale der Versicherung verbinden.

Dort erzählt er die Geschichte, dass sein Auto von einem Wagen mit dem genannten Kennzeichen angefahren wurde. Er habe allerdings die Vermutung, dass es sich bei dem Fahrzeugführer um einen Freund der Nachbarin gehandelt habe, die an dem Abend, als es passiert ist, eine Party gefeiert hat. Er wolle jetzt nicht die Polizei einschalten, da der Haussegen sonst sicher in Schieflage geraten würde. Deswegen bitte er um den Namen des Versicherungsnehmers, da er die Nachbarin darauf ansprechen wolle, um es so zu klären.

Der Sachbearbeiter der Versicherung wird ablehnen. Aus Datenschutzgründen. Deswegen macht der Ermittler den Vorschlag, dass auch schon der Vorname reichen würde, der könne ja nicht vom Datenschutz erfasst sein. Mit dem Vornamen könnte er dann die Nachbarin fragen. In den meisten Fällen wird dann der Vorname gesagt.

Jetzt heißt es schnell sein: Bisher hat der Ermittler mit der Zentrale der Versicherung gesprochen. Jetzt ruft er in der Niederlassung in dem Bundesland an, aus dem das Auto kommt – das Ortskennzeichen ist ja bekannt. Dem Sachbearbeiter, der jetzt an der Strippe ist, erzählt er, dass es einen leichten Auffahrunfall gegeben habe. Man habe sich ohne Versicherung einigen wollen. Deswegen habe man die Adressen ausgetauscht. Danach sei aber nichts mehr passiert.

Leider sei ausgerechnet der Nachname auf der Notiz unleserlich, nur Kennzeichen, Versicherungsnummer, Versicherung und Vorname könne man lesen. In den meisten Fällen wird der Sachbearbeiter dann auch den Nachnamen sagen. Schließlich ist es der Versicherung ja recht, wenn man den Schaden ohne sie regulieren will.

Mit ähnlichen Tricks lässt sich der Datenschutz auch bei Behörden, der Justiz, Banken und sogar bei der Steuer aushebeln. Allerdings ist es, wie ich schon gesagt habe, illegal. Aber Sie sollten sich nicht wundern, wenn auch Privatpersonen, die etwas über Sie herausfinden wollen, allein mit Ihrer Steuernummer Auskünfte über Ihr Einkommen einholen können.

Versuchen Sie es doch mal mit Ihren eigenen Daten. Rufen Sie bei Ihrer Bank an, sagen Sie, Sie finden Ihre Kreditkarte nicht mehr und haben nun die Befürchtung, sie sei gestohlen worden. Fragen Sie deswegen nach dem letzten Einsatz der Karte. Die Bank wird es Ihnen sagen, wenn Sie ein bisschen überzeugend waren. Das Problem dabei: Das kann auch jeder andere machen, der Ihren Namen bei der Bank angibt. Und derjenige weiß dann schon mal, ob Sie sich gerade im Ausland aufhalten.

»Nicht die Psychoanalyse ist neu, sondern Freud. So wie nicht Amerika neu war, sondern Columbus. Psychoanalyse gab es immer; jeder Arzt, jeder Dichter, jeder Staatsmann, jeder Menschenkenner mußte es sein, war es unbewußt oder automatisch.«

Arthur Schnitzler (1862–1931), *Über Psychoanalyse*

Menschen durchschauen wie ein Polizeipsychologe

Wie Sie Profiling in Ihrem Alltag nutzen können – Wie Sie den Charakter eines Menschen erkennen – Wie Sie sich selbst erkennen – Wie Sie Verborgenes hervorkitzeln – Wie Sie Extremsituationen durchstehen

Professor **Adolf Gallwitz**, Jahrgang 1951, ist Polizei- und Medizinpsychologe und lehrt an der Polizeihochschule in Villingen-Schwenningen. Er ist einer der bekanntesten Profiler Deutschlands, nicht zuletzt durch sein Fernsehformat »Fahndungsakte«, das zwischen 1997 und 2000 bei SAT.1 zu sehen war. Außerdem ist er Spezialist für Menschenführung in Extremsituationen. Er war wissenschaftlicher Direktor am Zentrum für Innere Führung der Bundeswehr, ist als Gutachter am Internationalen Gerichtshof für Menschenrechte in Den Haag tätig und arbeitete mehrere Jahre für Bundesbehörden der USA und als Polizeipsychologe beim San Antonio Police Department in Texas. In dieser Zeit lernte er die amerikanische Methode des Profiling und den Umgang mit Vermisstenfällen kennen, die er nach Deutschland brachte.

Wie Sie Profiling in Ihrem Alltag nutzen können

Wer ist der Täter?

Das ist die Frage, die sich Kriminalisten stellen, die an einen Tatort kommen. Und nicht nur bei einem Mord kommt der Täter höchstwahrscheinlich aus dem Umfeld des Opfers. Er muss ein Motiv haben. Und womöglich hat er sogar Fingerabdrücke und sonstige Spuren hinterlassen.

Viele Morde lassen sich so aufklären. Man prüft, wer einen Bezug, eine Beziehung zum Ofer oder ein starkes Motiv für die

Tat. Der wird verhört, verstrickt sich in Widersprüche und gibt dann alles zu.

Aber es gibt auch die Fälle, in denen sich der Täter so nicht enttarnen lässt. Weil er besonders vorsichtig war, wenig Spuren hinterlassen hat, weil sein Motiv nicht offensichtlich ist oder weil er keinen Bezug zum Opfer oder zur Umgebung hatte. Mit etwas Glück, denn »Profiling« oder operative Fallanalyse ist in Deutschland noch nicht so verbreitet wie beispielsweise in den USA, kommt dann irgendwann ein Profiler zum Einsatz.

Im Profiling versuchen wir, über die exakte Rekonstruktion der Tat das Täterverhalten und über das Täterverhalten die mögliche Täterpersönlichkeit zu erschließen. Also: Was lief in welcher Reihenfolge ab? Wie reagieren Opfer und Täter darauf? Wie hat sich das Verhalten gegenseitig beeinflusst? Was macht den Täter besonders? Was unterscheidet ihn von anderen Menschen? Wir versuchen, Aussagen über sein Verhaltens-Alter zu gewinnen – rein statistisch kommen bestimmte Tatmuster in einigen Altersgruppen häufiger vor als in anderen. Wir wollen Aussagen über seinen Charakter treffen: Beispielsweise ist ein Mörder, der einen Leichnam einfach so wegwirft, meist auch sonst ein konfuser, schlampiger und eher impulsiver Mensch. Andere Täter, die den Leichnam aufwendig verstecken und abdecken, neigen auch sonst eher zu ordentlichem und überlegtem Handeln oder haben vielleicht ein schlechtes Gewissen nach der Tat. Auch psychologische Auffälligkeiten stehen im Zentrum unserer Überlegungen: Mordet er besonders grausam? Hat er nach der Tat viel Zeit mit dem Leichnam seines Opfers verbracht? Gibt es mehrere Tatorte? Ist er ein Mensch, der besonders geplant vorgeht, oder handelt er impulsiv? Auch spezielles Wissen – Erfahrungen und Kenntnisse, die der Täter für seine Tat brauchte, – kann für uns von Bedeutung sein: seien es medizinische Kenntnisse oder die Vertrautheit mit den örtlichen Gegebenheiten.

Im Profiling versuchen wir, einen Menschen zu durchschauen, ohne ihn zu kennen. Am Ende gewinnen wir ein Profil des Täters. Es ist kein sicheres Profil, mehr eine Eingrenzung – wir sagen nur: Diese Eigenschaften hat der Täter wahrscheinlich. Es ist eine Art »psychologischer Fingerabdruck«. Ein Fingerabdruck oder DNA-Spuren sind der Polizei natürlich lieber. Aber der Fingerabdruck der Persönlichkeit des Täters kann ihn auch überführen.

Den folgenden Fall schildere ich gerne meinen Studenten, denn an ihm lässt sich gut trainieren, in welchen Details sich ein Täter verrät: Eine Frau, Mitte 40, wird tot in Ihrer Wohnung gefunden. Sie wurde erwürgt, nach dem Tod hat der Täter versucht, ihr eine Hand abzusägen. Dabei hat er aber wohl gemerkt, dass so etwas gar nicht so einfach ist, jedenfalls hat er das Handgelenk nur bis zur Hälfte durchtrennt. Die Wohnungstür wurde nicht aufgebrochen, sie ist völlig intakt.

Den Hund der Frau finden die Polizisten eingesperrt im Schlafzimmer. Außerdem entdeckt die Polizei einen Vogelkäfig, er steht offen. Ein Fenster der Wohnung ist geöffnet. Welche möglichen oder naheliegenden Rückschlüsse kann man daraus auf den Täter und den Tathergang ziehen?

- Da die Tür nicht aufgebrochen wurde, muss das Opfer den Täter in die Wohnung gelassen haben oder er hatte selbst einen Schlüssel.

- Aber warum ist der Hund im Schlafzimmer eingesperrt? Die Frage ist schon etwas kniffliger. Bei der Beantwortung sind Menschen im Vorteil, die selbst einen Hund haben, weil sie wissen, dass der eigene Hund immer dann im Schlafzimmer eingesperrt wird, wenn jemand zu Besuch kommt, der einen eigenen Hund mitbringt. Damit es keine Revierkämpfe gibt, müssen die Hunde getrennt werden. Also: Der Täter hat vermutlich einen Hund. Er bringt ihn mit zu seinem Opfer. Das Opfer lässt ihn rein, sperrt den eigenen Hund im Schlafzimmer ein. Opfer und Täter müssen sich also ziemlich gut kennen.

- Was hat das brutale Detail der angesägten Hand zu bedeuten? Was sagt das über den Täter aus? Ein kleiner Tipp: Nicht lange nachdenken, der erste Gedanke ist manchmal der richtige. Also: Was für ein Mensch sägt einem anderen

Menschen nach dessen Tod die Hand ab? Richtig: vermutlich ein »Verrückter«.

Die Polizei suchte also einen Täter, der einen Hund hat. Der mit
der Frau gut bekannt war. Und der wahrscheinlich schon mal in
therapeutischer Behandlung war. Denn psychisch Kranke fallen
meist schon auf, bevor sie jemandem die Hand absägen.

Aber was haben der offene Vogelkäfig und das geöffnete Fenster zu bedeuten? Die erste Idee war: Der Täter hat das Fenster
und den Käfig geöffnet, um den Wellensittich der Frau freizu-
lassen. Aber warum sollte er das getan haben? Darüber habe ich
längere Zeit gegrübelt. Dabei war die Antwort sehr einfach – und
löste später den Fall. Der Täter hatte das Fenster nicht geöffnet.
Das war wahrscheinlich schon offen, als er in die Wohnung kam.
Er hat den Wellensittich mitgenommen. Allerdings nicht aus
Tierliebe, sondern weil er Tiere gerne quälte.

Wenig später fiel er bei der Polizei tatsächlich als Tierquäler
auf. Er gab im Freundeskreis an, für 50 Euro einem lebendigen
Wellensittich den Kopf abbeißen zu wollen. Die Show stieß wohl
nicht bei allen auf große Begeisterung, jedenfalls meldete sich jemand bei der Polizei und zeigte ihn an.

Der Tierquäler hatte einen Hund. Und er kannte die Tote mit
der angesägten Hand. Die beiden hatten sich sogar in einer the-
rapeutischen Einrichtung kennengelernt. Sie hatten eine Affäre, die die Frau am Mordtag aber beenden wollte. Da drehte ihr
Liebhaber durch …

Denkbar ist natürlich immer auch, dass alles anders war. Ein
»psychisch Gesunder«, mit dem Opfer nicht bekannter Täter hat
es geschafft, dass ihn das Opfer in die Wohnung ließ. Der Hund
wurde aus anderen Gründen ins Schlafzimmer eingesperrt, und
der Täter wollte nach der Tat mit diesem bizarren Verhalten von
sich ablenken. Dann haben wir es aber wiederum vermutlich mit
einem sehr kaltblütigen, im Töten erfahrenen Täter zu tun, der
gar nicht aufgeregt war und die Veränderung der Spuren bedach-
te. Wieder Hinweise auf einen neuen Täter. Nichts ist endgültig.
Erst nach der Festnahme, dem Verhör und dem Geständnis wird
der Fall zu den Akten gelegt.

Die operative Fallanalyse, wie Profiling in Deutschland heißt, läuft in mehreren Stufen ab:

- **Informationsbeschaffung**: Das ist die klassische Ermittlerarbeit. Wie sieht der Tatort aus? Wie wurde das Opfer getötet? Welche Spuren gibt es, die Rückschlüsse auf den Täter oder verwendete Werkzuge zulassen?
- **Rekonstruktion des Tatgeschehens**: Aus den Spuren versucht der Profiler dann herzuleiten, wie die Tat chronologisch abgelaufen ist.
- **Einschätzung des Täterhandelns**: Nachdem der Tatverlauf rekonstruiert wurde, versucht man Hypothesen aufzustellen, welches Verhalten der Täter dabei an den Tag gelegt hat – und durch welche individuellen Persönlichkeitseigenschaften es geprägt war.
- **Motivbewertung**: Was war der ursprüngliche Grund, warum Täter und Opfer aufeinandergetroffen sind? Kam es dann zu einer Eskalation? Was könnte dann das Motiv der Tat sein?
- **Fallcharakteristika**: Wie lässt sich der Fall von anderen abgrenzen? Hat der Täter beispielsweise versucht, die Leiche verschwinden zu lassen? Hat er lange Zeit mit dem Opfer verbracht? Wie viel Gewalt hat er angewendet?
- **Täterprofil**: Als letzter Schritt wird versucht, aus den bisher gewonnenen Erkenntnissen ein Profil des Täters zu erstellen.

Unser Handeln wird stark von unserer Persönlichkeit bestimmt. Im Alltag können Sie die Methode des Profiling nutzen, um herauszufinden, welchen Charakter ein Mensch hat. Nicht, um ihn zu finden. Sondern um später vorhersagen zu können, wie er in anderen Situationen vermutlich reagieren wird.

Eine Methode des Profiling, die für Sie auch im Alltag besonders relevant sein kann, ist die geografische Fallanalyse. Hier werden Schlüsse aufgrund von Tatorten, Ablageorten am Arbeitsplatz oder aufgrund des Wohnorts des Täters und seiner speziellen Persönlichkeit gezogen.

In einer rationalen Welt, in der unser Handeln nicht von psychologischen und charakterlichen Faktoren beeinflusst werden würde, würden wir uns zum Beispiel auf ganz festen Bahnen bewegen, dem kürzesten Weg von A nach B. Aber unser Leben sieht anders aus. Nehmen wir als Beispiel Ihr Kind, das morgens zur Schule geht. Es gibt den direkten, kürzesten Weg, der von Ihrem Haus zur Schule führt. Wahrscheinlich denken Sie, dass dieser direkte Weg der ist, den Ihr Kind auch nimmt.

Aber der Faktor »kurz« ist nur eines von vielen Kriterien, nach denen ein Weg ausgewählt werden kann. Und gerade für Kinder ein recht unwichtiges. Fragen Sie sich: Wovon wird mein Kind angezogen, abgelenkt? Womit beschäftigen sich seine Gedanken beim Spielen und auf dem Schulweg? Das kann der beste Freund sein. Er wohnt zwar etwas abseits des direkten Wegs, aber Ihr Kind nimmt den kleinen Umweg gerne auf sich, um sich auf dem Schulweg unterhalten zu können. Oder ein Laden, an dem Ihr Kind gerne vorbeigeht, weil im Schaufenster Spielzeug ausgestellt ist. Wahrscheinlich haben Sie sich den Schulweg Ihres Kindes mal ganz genau angesehen. Sie haben sich gefragt: Welche großen Straßen muss es überqueren, sind da Ampeln oder Zebrastreifen, droht auf dem Schulweg irgendeine Gefahr? Allerdings haben Sie nur den direkten Weg gecheckt. Die Persönlichkeit Ihres Kindes, die Sie ja eigentlich sehr gut kennen, haben Sie dabei völlig außer Acht gelassen. Es gibt durchaus Kinder, die eigentlich mit dem Fahrrad zur Schule fahren sollen, aber lieber erst in die andere Richtung radeln, ihr Fahrrad an einer Bushaltestelle anschließen und dann in den Bus steigen. Weil sie das Erlebnis, gemeinsam mit ihren Freunden im Bus zu fahren, nicht verpassen wollen. Schließlich ist die Zeit im Bus im sozialen Gefüge des Freundeskreises des Kindes sehr wichtig: Wo sonst kann man sich ohne Aufsicht so gut besprechen? Also: Wenn Sie wissen wollen, wo sich Ihr Kind in der Stadt aufhält, denken Sie nicht nur im »erwachsenen« Kriterium »Schnell von A nach B kommen«.

Diese Methode funktioniert auch in der Welt der Erwachsenen: Nehmen wir an, Sie sind verabredet, sind aber zu früh am verabredeten Ort. Sie gehen davon aus, dass der Mensch, den Sie treffen wollen, auch zumindest schon in der Nähe ist. Dann könnten Sie versuchen, die Person zu finden. Wie verhält sich ein Mensch, der auf sie wartet? (Natürlich fallen einem einige andere Szenarien ein, weswegen man eine Person suchen möchte, aber niemand soll hier eine Anleitung erwarten, wie er seinen Mitmenschen hinterherspioniert.)

Um herauszufinden, wo Ihre Verabredung sich gerade aufhält, ist es wichtig, sich bewusst zu machen: Wir leben in Gewohnheiten. Schon der Ort, an dem wir unser Auto abstellen, ist nicht unbedingt der Ort, der dem verabredeten Treffpunkt am nächsten ist. Am liebsten suchen wir unsere Parkplätze da, wo wir schon mal geparkt haben. Sollten Sie in einer Stadt wohnen, in der Parkplätze rar sind, kennen Sie das wahrscheinlich: Wenn Sie abends von der Arbeit kommen, fahren Sie immer die gleiche Tour rund um Ihre Wohnung auf der Suche nach einem Parkplatz. Zuerst in Seitenstraße XY, weil Sie da vor langer Zeit mal einen Parkplatz bekommen haben, seither hat sich die Straße als Parkplatz-Geheimtipp bei Ihnen etabliert. Und dann fahren Sie in der ziemlich gleichen Reihenfolge die Punkte ab, an denen Sie noch einen Parkplatz vermuten.

Wenn der Mensch, den Sie suchen, also in der Nähe des Ortes, an dem Sie sich treffen wollten, einen ihm besonders bekannten Punkt hat – vielleicht die Arztpraxis, in die er geht, oder den Laden, in dem er immer einkauft –, wird er sein Auto wahrscheinlich dort abgestellt haben. Weil er die Parkplätze kennt.

Dann fragen Sie sich: Welche Orte ziehen den Menschen, den Sie suchen, an? Menschen haben unterschiedliche Angewohnheiten, sich zu beschäftigen, wenn sie Zeit haben. Es gibt die Bummler, die spazieren gehen. Die Leute, die sich auch für 15 Minuten noch in ein Café setzten. Raucher suchen oft erst mal den nächsten Tabak-Shop, weil sie später nicht ohne Zigaretten dastehen wollen.

Es ist gesunder Menschenverstand: Wenn Sie einen Menschen kennen, können Sie auch vorhersagen, wo er sich wahrscheinlich aufhalten wird, und sparen sich langes Suchen.

Wie Sie den Charakter eines Menschen erkennen

Frieder T. sah das Holzkreuz im Morgennebel stehen, auf dem Feld, nur 100 Meter von seinem Haus in der sächsischen Kleinstadt Lößnitz entfernt. An dem Kreuz hing ein Kranz aus Fichtenzweigen, rotem Lorbeer und mit Tannenzapfen verziert. Auf dem Kreuz waren die Initialen »MT« eingebrannt. Die Initialen seines Sohnes Michael. Ein makabrer Gruß des Mannes, der den Elfjährigen vor fast genau einem Jahr getötet hatte.

Michael war am 14. Januar 1994 an einem regnerischen Tag morgens zur Schule aufgebrochen. Der Schulweg des Jungen war etwa einen Kilometer lang. Er kommt an diesem Tag nicht in der Schule an. Die Polizei sucht mit einem Großaufgebot, auch Polizeihubschrauber kommen zum Einsatz. Aber Michael bleibt verschwunden.

Am 1. Februar geht bei der Polizei ein anonymer Anruf ein. Eine Männerstimme sagt: »Demnächst wird Ihnen ein Buch mit Hinweisen zu Michaels Verbleib zugeschickt.« Dann legt der Mann auf. Das Buch kommt zwei Tage später an. Es ist eine Sammlung von Kurzgeschichten, *Täglich geöffnet* von Heinz Knobloch. Als die Beamten es durchblättern, sehen sie, dass auf den ersten 60 Seiten einzelne Buchstaben unterstrichen sind. Zusammen ergeben sie die Nachricht: »Michael ist tot. Ich habe ihn überfahren. Den Eltern möchte ich mein tiefstes Beileid aussprechen.«

Der Beginn eines makabren Spiels, das der Täter mit den Eltern von Michael treibt. Fast zwei Monate später, am 22. März, nimmt der Mann zum ersten Mal Kontakt mit den Eltern von Michael auf. Er schickt einen Brief, die Buchstaben hat er mit Stempeln auf Papier gedruckt, damit ihn seine Handschrift nicht verrät: »Ich bin ein Bekannter des Vaters. Es war ein Unfall. Ich bekunde mein aufrichtiges Beileid. In zwei Jahren wird der Ort bekannt gegeben, wo Michael liegt.« Ein halbes Jahr lang passiert nichts. Erst am 2. September erreicht ein Brief die Kripo. Dieses Mal sind die Buchstaben aufgeklebt. Der Täter beschreibt den Weg zu einem Gully in Leipzig, hinter einem Mietshaus. Dort findet die Polizei das Skelett von Michael.

Am 16. September wird Michael beerdigt. Was in diesem Moment keiner weiß: Unter die Trauergäste hat sich auch der Mann geschmuggelt, der Michael auf dem Gewissen hat.

Vier Jahre vergingen, in denen sich der Mörder immer wieder meldete. Meist schickte er Briefe, bis auf das eine Mal, als er sich ganz nah an das Haus der Eltern heranwagte und das Holzkreuz aufstellte. Michaels Eltern, die noch eine Tochter haben, lebten in ständiger Angst.

Immer wieder gab es neue Hinweise, die aber alle nicht zu einem Täter führten. Den Durchbruch brachte erst die Methode des Profiling. Es fiel mir nicht schwer, ein Persönlichkeitsprofil des unbekannten Täters zu erstellen. Denn der Täter hat einiges von sich verraten, obwohl er sich immer nur anonym meldete.

- Eines war klar: Wir hatten es mit einem Menschen zu tun, der ein großes Geltungsbedürfnis hat. Sonst würde er sich nicht immer wieder melden. Ein Mensch, der eher drei Sätze als einen Satz benutzte.
- Ich hatte die Vermutung, dass er nicht nur durch seine Briefe Kontakt zu der Familie suchte. Ich schätzte, dass er sich auch an der Suche nach Michael beteiligt hatte. Vielleicht war er sogar ein Bekannter der Eltern.
- Die Worte, die er benutzte, waren merkwürdig. Zunächst konnte man an ihnen das Alter des Täters schätzen. So schrieb kein junger Mann, er musste älter als 40 Jahre alt sein. Und es war eine Sprache, wie sie Polizisten benutzen. »Hinweise zu Michaels Verbleib« – so etwas sagt doch nur ein Polizist.

Auch die Analyse des Fundorts gab Hinweise auf den Täter:

- Michael wurde in Leipzig versteckt, in einem Gully in einem Hinterhof. Für ein solches Versteck braucht der Täter Ortskenntnis. Der Täter musste also sowohl zum Ort von Michaels Verschwinden, der Kleinstadt Lößnitz, als auch zum 100 Kilometer entfernten Leipzig einen Bezug haben.
- Um den Gully zu öffnen, braucht man spezielles Werkzeug. Das deckte sich mit der Hypothese, dass der Täter Polizist sein könnte.

Zusammenfassung: Ein Polizist, mit Bezug zu Leipzig und Lößnitz. Älter als 40 Jahre. Der die Familie kannte oder zumindest später die Nähe der Familie gesucht hat.

Michaels Vater war bei der Feuerwehr. Er kannte viele Polizisten von gemeinsamen Einsätzen. Als sein Junge verschwunden war, half die ganze Stadt beim Suchen. Und zu Leipzig, der nächstgelegenen Großstadt, hatten einige der Polizisten einen Bezug. Trotzdem verengte das Täterprofil die Suche auf ein gutes Dutzend Männer. Sie wurden befragt. Alle stritten ab, etwas mit der Tat zu tun zu haben.

Es war die Charaktereigenschaft Geltungssucht, die dem Täter schließlich zum Verhängnis wurde. Ich war mir sicher: Der Mann, den wir suchten, würde gerne mit mir sprechen. Er würde die Chance nutzen, sich mit jemandem über das Verbrechen auszutauschen – natürlich ohne zugeben zu wollen, dass er selbst dahintersteckte. Also fragte ich bei den Verdächtigen der engeren Auswahl an. Ich sei kein Polizist, ich sei Psychologe. Ich wolle sprechen, niemanden verhören. Ich wolle, so die vorgeschobene Begründung, nur mehr über den Fall wissen.

Als Ersten traf ich Polizeiobermeister Gottfried L. Auf ihn passte das Persönlichkeitsprofil perfekt, er war erst vor wenigen Jahren aus Leipzig nach Lößnitz gekommen. Das Gespräch begann mit Small Talk. Dann sprachen wir über den Fall Michael. Und bald hatte ich das sichere Gefühl, den Täter vor mir zu haben. Denn Gottfried L. genoss es, mit mir zu sprechen. Stundenlang. Elf Stunden lang sprachen wir über den Fall. Bis Gottfried L. schließlich zugab, am Tod von Michael schuld zu sein.

Er gestand allerdings keinen Mord, sondern nur Unfallflucht und fahrlässige Tötung. Gottfried L. behauptete, an dem Morgen mit dem Auto unterwegs gewesen zu sein, als der Junge ihm plötzlich ins Auto lief. Er habe den schwer verletzten Jungen dann ins Auto geladen und sei in die nächste Klinik gefahren. Dort sei aber noch kein Arzt gewesen, und als er zurück zum Auto gegangen sei, habe Michael nicht mehr geatmet. Da sei er in Panik geraten, habe den toten Jungen in den Kofferraum gesteckt. Nach Dienstschluss sei er dann nach Leipzig gefahren, um die Leiche zu verstecken. Die Briefe habe er geschrieben, um die Tat zu verarbeiten.

Ob Gottfried L. mit dieser Geschichte vor Gericht durchgekommen wäre, ist zweifelhaft. Michael T.s Skelett wies keine typischen Unfallverletzungen auf. Auch am Wagen des Mannes, Marke Wartburg, fehlten Unfallspuren. Letztendlich wurde Gottfried L. aber nie vor ein Gericht gestellt. Der Mann erhängte sich in seiner Wohnung, bevor Anklage erhoben werden konnte. Durch seine Geltungssucht hat sich Gottfried L. am Ende verraten.

Unsere Charaktereigenschaften prägen in fast jeder Situation unser Handeln ganz entscheidend. Die Psychologie unterscheidet fünf Hauptdimensionen der Persönlichkeit – die sogenannten Big Five – und ordnet ihnen bestimmte Charaktereigenschaften zu.

1. Neurotizismus

Bezeichnet die emotionale Labilität eines Menschen. Menschen mit hohem Neurotizismus reagieren stark auf das Erleben negativer Emotionen, sind also leicht »aus der Ruhe zu bringen«. Sie erkennen den Neurotizismus eines Menschen an folgenden Eigenschaften der Persönlichkeit:

Niedriger Neurotizismus	Hoher Neurotizismus
ausgeglichen, beständig, robust, entspannt, locker, selbstsicher, sorglos, zufrieden, ruhig	ängstlich, deprimiert, verlegen, emotional, leicht verärgert, besorgt, unsicher, nervös, erregbar, empfindlich, angespannt, selbstzweiflerisch, verletzlich, wehleidig

2. Extraversion

Im Volksmund unterscheidet man zwischen introvertierten und extrovertierten Menschen. Die Psychologie geht davon aus, dass introvertierte Menschen für Reize empfänglicher sind und schneller lernen. Dies schließt allerdings auch Dinge ein, die wir gar nicht lernen wollen, wie eine einmalige schlechte Erfahrung mit Hunden. Introvertierte Menschen sind auch schneller von äußeren Einflüssen übersättigt.

Geringe Extraversion	Hohe Extraversion
introvertiert, reserviert, ernst, schüchtern, distanziert, still, verschlossen, zurückgezogen, scheu	gesellig, gesprächig, dominant, aktiv, impulsiv, lebhaft, abenteuerlustig, dynamisch, heiter, herzlich, kontaktfreudig, spontan, witzig, energiegeladen

3. Offenheit für Erfahrung

Dieser Faktor beschreibt das Interesse an neuen Erfahrungen.

Geringe Offenheit für Erfahrungen	Hohe Offenheit für Erfahrungen
sachlich, praktisch, traditionell, fantasielos, pragmatisch, unflexibel, dogmatisch, konservativ	einfallsreich, originell, vielseitig, intellektuell, aufgeschlossen, aktiv, gebildet, kreativ, neugierig, nonkonformistisch

4. Verträglichkeit

Wie weit ist der Mensch in der Lage, sich auf andere Menschen einzustellen? Hier geht es um die »soziale Intelligenz« der Person.

Geringe Verträglichkeit	Hohe Verträglichkeit
starrköpfig, skeptisch, stolz, kompetitiv, angeberisch, arglistig, narzisstisch, manipulierend, kalt, eingebildet, arrogant, selbstgefällig, undankbar, unfreundlich	freundlich, höflich, flexibel, vertrauensvoll, kooperativ, tolerant, hilfsbereit, mitfühlend, gutmütig, Konflikt vermeidend, offenherzig

5. Gewissenhaftigkeit

Wie weit hat sich die Person selbst unter Kontrolle, wie zwanghaft kontrolliert geht sie vor?

Geringe Gewissenhaftigkeit	Hohe Gewissenhaftigkeit
nachlässig, unsystematisch, unsorgfältig, flatterhaft, unpünktlich, ziellos, hedonistisch, schlampig, sprunghaft, unbeständig, unbedacht, faul, inkonsequent, unorganisiert, unzuverlässig, vergesslich	verlässlich, sorgfältig, verantwortungsbewusst, planvoll, organisiert, leistungsorientiert, ausdauernd, prinzipientreu, planvoll, effizient, praktisch, vorsichtig

Von Geburt an tragen wir viele Dispositionen für Charakterzüge in uns. Allerdings trägt auch das Umfeld im Rahmen der Sozialisation zur Persönlichkeitsentwicklung überformend bei. Ein introvertiertes Kind, dessen Eltern eine Kneipe haben, das sozusagen »auf oder unter dem Tresen« aufwächst und von Anfang an mit vielen Eindrücken, Geräuschen, Gerüchen und Menschen konfrontiert wird, wird später weniger introvertiert sein. Ein extrovertiertes Kind wiederum, das in der Einöde aufwächst, wo nur alle paar Monate ein Fremder vorbeikommt, wird sich später auch etwas in Richtung introvertierte Persönlichkeit entwickeln.

Wenn Sie einen Menschen aufgrund der beschriebenen Merkmale in diese Persönlichkeitsfelder eingeordnet haben, können Sie Vorhersagen darüber machen, wie er sich in anderen Situationen verhält. Sollten Sie mit einem Menschen mit geringer Verlässlichkeit zusammenarbeiten, wundern Sie sich nicht darüber, wenn er Verabredungen nicht einhält und seine Projekte immer zu spät fertig werden. Vielleicht hat er dafür eine hohe Offenheit für Erfahrungen, was ihn zu einem besonders kreativen Menschen macht.

Einige Firmen nutzen bereits die Gruppierung in diese »Big Five«, um die passenden Bewerber für freie Stellen zu finden. Tatsächlich finden sich bei Beamten die höchsten Werte für Gewissenhaftigkeit und sehr geringe Werte für Extraversion und Offenheit. Selbstständige haben sehr hohe Werte beim Faktor Offenheit und sehr geringe Werte für Neurotizismus. Es ist also durchaus möglich, aus dem Beruf eines Menschen Rückschlüsse auf seinen Charakter zu ziehen – und umgekehrt.

Wenn Sie den Menschen durchschaut haben, also herausgefunden haben, welche der »Big Five« in seinem Charakter stark ausgeprägt sind, können Sie das auch nutzen, um ihn zu überzeugen. Ein sehr gewissenhafter Charakter wird darauf Wert legen, dass die Idee, die Sie haben, gut durchgeplant ist. Ein offener Mensch wird sich eher von einer schillernden Schilderung Ihres Ziels überzeugen lassen.

Wie Sie sich selbst erkennen

Doch genauso, wie Sie aufgrund der Charakterkenntnis andere Menschen überzeugen und für sich einnehmen können, sprechen Sie auf bestimmte Argumentationsmuster und Situationen mehr an als auf andere. Daher ist es sinnvoll, sich selbst zu erkennen, und sei es auch allein mit dem Ziel, eine Erklärung für scheinbare Sympathie für einen anderen Menschen zu finden. Was für ein Typ sind Sie?

In der folgenden Tabelle sehen Sie zehn Fragen. Die Antwortmöglichkeiten finden Sie in den Spalten der Tabelle. Bitte beantworten Sie sie möglichst spontan:

Wie wahrscheinlich ist, dass Sie ...	Sehr unwahrscheinlich	Eher unwahrscheinlich	Weder wahrscheinlich noch unwahrscheinlich	Eher wahrscheinlich	Sehr wahrscheinlich
1. ... neue Dinge nicht schnell verstehen?	5	4	3	2	1
2. ... Ihre Aufgaben möglichst schnell lösen?	1	2	3	4	5
3. ... eine Unterhaltung mit Fremden beginnen?	1	2	3	4	5
4. ... längere Zeit Ihren Schreibtisch nicht aufräumen?	5	4	3	2	1
5. ... ein auftretendes Problem kreativ lösen?	1	2	3	4	5
6. ... andere Menschen verletzen?	5	4	3	2	1
7. ... sich über andere aufregen?	1	2	3	4	5
8. ... sich bei Teamarbeit eher im Hintergrund halten?	5	4	3	2	1
9. ... sich für Freunde Zeit nehmen, die Probleme haben?	1	2	3	4	5
10. ... sich Sorgen machen?	1	2	3	4	5

Auflösung

Um herauszufinden, wie stark Neurotizismus, Extraversion, Offenheit für Erfahrungen und Verträglichkeit bei Ihnen ausgeprägt sind, müssen Sie die Punkte, die Sie für Ihre Antworten bekommen haben, wie folgt addieren:

- **Neurotizismus:** Frage 7 und Frage 10
- **Extraversion:** Frage 3 und Frage 8
- **Offenheit für Erfahrung:** Frage 1 und Frage 5
- **Verträglichkeit:** Frage 6 und Frage 9
- **Gewissenhaftigkeit:** Frage 2 und Frage 4

Der niedrigste Wert, den Sie in einer Kategorie haben können, ist 2, der höchste 10. Wie sieht nun Ihr Charakter aus?

Wie Sie Verborgenes hervorkitzeln

Der Qualm, der aus dem geschlossenen Büro drang, hatte andere Mitarbeiter alarmiert. Sie fanden die Tochter des Firmenchefs, die im Betrieb mitarbeitete, tot auf dem Boden liegend, ihr Körper war zu zwei Dritteln verbrannt. Die 25-Jährige war für die Abrechnung bei dem Automatenaufsteller zuständig, in ihrem Büro waren deswegen immer große Mengen Münzgeld. Das Motiv? Tatsächlich fehlten einige Tausend Euro.

Auch sonst wies auf den ersten Blick alles auf einen Raubmord hin. Der Betrieb war nicht klein. Ständig befanden sich zahlreiche LKW-Fahrer aus ganz Europa auf dem Hof und hatten jederzeit Zugang zu dem Büro. Für einen Raubmörder war das die ideale Ausgangslage. Vermutlich machte sich der Mörder also gerade auf der Autobahn davon?

Die gerichtsmedizinische Untersuchung brachte aber genügend Details zutage, um ein genaueres, ganz anderes Profil des Täters zu entwickeln. Die Frau war zunächst mit einem Elektroschocker, der am Tatort zurückgelassen wurde, kampfunfähig gemacht worden. Danach hatte der Täter sie erstochen, mit mehr als 20 Messerstichen. Dann hatte er sie mit hochprozentigem Alkohol übergossen und angezündet.

»Overkill« nennen es die Amerikaner, wenn ein Mörder an einem bereits toten oder sterbenden Opfer weitere Tötungshandlungen durchführt. Ein Raubmörder tut dies nicht. Er hätte einmal zugestochen, vielleicht zweimal oder, wenn die Frau ihn nicht kannte und schwer identifizieren könnte, gar nicht. Dann wäre er möglichst schnell mit der Beute verschwunden. Ein Overkill spricht für andere Motive, dafür, dass der Hass auf das Opfer im Vordergrund steht und die »Beute« nicht das erste Ziel war. Aber nach einer Tötung ist wiederum nicht jeder Mensch so kaltblütig und gefasst, um noch an ein Souvenir vom Opfer, an Wertsachen oder Ähnliches zu denken. Also ein Wiederholungstäter?

Auch das Opfer anzuzünden spricht gegen die Raubmord-Hypothese – denn dabei handelt es sich um unnötigen Aufwand, der Zeit raubt. Hochprozentiger, mitgebrachter Alkohol deutet außerdem auf eine geplante Tat hin. Der Mörder musste ihn sich zunächst beschaffen und an den Tatort mitbringen.

Das Profiling ergab also einen Täter, der mit dem Opfer häufiger Kontakt hatte, um die Tat zu planen, und einen unbändigen Hass haben musste. Entweder auf diese Frau oder auf alle Frauen. Der wahrscheinliche Tatablauf deutete auf Ortskenntnis, der »Rückzug« mit dem schweren Geldsack auf einen Täter mit krimineller Vorerfahrung hin. Daher fahndete die Polizei nicht nach einem LKW-Fahrer, der mit geklautem Münzgeld auf der Autobahn unterwegs war, sondern sie suchte Jahre im Umfeld der Toten. In einem völlig anderem Zusammenhang kam es zu einer Durchsuchung bei einem Mitarbeiter des Betriebs. Dabei fiel den Ermittlern eine Quittung über den Kauf eines Elektroschockers in die Hände. Letztendlich war es der Elektroschocker und die Zwanghaftigkeit der der Wunsch, Garantieansprüche anmelden zu können, die den Täter verrieten. Der Mann hatte auch »dienstlichen Bezug zu hochprozentigem Alkohol«, er war der

Betriebssanitäter der Firma. Der Hass galt übrigens nicht dem Opfer im Speziellen, sondern nur ihrem Geschlecht. Drei weitere Frauenmorde konnten dem Täter später nachgewiesen werden.

Kollegen beschrieben den Frauenmörder als unauffällig. Er galt nicht als aggressiv. Wie konnte der Mörder jahrelang unbehelligt in der Firma arbeiten und nebenher Frauen töten? Weil ihn keiner in einer Extremsituation kennengelernt hatte. Viele Menschen sind Meister darin, ihre wahre Persönlichkeit zu verbergen. Die Fassade bricht nur auf, wenn äußere Faktoren dafür sorgen, dass sie sich nicht mehr im Griff haben.

Ein Flirt mit einem netten Arbeitskollegen im Büro ist unter normalen Umständen überhaupt nicht problematisch. Wenn der gleiche Flirt aber in einer Diskothek stattfindet und der Kollege betrunken ist, wird er anders reagieren als im Büro. Die Situation könnte sogar gefährlich werden.

Um einen Menschen wirklich zu kennen, müssen Sie seine Reaktion auf unterschiedlichen Erregungslevels testen und dann vergleichen. Es funktioniert gut, wenn Sie Ihr Gegenüber unter Stress setzen. Wenn er dann immer noch beherrscht reagiert, ist er wahrscheinlich wirklich ein ausgeglichener Typ.

Es heißt ja: Drum Prüfe, wer sich ewig bindet. Vor einer Heirat sollte jeder mal einen Urlaub mit seinem Partner gemacht haben, bei dem wirklich alles schiefgeht. Am besten das Hotel ist überbucht, die Reisepapiere sind geklaut, und Sie stehen in einem fremden Land und wissen nicht weiter. Hohes Stresslevel also. Wenn ein Paar dann immer noch liebevoll miteinander umgeht, hat die Ehe gute Chancen, zu halten.

Wie Sie Extremsituationen durchstehen

Zu meiner Arbeit als Polizeipsychologe gehört es auch, Kollegen in Extremsituationen zu führen oder solche Situationen mit ihnen nachzubereiten. Die Wahrscheinlichkeit, dass auch Sie mal in eine Extremsituation geraten, ist zwar geringer als bei einem SEKler, aber dennoch hoch. Wir verdrängen das nur. Andere Menschen werden überfallen. Machen Sie sich bewusst: Es kann Sie treffen.

Es muss nicht gleich ein Überfall sein, auch der Verlust des Arbeitsplatzes, eine Trennung, Schulden oder Zeuge eines schweren Unfalls zu werden kann beispielsweise verstörend wirken. Und diese Situationen treffen uns häufiger als ein Angriff auf unser Leben. Man sollte sich also darauf vorbereiten. Denn wer weiß, womit er zu rechnen hat, wer die Folgen eines bestimmten Geschehens abschätzen kann, der ist schon viel besser vorbereitet. Er kann seine »Verblüffung«, die Zeit, in der Menschen nicht selten erstarrt und entscheidungsunfähig sind, deutlich verkürzen. Das gilt für die Experten, und das gilt auch für Ihren Alltag.

Spielen Sie also im Geist ruhig mal durch, wie das ablaufen wird, wenn Ihre Firma Sie vor die Tür setzt. Vielleicht haben Sie es bei einem Exkollegen schon mal beobachtet. Sie werden in das Büro Ihres Vorgesetzten gerufen. Wahrscheinlich ruft die Sekretärin an. Wenn sie eine gute Sekretärin ist, also mitbekommt, was ihr Chef den Tag so vorhat, werden Sie schon an der Stimme hören, dass nichts Gutes bevorsteht.

Gehen Sie in Gedanken den Weg durchs Büro entlang, den Sie dann gehen müssen. In dieser Phase werden Sie sich wahrscheinlich einreden, dass es schon nicht so schlimm werden wird. Vielleicht will er nur ein neues Projekt besprechen.

Dann stehen Sie im Büro des Chefs. Vielleicht mochten Sie ihn bisher. Vielleicht haben Sie ihn immer schon gehasst. Je nachdem, welchen Persönlichkeitstypus Sie vor sich haben, wird er jetzt kühl das Standardprogramm abspulen. Ihnen mitteilen, dass Sie gekündigt sind, dass Sie demnächst was Schriftliches nach Hause geschickt bekommen, ab sofort freigestellt sind und dass den Rest dann die Anwälte besprechen sollen.

Wie geht es weiter? Schreien Sie? Schimpfen Sie? Weinen Sie? Gehen Sie dann zurück an Ihren Arbeitsplatz, packen Ihre persönlichen Dinge zusammen? Oder gehen Sie gleich raus, ins Auto? Rufen Sie Ihren Partner an? Was sagen Sie den Kollegen?

Wenn Sie das Szenario in Gedanken durchgespielt haben, werden Sie ein Gefühl dafür haben, welche Stellen Sie als besonders demütigend empfinden. Dadurch dass es ja nur Gedanken waren, können Sie überlegen, welche Reaktionen gut oder weniger gut in Ihren Gedanken waren.

Belassen Sie es aber nicht dabei, nur das Schreckliche in Gedanken durchzuspielen. Finden Sie jetzt, wenn Sie noch nicht in der Situation sind, die positiven Aspekte einer Entlassung. Da gibt es einige.

- Alle sieben Jahre sollte man etwas Neues tun. Denken Sie an die anderen beruflichen Träume, die Sie hatten, jetzt haben Sie die Möglichkeit, sie zu verwirklichen
- Die Motivationskurve sinkt, je länger Sie bei einem Arbeitgeber sind. Erinnern Sie sich an das euphorische Gefühl, als Sie neu im Job waren? Sich beweisen konnten, neue Herausforderungen hatten? Glückwunsch, wenn Sie einen neuen Job gefunden haben, werden Sie das Gefühl wieder haben.
- Rufen Sie sich ins Gedächtnis, auf wie viel privates Glück Sie für den Job verzichtet haben. Zu wenig Zeit für Freunde und Familie. Jetzt haben Sie die Chance, die Prioritäten im Leben neu zu setzten.
- Offenbar hat man Sie an Ihrem Arbeitsplatz nicht so geschätzt, wie Sie es verdient haben. Lieber ein Ende mit Schrecken als ein Schrecken ohne Ende.
- Wer mit der Angst zur Arbeit geht, seinen Job zu verlieren, leidet. Diese Phase ist jetzt vorbei.
- Denken Sie an all das Schöne in Ihrem Leben, das Sie außerhalb der Arbeit hatten. Das bleibt Ihnen. Wenn Ihnen nichts einfällt: Danken Sie Gott, dass Sie Ihren Job verloren haben. Er hatte eine ungesunde Wichtigkeit in Ihrem Leben.
- Planen Sie, was der Jobverlust und eine gewisse Phase der Arbeitslosigkeit für Sie finanziell bedeuten würden. Sie werden sehen: Sie fallen nicht sofort in tiefste Armut, Sie haben Zeit, sich umzuorientieren.

Wenn Sie Ihre eigene Kündigung durchgespielt und sich Strategien zurechtgelegt haben, wie Sie mit ihr umgehen können, ist die Wahrscheinlichkeit gering, dass eine reale Kündigung Sie total umhaut. Diese Strategie funktioniert also nicht nur bei den Fachleuten, sondern mit fast allen belastenden Ereignissen, die uns drohen.

»Der Deutsche fährt nicht wie andere Menschen.
Er fährt, um recht zu haben.«
Kurt Tucholsky, Schriftsteller (1890–1935)

Fahren wie ein Autobahn-Cop

Wie Sie sich vor Dränglern, Rasern und Radlern
schützen – Wie Sie Ihre Wahrnehmung verbessern –
Wie Sie betrunkene, bekiffte und berauschte Fahrer erkennen – Wie Sie sich vor Autoknackern und
Entführern schützen – Wie Sie bremsen, bevor es
kracht – Wie Sie Erste Hilfe leisten (ohne Schaden anzurichten) – Wie Sie (fast) jeden Unfall überleben

Jeder Deutsche verbringt im Schnitt zwei Jahre seines Daseins im Auto. Bei dem ehemaligen Oberkommissar **Mike Caspers** sind es noch ein paar Jahre mehr. Caspers' Zuhause ist die Straße. Sein Wohnzimmer ist sein Wagen. Sein liebstes Revier: die Autobahn. Seine Karriere als Polizist begann er Anfang der 70er-Jahre als Streifenbeamter in der Provinz. Auf den Landstraßen Nordrhein-Westfalens jagte er Mopedfahrer unter 16 und Traktorfahrer über 80. Dann wechselte er zum Spezialeinsatzkommando (SEK) in Essen, jagte 18 Jahre lang Schwerverbrecher – auf Autobahnen und Landstraßen, in 30er-Zonen und auf Feldwegen, innerorts und außerorts. Zuletzt war er Fahrertrainer für Spezialbeamte. Heute leitet der Ex-Cop die Driving Academy Caspers International. Dort unterrichtet er Elitesoldaten, Leibwächter und VIP-Fahrer. Menschen, für die es wenig Schöneres gibt als den Geruch von Benzin am frühen Morgen.

Wie Sie sich vor Dränglern, Rasern und Radlern schützen

Die Deutschen sind ein autofahrendes Volk. Wer alle Straßen der Bundesrepublik sehen will, ist mehr als 500 000 Kilometer unterwegs. 1,5 Millionen Menschen pendeln täglich im Auto zur Arbeit und zurück.

Autofahren ist Arbeit und Wagnis, ein Abenteuer und eine physische und mentale Herausforderung.

Mehr als zwei Millionen Unfälle werden pro Jahr von der Polizei aufgenommen. Und weit mehr als 300 000 Menschen werden dabei verletzt.

Wer ein Fahrzeug steuert, bringt bewusst (als Raser, Trinker oder Übermüdeter) und unbewusst (als Fahranfänger) sich und andere in Lebensgefahr. Im Straßenverkehr treffen alle aufeinander: Reiche und Arme, Gesunde und Kranke, Labile und vollends Verrückte. Zudem begegnet man sich auf engstem Raum: im Parkhaus, an der Tankstelle, an der Kreuzung, an der Ampel, im Stau. Das kann nicht gut gehen. Zumal die Kommunikation des Verkehrsteilnehmers eingeschränkt ist. Blinken ist möglich, reicht aber vielen nicht zur Verständigung. Darum behilft man sich mit Gebärden (Mittelfinger), Geräuschen (Hupe) oder abstrakten Drohsignalen (Lichthupe). Kein Tier würde sich auf so armselige Ausdrucksweisen verlassen, wenn es mit seinen Artgenossen im Rudel und in höchster Geschwindigkeit über eine Steppe, durch das Meer oder die Luft hetzen würde. Oder haben Sie schon mal von Fischschwärmen gehört, bei denen Eigensinnige falsch einfädeln? Oder von Zugvögelformationen, in denen grundlos gedrängelt wird?

Ich will Ihnen keine Angst machen. Aber wer sich ins Auto setzt, begibt sich in Gefahr. Sie kann von anderen ausgehen oder von einem selbst. Es kann immer und überall krachen. Diese zehn unterschätzten Gefahren sollten Sie kennen, um einen Crash zu vermeiden:

1. Die Schönwetter-Gefahr

Klingt wie der Rat eines Spielverderbers, aber Studien beweisen, dass jeder siebte Verkehrsunfall mit Verletzten an heißen Sommertagen bei Temperaturen jenseits der 25 Grad passiert. Die Hauptursachen sind Fahrfehler wegen mangelnder Konzentration. Weil viele mehr in die schöne Landschaft schauen als auf die Straße. Bei Regen oder Schneefall fahren hingegen alle aufmerksamer, wodurch das Unfallrisiko sinkt. Am gefährlichsten ist es an einem sonnigen Freitag. Da sind zusätzlich viele unerfahrene Wochenendausflügler unterwegs. Vor allem in der Zeit zwischen 13 und 18 Uhr kracht es laut Statistischem Bundesamt am häufigsten.

2. Die Radler-Gefahr

Verkehrspsychologen haben festgestellt, dass Radfahrer, die einen Helm tragen, häufiger mit hoher Geschwindigkeit und geringem Abstand überholt werden als jene ohne Helm. Unbewusst handeln manche Autofahrer wohl nach dem Motto: Der Radler ist ja geschützt, da brauche ich keine Rücksicht zu nehmen. Dasselbe Phänomen ist bei Rennradfahrern mit professioneller Ausrüstung zu beobachten. Auch sie werden vom Autofahrer als wehrhafte Verkehrsteilnehmer betrachtet, die weniger Rücksichtnahme verlangen. Also: Unterdrücken Sie diesen unbewussten Impuls, seien Sie bei Radfahrern auf der Straße (egal ob mit Helm oder ohne) besonders vorsichtig und halten Sie großen Abstand. Denn andere Autofahrer werden leider weniger Rücksicht nehmen als Sie. Damit steigt das Unfallrisiko für alle.

3. Die Stau-Gefahr

Wenn der Verkehrsfluss per Reißverschlussverfahren geordnet werden soll, funktioniert das in den meisten Fällen nicht reibungslos. Warum? Weil sich zu wenige Verkehrsteilnehmer an die Regeln halten. Ameisen bewegen sich in perfekter Harmonie in ihren Kolonnen fort, ohne dass es stockt oder staut. Die Ameise orientiert sich nämlich uneigennützig am Schwächsten. Der Autofahrer hingegen ist egoistisch und auf den eigenen Vorteil bedacht. Das wird beim Eingliedern in den laufenden Verkehr deutlich. Wer einmal für ein anderes Auto Platz gelassen hat und dann erleben musste, wie sich gleich noch etliche andere in die Lücke drängelten, reagiert beim zweiten Mal egoistisch und fährt Lücken zu, statt anderen das Einfädeln zu erlauben. Dadurch steigt die Unfall- und somit auch die Staugefahr.

4. Die Eigenbrötler-Gefahr

Dass Polizisten zu zweit unterwegs sind, hat seinen Sinn. Aber auch Ihnen kann ein Beifahrer helfen. Wenn etwas passiert, haben Sie einen Zeugen. Vor allem aber sinkt das Unfallrisiko, wenn zwei Personen im Wagen sitzen. Bei Männern sitzt im Idealfall eine Frau daneben, die ruhig und aufmerksam und älter ist –

Oma beispielsweise. Aber auch Opa, Senioren generell, sowie Frau und Kind sind ideale Mitfahrer, wie in Studien ermittelt werden konnte. Der positive Einfluss ist jedoch dahin, wenn gestritten wird. Dann steigt der Stress und damit die Unfallgefahr rapide.

5. Die Drängler-Gefahr

Wenn sich ein Raser an Ihr Heck heftet, auf die Lichthupe drückt und drängelt, hilft zunächst nur eines: ruhig bleiben. Dann leicht die Bremse touchieren, damit die Bremslichter aufleuchten. Das hält den Hintermann hoffentlich zunächst auf Abstand. Wechseln Sie – falls möglich – die Spur und machen Sie dem Drängler Platz. Merken Sie sich das Kennzeichen und das Aussehen des Fahrers. Um den Fahrer wegen versuchter Nötigung anzeigen zu können, müssen Sie Beweise bringen. Darum wird auch in Deutschland die Dashcam (»dash« heißt auf Deutsch Armaturenbrett) immer beliebter. Die kleine Digitalkamera zeichnet das Verkehrsgeschehen auf und somit auch Unfälle. Allerdings entscheidet bislang der Richter je nach Fall, ob er ein derartiges Video als Beweis zulässt. Taxiunternehmen oder Speditionen nutzen Dashcams, um ihre Fahrer zu kontrollieren. Viele berichten, dass es seitdem weniger Unfälle gäbe. Klar, wer unter permanenter Beobachtung steht, fährt vorsichtiger.

Ob Sie filmen oder nicht, Sie sollten in jedem Fall die Polizei rufen, nachdem Sie bedrängt oder ausgebremst wurden. Wenn Sie häufig auf Strecken unterwegs sind, auf denen gerast und gedrängelt wird, setzen Sie auf Abschreckung. Bringen Sie einen Aufkleber auf dem Heck an: »Achtung! Drängler werden gefilmt!« Das wirkt oft Wunder und wird eher wahrgenommen als »Atomkraft – Nein danke!«, »Ich bremse auch für Tiere« oder »Abi 1999«.

6. Die Musik-Gefahr

Wenn Sie im Auto Musik hören, sollten Sie sich genau überlegen, welche. Eine Studie zeigt, dass Hip-Hop-Musik vor allem Frauen zu aggressiven Fahrerinnen macht. Bei Männern führt Heavy Metal zu Stress. Wer glaubt, klassische Musik entspanne, liegt falsch. Sie macht den Fahrstil unberechenbar, das gilt vor allem für Richard Wagners »Walkürenritt«, wie eine Studie des britischen Automobilclubs RAC ermittelte. Bei langsamer und eintöniger Radiomusik kommt demnach zwar keine Partystimmung auf, doch senkt sie das Unfallrisiko. Und für Wagner-Freunde bleibt ja immer noch das Vorspiel zum »Lohengrin« – das so behäbig dahinplätschert wie die Fluten des Rheins oder die Blechlawine gen Süden am ersten Ferientag.

7. Die Coolness-Gefahr

Apropos Musik: »Ellenbogen aus dem Fenster wie ein Gangster«, erklärt ein deutscher Rapper, doch für den Autofahrer taugt das nicht als Motto. Auch sollte ein Autositz nicht mit einem Fernsehsessel verwechselt werden. Gefläzt wird auf dem Sofa, aber nicht im Auto. Nur wer beide Hände am Lenkrad hat, kann das Fahrverhalten des Autos spüren und es vollständig kontrollieren. Stellen Sie Ihren Autositz auf einen Winkel von 92 bis 95 Grad ein. Oder einfach so, wie Sie in Ihrem Bürostuhl sitzen. Liegen Sie hingegen fast hinter dem Steuer, können Sie bei einem Autounfall unter dem Bauchgurt hindurchrutschen. Außerdem wird Ihre Bauchmuskulatur strapaziert. Der Effekt ist kein Sixpack-Training, sondern ein schnelles Ermüden des gesamten Körpers, was Unaufmerksamkeit und somit Gefahr provoziert.

8. Die Traditions-Gefahr

In vermögenden und traditionell ausgerichteten Familien steuert der Mann den dicken Schlitten und die Frau den Kleinwagen. Dabei sollte es umgekehrt sein. Während der Mann nur von zu Hause bis in die Tiefgarage des Büros fährt, ist die Frau viel mehr unterwegs: Sie fährt einkaufen, bringt die Kinder zur Schule oder zum Kindergarten, ist in der Stadt unterwegs. Die Personen, die somit am meisten auf der Straße sind und den besten Schutz genießen sollten, fahren oft den kleineren und älteren Zweitwagen. Darum rate ich zum Fahrzeugtausch: Der Mann nimmt künftig den Kleinwagen und überlässt Frau und Kindern das große, moderne und sichere Auto.

9. Die Kurvenübelkeits-Gefahr

Als Fahrtrainer bilde ich VIP-Chauffeure und Leibwächter aus. Leider verhalten sich Kinder auf den Rücksitzen selten wie Vorstände beim Aktenstudium. Darum ist die Fahrt in den Urlaub ein Horrortrip für alle Beteiligten. Und wer durch Kindergeschrei abgelenkt ist, riskiert Unfälle. Besonders auf kurvenreichen Strecken klagen Kinder wegen Übelkeit. Darum sollte man die Beschleunigungskräfte, die im Fahrzeug in den Kurven wirken (zu den G-Kräften später mehr), so gering wie möglich halten.

Sie müssen als Fahrer mit der Restbeschleunigung in die Kurve einfahren und dann das Fahrzeug über den Kurvenscheitel rollen lassen. Eine ganz wichtige Regel: Erst beschleunigen, wenn die Räder wieder in Fahrtrichtung stehen. Klingt simpel, wird aber oft falsch gemacht. Achten Sie bei Ihrer nächsten Fahrt darauf. Und üben Sie, bevor Sie mit der Familie in den Urlaub aufbrechen.

Falls trotz sanftem Kurvenfahren keine Besserung eintritt und Ihre Mitfahrer sich sogar erbrechen müssen, liegt ein Fall von Kinetose genannter Reisekrankheit vor. Dann passiert beim Autofahren, was Schiffsreisende nur zu gut kennen: Das Gleichgewichtsorgan im Innenohr registriert kontinuierlich Bewegungen und die Lage des Körpers. Wenn also das Auge registriert, dass wir schnell über die Autobahn fahren, das Gleichgewichtsorgan aber nur den unbewegten Innenraum des Autos wahrnimmt, kommt es zum Konflikt: Was Auge und Innenohr dem Gehirn signalisieren, passt nicht zusammen. Ist diese Reizdiskrepanz groß, erleiden bis zu 80 Prozent von uns die gefürchteten Übelkeitssymptome bis zum Erbrechen. Was hilft neben Medikamenten? Etwa eine Tasse Ingwer-Tee. In einem Versuch mit Seekadetten reduzierte Ingwer im Vergleich zu einem Placebo signifikant das Auftreten von Erbrechen. Oder man fixiert mit den Augen einen Punkt in der Ferne. Weil genau dies auch der Fahrer macht und sein Blick meist auf dem unbewegten Horizont ruht, leidet er selbst fast nie an Übelkeit.

10. Die Ausstiegs-Gefahr

Tür auf und schnell raus – so reagieren Kinder (und auch manche Erwachsene), wenn sie nach einer nervenaufreibenden Fahrt am Ziel angekommen sind. Die Fahrer unter uns Spezialbeamten müssen lernen, Schutzpersonen so sicher wie möglich zu transportieren. Gefährlich ist es in dem Moment, wenn man das geschützte Fahrzeug verlässt. Wollen Sie Ihre Familie wie ein professioneller SEK-Beamter beschützen, müssen Sie gerade für Ein- und Ausstiegsmanöver klare Regeln aufstellen. Gelingt Ihnen die Umsetzung, sind Ihnen der Respekt und die Anerkennung anderer Eltern gewiss.

Nehmen wir also an, es sind zwei Erwachsene im Auto, der Fahrer und ein Beifahrer. Zwei Kinder sitzen hinten. Und das Fahrzeug ist am Ziel angekommen:

- Beifahrer steigt immer als Erster aus.
- Kinder und andere zu schützende Personen steigen immer zum Gehweg hin aus. Die Tür zur Fahrbahn bleibt geschlossen und verriegelt.
- Die Kinder warten so lange ruhig im Fahrzeuginneren, bis der Beifahrer von außen die Tür öffnet.
- Der Beifahrer verschafft sich einen Überblick und antizipiert Gefahren wie etwa einen Radfahrer auf dem Gehweg.
- Der Fahrer steigt aus und postiert sich auf der Höhe des Vorderrads.
- Der Beifahrer öffnet die hintere Tür. Der Türflügel bildet nun eine Barriere nach vorn. Fahrer und Beifahrer postieren sich gegenüber. So wird ein Schutzkorridor geschaffen, der von der Fahrzeugtür und dem Körper des Beifahrers begrenzt wird.
- Nachdem der Beifahrer die Erlaubnis erteilt hat, verlassen die Kinder das Auto.
- Niemand eilt voraus, niemand trödelt herum.
- Der Beifahrer geht auf gleicher Höhe in gleichmäßigem, aber zügigem Schritt mit den Kindern zum Ziel.
- Der Fahrer verschließt das Fahrzeug und folgt.

Wie Sie Ihre Wahrnehmung verbessern

Vielleicht fühlen Sie sich bereits voll ausgelastet, wenn es Ihnen gelingt, alle Ampeln und Straßenschilder im Blick zu behalten. Doch das muss nicht so bleiben. Sie sollten Ihre visuelle Wahrnehmung trainieren, um Drängler, Raser und andere Gefahrenquellen früher zu erkennen.

Auf der Netzhaut des menschlichen Auges liegt die sogenannte Fovea centralis, das ist der Bereich, in dem wir am schärfsten sehen. Wenn wir ein Objekt fixieren, wird es fokussiert wie bei einer Kamera. Von diesem Fixationspunkt ausgehend, nimmt das scharfe Sehen jedoch rapide ab.

Wirklich scharf und bewusst sieht der Mensch nur dort, wo er hinblickt. Dieses zentrale Sehen wird durch das periphere Sehen ergänzt: Wenn ein Objekt im Augenwinkel auftaucht, können wir es erkennen und entsprechend reagieren. Doch wir können es, wenn es uns interessant genug erscheint, auch fokussieren. Denn der Mensch sieht nur das optimal und voll bewusst, was er direkt anblickt.

Verbessern wir unser peripheres Sehen, können wir schneller und besser auf das Geschehen im Randbereich unseres Gesichtsfelds reagieren.

Die folgende Übung funktioniert sogar während des Autofahrens:

1. Schauen Sie durch das Fenster und fokussieren Sie Ihren Blick auf ein weiter entferntes Auto.
2. Während Sie dieses Auto betrachten, versuchen Sie wahrzunehmen, was sich in der Umgebung, also der Peripherie Ihres Blicks, abspielt.
3. Versuchen Sie nun, Details wahrzunehmen: den Schriftzug auf der Lkw-Plane, die Beschriftung des Hinweisschilds, die Flugbahn des aufgeschreckten Vogels – allerdings ohne dass Sie bewusst Ihren Blick darauf richten.

4. Versuchen Sie auf immer kleinere Details zu achten, zum Beispiel die Haarfarbe des Fahrers, der links überholt.
5. Sagen Sie laut die Marken und Modelle vorbeifahrender Autos auf, sobald Sie diese erkannt haben.
6. Machen Sie diese Übung einmal am Tag. Damit erweitern Sie Ihr Sichtfeld und werden schrittweise immer mehr Objekte in Ihrer peripheren Sicht bemerken.

Wie Sie betrunkene, bekiffte und berauschte Fahrer erkennen

Nüchtern betrachtet passen Alkohol und Drogen nicht zum Autofahren. Wer nicht mit klarem Kopf fährt, ist eine Gefahr für Sie und mich, für uns alle. Kennt man die Effekte von Alkohol und Drogen, kann man berauschte Fahrer besser erkennen. Achtung, Verkehrskontrolle!

Der betrunkene Fahrer
Merkmale: Die Pupillen sind geweitet, die Augen glasig, die Wangen gerötet. Der Atem riecht nach Alkohol. Viele versuchen, dies mit Hustenbonbons zu vertuschen.
Fahrstil: Besonders riskant oder übertrieben vorsichtig.
Kontrolle: Wie bei der Polizei üblich, kann man den Gleichgewichtssinn des Verdächtigen testen. Lassen Sie Ihre Freunde nach der Kneipentour auf einem Bein stehen und langsam bis fünf zählen. Nur eine Ballerina dürfte diese Übung auch in angetrunkenem Zustand meistern.

Der bekiffte Fahrer
Merkmale: Die Augen sind gerötet, die Pupillen geweitet, der Mund ausgetrocknet. Darum lecken sich Verdächtige auffällig oft die Lippen. Haare und Kleidung riechen süßlich.

Fahrstil: Reaktionsvermögen und Konzentration sind stark beeinträchtigt. Entfernungen abzuschätzen und kritische Situationen zu beurteilen fällt schwer. Das Blickfeld ist stark eingeschränkt, man spricht vom »Tunnelblick«. Das »beidäugige« Sehen (Stereosehen oder dreidimensionale Wahrnehmung) ist gestört. Das Farbensehen wird verändert, die Farbreize falsch wahrgenommen.

Kontrolle: Da Cannabis oft in geselliger Runde konsumiert wird, haben Kiffer meist Longpapers griffbereit. Die Augen sind gerötet, Fingerkuppen und Nägel sind oft angebrannt, weil Haschisch mit dem Feuerzeug erhitzt wird, um es zu zerbröseln und in einen Joint zu drehen.

Der Fahrer auf Speed

Merkmale: Das weiße, kristalline Pülverchen Speed wird geschnupft oder geschluckt. Speed gehört zu den Amphetaminen, es putscht auf, steigert die Aufmerksamkeit und Leistungsfähigkeit. Der Speed-Konsument ist nervös und unruhig. Schweißperlen auf der Stirn sind typisch wegen der erhöhten Körpertemperatur.

Fahrstil: Riskant. Speed stört das Kritikvermögen, was eine übersteigerte Risikobereitschaft zur Folge hat. Es wird gedrängelt, Lichthupe gegeben und alles versucht, um zu überholen.

Kontrolle: Speed-Konsumenten haben oft Aspirinpackungen oder Milchpulver im Auto. Damit wird die Substanz gestreckt.

Der Fahrer auf Ecstasy

Merkmale: Ecstasy, auch XTC, ist ein Sammelbegriff für vollsynthetisch hergestellte Substanzen. Es sind bunte Tabletten, die oral aufgenommen werden. Ecstasy ist eine Partydroge, es versetzt in ausgelassene und kontaktfreudige Stimmung. Die Pupillen sind extrem geweitet und lichtempfindlich. Unruhiges Zähneknirschen bei Ecstasy-Konsum führt oft zu einer Verkrampfung der Kiefermuskulatur.

Fahrstil: Erhöhte Selbstüberschätzung und Halluzinationen machen den Fahrstil so riskant wie eine Achterbahnfahrt ohne Anschnallgurt.

Kontrolle: Durch die Droge sind die Pupillen extrem geweitet. Auf Lichtquellen (Taschenlampe, Handy-Display) reagieren die Augen sehr empfindlich.

Der Fahrer auf Koks

Merkmale: Kokain macht wach, fördert die Konzentration, Hunger- und Schmerzempfinden sind reduziert. Das sexuelle Verlangen steigt, die eigene Leistungsfähigkeit wird überschätzt. Euphorie und Begeisterung bestimmen die Gefühlslage. Die Nase ist die Problemzone des regelmäßigen Kokainkonsumenten. Er hat oft Schnupfen und leidet an Nasenbluten.

Fahrstil: Riskant, gefährlich und rücksichtslos. Der Kokain-Konsument rast nachts mit Tempo 100 durch eine Spielstraße, hat das Autoradio auf volle Lautstärke gedreht, singt Queen-Lieder mit und spielt Luftgitarre, statt zu lenken.

Kontrolle: Kokain-Konsumenten führen oft Nasentropfen oder Sprays mit sich. Im Abfallbehälter des Autos können sich schmutzige Taschentücher wegen des häufigen Nasenblutens befinden.

Der Fahrer auf Crack

Merkmale: »Crack is wack«, »Crack ist krass« – so beschrieb die US-Diva Whitney Houston diese gefährliche Droge. Die aus Kokainpulver hergestellten Körner werden in speziellen Pfeifen geraucht. Beim Erhitzen der beigefarbenen Klümpchen entstehen knisternde Laute, daher der Name. Der Rausch wird als Explosion eines Hochgefühls erlebt, die Wirkung verschwindet aber nach kurzer Zeit und mündet in eine depressive Phase. Darum macht die Droge extrem schnell süchtig. Blässe, Pupillenerweiterung, Krampfanfälle und Koordinationsstörungen sind weitere Folgen.

Fahrstil: Unberechenbar. Nach dem Rausch treten oft akustische Sinnestäuschungen sowie Verfolgungswahn und Angstzustände auf.

Kontrolle: Crack kann nur geraucht werden. Achten Sie auf Feuerzeuge und Pfeifen.

Der Fahrer auf LSD

Merkmale: LSD (d-Lysergsäurediethylamid) zählt zu den Halluzinogenen, die Wahnvorstellungen oder »Horrortrips« bewirken können. LSD wird auf Papierstücke aufgetragen, die als »Tickets« gelutscht werden. Es kommt zu mit Halluzinationen vergleichbaren Sinneseindrücken, die mehrere Tage anhalten können.

Fahrstil: Panisch. In den 50er-Jahren testete das US-Militär LSD bei Soldaten. Viele zeigten Panikreaktionen als Folge von Halluzinationen oder sahen ihre Vorgesetzten sich in Tiger und Hasen verwandeln. Der Fantasie waren keine Grenzen gesetzt.

Kontrolle: Während des LSD-Rauschs ist das Kurzzeitgedächtnis beeinträchtigt. Man kann Testfragen stellen wie: »Können Sie sich noch erinnern, mit welchem Namen ich mich eben bei Ihnen vorgestellt habe?«

Wie Sie sich vor Autoknackern und Entführern schützen

Es ist ein Katz-und-Maus-Spiel: Hersteller entwickeln immer neue Methoden, um die Autos zu sichern. Gleichzeitig entwickeln Diebe ebenfalls immer neue Methoden, um eben jene Sicherungen zu umgehen. Es ist ein Wettrüsten, das nicht zu gewinnen ist. Die neuesten Modelle werden geklaut, außer Landes geschafft und in der Hinterhofwerkstatt eines abgelegenen osteuropäischen Dorfs in ihre Einzelteile zerlegt. Die Elektronik wird dort analysiert und auf Schwachstellen überprüft. Die Einzelteile werden dann wieder mit gefälschten Seriennummern im Internet oder auf Automärkten verschachert. Hinter vielen Diebstählen steckt eine bestens organisierte Mafia. Mit dem so gewonnenen Wissen kann diese Mafia auch in die neuesten Modelle eindringen – und sie entweder ausräumen oder komplett stehlen. Ist der Wagen erst einmal weg, kann auch die Polizei nicht mehr viel ausrichten.

Um sich vor Autoknackern zu schützen, müssen Sie deren Masche kennen.

Die Jammer-Masche

Mit Jammer ist hier nicht ein Gemütszustand gemeint. Der englische Begriff bezeichnet vielmehr Störsender, die in Deutschland illegal sind, aber im Internet verkauft werden. Diebe nutzen Jammer, um die GSM-Signale einer Funkfernbedienung zu blockieren. Das kann dann typischerweise so aussehen: An Parkplätzen, wo Sie eilig das Auto verlassen, drücken Sie im Weggehen auf den Schließknopf am Schlüssel. Zwar blinken die Scheinwerfer, doch der Störsender hat die Verbindung zwischen Schlüssel und Fahrzeug unterbrochen, die Verriegelung wird nicht aktiviert. Vor allem bei Kindergärten, Supermärkten oder Pendlerbahnhöfen, also dort, wo ein gehetztes Durcheinander herrscht, postieren sich die Jammer-Banden.

Tipp: Immer bewusst nochmals kontrollieren, ob die Türen verriegelt sind. Nicht allein auf das Blinken verlassen.

Die Hacker-Masche

Moderne Autos sind fahrende Computer. Wer ihre Elektronik hackt, kann in ihnen lesen wie in einem offenen Buch. Der berüchtigte »Polenschlüssel« – ein Werkzeug, mit dem sich Autoschlösser öffnen lassen – hat heute ausgedient. Mittlerweile werden teure Hightech-Luxusautos der Marken Porsche, Audi oder BMW mit Laptop und Funkausrüstung gestohlen. Moderne Diebe verschaffen sich Zugang, indem sie den Autoschlüssel klonen, also eine elektronische Kopie des Datensatzes erstellen. Dazu muss der Originalschlüssel kurzzeitig in die Hände der Kriminellen fallen. Experten gehen davon aus, dass fast jeder Autoschlüssel kopiert werden kann. Und wer den Schlüssel hat, hat die Macht über das Fahrzeug. Das geht einfacher, als man glaubt: Per Notebook und legaler Werkstattsoftware kann der Bordcomputer des Autos ausgelesen und der Autoschlüssel umprogrammiert werden. Als Hacker hat man heute nicht nur die Macht im Internet, sondern auch auf dem Parkplatz.

Tipp: Niemals Autoschlüssel aus den Augen lassen oder aus der Hand geben. Vertrauen Sie auch nicht dem netten Hotelangestellten, der Ihren Wagen für Sie parken will. Der Schlüssel ist bei Gaunern so begehrt und wertvoll wie Ihr mit Kreditkarten gefüllter Geldbeutel.

Die Bohrmaschinen-Masche

Autos werden geklaut, weil sie an sich einen Wert darstellen. Und weil Kriminelle sie für weitere Straftaten einsetzen wollen. Brachialer gingen Diebe in der Schweiz vor. Dort wurden Luxusautos geklaut, um sie nach Überfällen auf Juweliergeschäfte als Fluchtfahrzeuge zu benutzen. Die Diebe fuhren sogar ohne Schlüssel: Sie bohrten ein fünf Zentimeter breites Loch in die Seitentür der Karossen. So kamen sie an den Kabelstrang der Zentralverriegelung, manipulierten das Schließsystem und öffneten problemlos die Tür. Danach hackten sie sich in die Elektronik ein und umgingen so die Wegfahrsperre. Das kleine Loch tarnten sie mit einem Aufkleber mit der Aufschrift: »Baby on Tour«.

Tipp: Wer viel besitzt, muss auf mehr aufpassen und hat somit auch mehr Sorgen als andere. Parken Sie nur in videoüberwachten Parkhäusern und auf gesicherten Parkplätzen.

Die Car-Napping-Masche

Beim Car-Napping locken Kriminelle Autofahrer aus dem Fahrzeug, um es dann zu entführen. Meist wird dabei die Hilfsbereitschaft der Fahrer ausgenutzt. Wir kennen Fälle, da wurden Unfälle simuliert, was besonders perfide ist, denn wer Hilfe unterlässt, macht sich möglicherweise strafbar. Auch gab es Fälle, bei denen Kriminelle einen Unfall provozierten, um einen Fahrer zum Aussteigen zu bewegen.

Tipp: Immer Zündschlüssel abziehen, wenn Sie das Auto verlassen. Auf die periphere Wahrnehmung achten. Bei Unfällen, die Ihnen verdächtig oder fingiert vorkommen, sollten Sie zunächst per Telefon Hilfe rufen. Und das Auto erst verlassen, wenn Rettungskräfte eintreffen.

Die Car-Jacking-Masche

Der hässliche große Bruder des Napping ist das Car-Jacking. Hierbei handelt es sich nicht um einen Diebstahl, sondern um einen »räuberischen Angriff auf einen Kraftfahrer« (§ 316a StGB). Oft lauern die Entführer dort, wo das Auto kurz halten muss: vor roten Ampeln, Kreuzungen oder bei Einfahrten in der Nähe von Tiefgaragen. Besonders gefährlich: wenn das Auto entriegelt werden muss, um etwa bei geöffnetem Fenster eine Parkkarte zu scannen. In Südafrika hatte das Car-Jacking Ende der 90er-Jahre epidemische Ausmaße angenommen. Zur Verteidigung wurde sogar ein Flammenwerfer entwickelt, der per Knopfdruck gezündet und gegen Angreifer außerhalb des Autos eingesetzt werden konnte. Besonders dreist operierte eine Gruppe Hijacker mit Kampfhunden. Im Sommer ließen sie die Tiere in Cabriolets oder durch die geöffneten Fenster von haltenden Autos springen. Die unwillkommenen Beifahrer bellten, knurrten und fletschten die Zähne. Mehr war nicht nötig, um die Fahrer zum Aussteigen zu bewegen. Widerstandslos reichten sie den Hundeherrchen die Fahrzeugschlüssel.

Tipp: Vorausschauend fahren und, sofern möglich, das Auto in Bewegung halten. Nachts bei wenig Verkehr und in verlassenen Gegenden langsam an rote Ampeln heranrollen, statt vollständig zu stoppen. Fenster und Türen immer verschließen.

Wie Sie bremsen, bevor es kracht

Und nun: Anschnallen, bitte! Geschwindigkeit stimuliert unseren Körper. Drücken wir aufs Gaspedal, wird das sympathische Nervensystem aktiviert. Es versetzt unseren Organismus in Alarmzustand: Adrenalin wird ausgeschüttet, die Muskeln werden stärker durchblutet, Puls und Blutdruck steigen. Es kribbelt, ein aufregendes, angenehmes Gefühl breitet sich aus. Doch der »sportliche Fahrstil« verleitet auch zu groben Unsportlichkeiten. Wer gern aufs Gas drückt, sollte daher genau wissen, wie er das Pedal links daneben bedient. Die Bremse ist der beste Freund des Fahrers.

Bremsen bei Regen

Aquaplaning ist nicht ohne Grund gefürchtet: Der Reifen schwimmt auf dem Wasser, die Reibung mit der Fahrbahn geht verloren. Schalten Sie bei heftigem Regen das Radio aus, um besser zu hören, wenn Wasser im Radkasten schwappt. Mit Aquaplaning ist zu rechnen, wenn die Spuren des vorderen Fahrzeugs bereits verschwimmen oder sich Pfützen auf der Fahrbahn bilden. Wenn Ihr Fahrzeug plötzlich schlittert, unbedingt die Lenkung halten und die Kupplung durchdrücken. Damit die Reifen, wenn sie wieder Bodenkontakt haben, Sie nicht in die falsche Richtung steuern.

Bremsen auf einer Ölspur

Im Gegensatz zu schlechtem Wetter kündigt sich eine Ölspur nicht an. Seit dem Jahr 2007 ermittelt die Polizei in Bayern gegen einen Attentäter, der mit Öl gefüllte Glasflaschen auf Landstraßen wirft. Ein Motorradfahrer kam bei einem solchen Anschlag ums Leben. Wie beim Aquaplaning gilt: Räder in Fahrrichtung halten. Profis würden vor der Ölfläche, sofern man sie vorher erkennt, kurz anbremsen, dann aber den Wagen rollen lassen, damit die Reifen nicht blockieren. Ohne jegliche Haftung schießt das Auto wie ein Pfeil über die glatte Ölspur. Konzentrieren Sie sich nur noch aufs Lenken und hoffen Sie, dass Ihr Wagen schnell aus der Ölspur herausrollt.

Bremsen bei Glatteis

Vor allem auf Brücken kommt es schnell zu Glatt- oder Blitzeis, achten Sie deshalb auf die dortigen Windsäcke. Viel Wind plus kalte Temperatur ergibt eine hohe Blitzeisgefahr. Wenn Sie auf Eis bremsen und das Pulsieren des Antiblockiersystems (ABS) am Pedal spüren, treten Sie noch fester darauf. In diesem Fall können Sie sich nur auf die Technik des Fahrzeugs verlassen.

Bremsen bei Stau

Sie fahren um eine Kurve, sehen plötzlich einen Stau und müssen in die Eisen steigen? Jetzt hängt vieles von Ihrer Blickführung ab. Fixieren Sie nur das direkt vor Ihnen stehende Auto, kommt es zum Auffahrunfall. Sie müssen mit Gefühl arbeiten: Einerseits hart in die Bremse steigen und gleichzeitig mit sanftem Lenkanschlag ausweichen und in eine Lücke fahren. Doch die finden Sie nicht, wenn Ihr Blick starr auf die Bremslichter des Vordermannes fixiert ist. Darum: Arbeiten Sie an Ihrer peripheren Wahrnehmung.

Bremsen bei Tieren

Menschenleben geht vor Tierleben. Ein Bremsmanöver für Hase oder Eichhörnchen ist nur dann angesagt, wenn man sich selbst und andere Verkehrsteilnehmer nicht gefährdet. Wenn Sie Tiere sehen, blenden Sie ab, damit diese nicht in den Lichtkegel schauen und so die Orientierung verlieren. Oder sogar in die Richtung des Lichts laufen. Kollidieren Sie jedoch mit einem Reh oder Wildschwein, wird es ernst. Trifft man mit nur 50 Stundenkilometern auf einen 20 Kilo schweren Rehbock, wirkt die Kraft von einer halben Tonne auf Fahrzeug und Fahrer ein. Sind Sie mit 100 Stundenkilometern unterwegs, beträgt die kinetische Energie bereits zwei Tonnen. Aus dem Reh ist dann ein Elefant geworden. Hier zählt jeder Zentimeter Bremsweg, um die Wucht des Aufpralls und daraus resultierende Verletzungen zu minimieren. Ja, Tiere sind Lebewesen. Aber bei Wildunfällen muss man sie ohne Emotion als lebensbedrohliche Objekte auf der Fahrbahn betrachten.

Bremsen bei Fußgängern

Ihre Geschwindigkeit und Ihr Bremsweg entscheiden über Leben und Tod. Angenommen, Sie fahren gemütlich durch eine 30er-Zone. Plötzlich springt Ihnen ein Kind vors Auto. Auch wenn Sie sich strikt an das vorgegebene Tempo gehalten haben, wird das Kind nur mit Glück diese Kollision überleben. Im Gegensatz zu einem Erwachsenen wird es beim Aufprall nicht über die Motorhaube gleiten, sondern unter das Fahrzeug gezogen und überrollt. Ein Erwachsener, der über die Fahrzeugfront geschleudert wird, erleidet Schürfverletzungen an Händen, Armen und Beinen. Auch Knochenbrüche sind wahrscheinlich.

Wollen Sie im normalen Stadtverkehr bei Tempo 50 für einen Fußgänger bremsen, ist Ihr Reaktionsweg mehr als 13 Meter lang. Der Kopf des angefahrenen Menschen wird gegen die Frontscheibe geschleudert, die Folge ist ein Schädel-Hirn-Trauma.

Haben Sie es eilig und fahren innerorts Tempo 65, wird ein Unfall mit einem Fußgänger ziemlich sicher tödlich enden. Die Aufprallwucht steigt auf das Zehn- bis Zwölffache an. Ein 75 Kilo schwerer Mensch prallt mit über 900 Kilogramm auf Ihr Fahrzeug. Multiple Knochenbrüche und ein schweres Schädel-Hirn-Trauma nach dem Aufschlag sind kaum zu vermeiden.

Den Unterschied machen dabei nur 15 Kilometer pro Stunde aus. Versuche zeigen: Bei 50 Stundenkilometern überleben acht von zehn Fußgängern einen Verkehrsunfall. Bei Tempo 65 sterben acht von zehn Fußgängern. »Fuß vom Gas« ist daher das einzige Manöver, das Fußgänger wirklich retten kann.

Bremsen mit einem geplatzten Reifen

Statistisch gesehen, erlebt man einmal in zehn Jahren, dass ein Reifen platzt. Wenn es so weit ist, halten Sie das Lenkrad stabil (ich muss es immer wieder sagen), bremsen Sie gefühlvoll und schalten Sie schrittweise herunter, um das Tempo zu reduzieren. Platzt der Reifen in einer Kurve, wird es kompliziert. Die Seitenführungskräfte ziehen das Fahrzeug beim Kurvenfahren aus der Spur. Die Reifenhaftung hält es auf der Straße. Geht ein Reifen verloren, fliegen Sie mit ziemlicher Sicherheit aus der Kurve. Darum lieber die Leitplanke schrammen – und hoffen, dass Sie bald aus der Kurve raus sind.

Wie Sie Erste Hilfe leisten (ohne Schaden anzurichten)

Völlig unerwartet kann es passieren: Sie werden Zeuge eines schweren Unfalls und müssen handeln. Hilfe leisten. Ein Leben retten. Als Erster. Als Einziger. Was nun?

Für viele ist der Erste-Hilfe-Kurs nicht mehr als eine ferne Jugenderinnerung. Seit der Führerscheinprüfung haben sie nie wieder jemanden in die stabile Seitenlage bringen müssen. An all jene richten sich diese Tipps. Also an Menschen, die wissen müssten, wie man hilft, aber ehrlich genug sind, sich einzugestehen, dass sie keine Ahnung haben. Sie wollen einfach nur helfen, ohne noch größeren Schaden anzurichten. Auch die Schadensvermeidung kann im Extremfall eine Form der Hilfe sein.

Halten Sie an!

Die Hemmschwelle, bei einem Unfall anzuhalten und zu helfen, ist hoch: In rund 80 Prozent der Notfälle wird Hilfeleistung unterlassen, hat der ADAC einmal errechnet. Als Gründe für diese Passivität werden genannt: Man könne kein Blut sehen (siehe das Kapitel »Sezieren wie ein Gerichtsmediziner«), mangelndes Wissen oder Angst vor Ansteckung oder vor juristischen Folgen. Dabei macht sich der Ersthelfer nicht strafbar, wenn er mit der gebotenen Sorgfalt und im Rahmen seiner persönlichen Kenntnisse und Fähigkeiten hilft. Also: Anhalten, aussteigen, helfen!

Sichern Sie sich – und die Unfallstelle!

Steigen Sie vorsichtig aus. Ziehen Sie Ihre Warnweste über. Gehen Sie, wenn möglich, hinter der Leitplanke. Stellen Sie dann das Warndreieck mindestens 100 Meter (auf der Autobahn 150 Meter) vor der Unfallstelle auf. Zählen Sie dabei Ihre Schritte. So können Sie den Abstand besser einschätzen. Und sich auch dabei beruhigen.

Rufen Sie Hilfe!

Verschaffen Sie sich einen schnellen Überblick. Setzen Sie dann über die Nummer 112 den Notruf ab. Erläutern Sie: Wo Sie sind (oder wo sich der Unfall ereignet hat)! Was passiert ist! Wie viele Personen beteiligt sind! Welche Verletzungen sichtbar sind! Wichtig: Immer Rückfragen der Notrufzentrale abwarten.

Wer schreit, den hat es nicht am schlimmsten erwischt!

Jetzt heißt es helfen, so gut oder schlecht es geht. Hören Sie laute Schreie, ist das ein Zeichen, dass der Betreffende noch bei Bewusstsein ist. Um diese Personen können Sie sich später kümmern, oder der Notarzt macht es, sobald er eintrifft. Wirklich schlimm steht es um jene, die schon nicht mehr schreien können. Diese Schwerverletzten müssen Sie sich sofort genauer anschauen. Falls sie nicht mehr atmen, zwicken Sie sie in den Arm. Regt sich nichts, rufen Sie ihnen ins Ohr. Immer noch keine Reaktion? Jetzt hilft nur noch eines:

Massieren Sie das Herz!

Bei einem plötzlichen Herzstillstand hat ein Erwachsener noch für etwa acht Minuten ausreichend Sauerstoff im Blut. Sie müssen allerdings dafür sorgen, dass der Stoff ins Gehirn gepumpt wird. Das schafft man mit einer wirksamen Herzdruckmassage. Auch Ungeübte sind dazu in der Lage. Legen Sie den Handballen in die Mitte der Brust. Stützen Sie die andere Hand darauf ab. Drücken Sie mit ausgestreckten Armen mindestens 30 Mal auf das Brustbein. Insgesamt sollten Sie eine Frequenz von 100 Kompressionen pro Minute erreichen. Das Brustbein muss mindestens fünf Zentimeter tief nach unten gedrückt werden. Sie werden bald ermüden, denn Herzmassagen sind sehr anstrengend. Sie werden sicher das Knacken von Rippen hören, die dabei brechen. Das muss man in Kauf nehmen. Handelte es sich nur um eine Bewusstlosigkeit statt um einen Herzstillstand, würde der Verletzte bei einem solchen Kollateralschaden aufwachen. Geben Sie nicht auf. Machen Sie weiter, bis der Notarzt kommt.

Unabhängig vom Erfolg Ihrer Sofortmaßnahmen müssen Sie am Unfallort bleiben, bis die Rettungskräfte eintreffen. Lassen Sie die Opfer nicht allein.

Wie Sie (fast) jeden Unfall überleben

Was aber, wenn Sie selbst das Opfer sind? Auch wenn es trotz aller Vorsicht kracht, gibt es immer noch die Möglichkeit, die Überlebenschancen zu erhöhen. Man muss nur wissen, wie.

Wie man eine Kollision überlebt

Wenn Sie mit Ihrem Auto gegen ein Tier, einen Baum, eine Mauer oder ein anderes Auto prallen, entsteht reichlich Energie. Die muss absorbiert werden, und dafür sorgt die berühmte Knautschzone. Sie baut möglichst viel Energie ab, bevor diese beim Menschen im Inneren des Fahrzeugs ankommt. Ist diese Energie aber erst einmal da, wird es schmerzhaft.

Tipp: Bremsen Sie bis zuletzt, drücken Sie das Bremspedal mit aller Kraft durch. Jeder Zentimeter, den Sie an Bremsweg gewinnen, kann lebensrettend sein. Wieder zählt die richtige Sitzhaltung. Wenn Sie aufrecht sitzen und Ihre Arme angewinkelt sind, kann Ihr Körper die durch den Aufprall entstandene Energie einfacher absorbieren. Manche Experten raten, kurz vor der Kollision die Hände vom Lenkrad zu nehmen und vor der Brust zu verschränken. Wenn Ihnen das ohne Übung gelingt, ist das mehr als beeindruckend.

Wie man einen Überschlag überlebt

Ihr Auto kollidiert. Der Aufprall ist heftig, Ihr Auto hebt ab, und Sie werden durch die Luft geschleudert. Sie überschlagen sich, fühlen sich wie im Schleudergang Ihrer Waschmaschine.

Die normale Erdanziehung, also die Gravitationskraft (G-Kraft), wird mit 1 g angegeben. Beim Beschleunigen drücken um ein Vielfaches höhere G-Kräfte den Körper in den Sitz, beim Bremsen drücken sie ihn in Richtung Windschutzscheibe.

Legen Sie bei 100 Stundenkilometern eine Vollbremsung hin, dann spüren Sie 2 g, wenn Ihr Wagen nach 18 Metern steht. Auf einer Kinderschaukel sind Sie maximal 2,5 g ausgesetzt. Fahren Sie gern Achterbahn, spüren Sie 4 g, und als Kunstflieger müssen

Sie 8 g aushalten. Sind Sie diese Kräfte nicht gewohnt, kollabieren Sie bereits bei 6 g, denn Ihr Blut schießt wegen der Fliehkräfte vom Kopf in die Extremitäten. Ihren Augen und Ihrem Gehirn wird das Blut entzogen, Ihr Blickfeld verengt sich, Sie sehen nur noch graue Schleier (Greyout) und werden schließlich bewusstlos (Blackout). Der höchsten g-Belastung, die ein Mensch überlebt hat, war der schwedische Indycar-Fahrer Kenny Bräck bei einem Rennen im Jahr 2003 in Fort Worth, Texas, ausgesetzt. Mit 350 Stundenkilometern touchierte sein Vorderreifen ein vorausfahrendes Auto. Wie ein Kreisel drehte sich Bräcks Auto um die eigene Achse, schoss meterhoch durch die Luft und prallte gegen einen Sicherheitszaun. 214 g wurden gemessen. Bräck erlitt einige Knochenbrüche. Drei Jahre später saß er wieder im Rennauto.

Tipp: Bei einem Bräck-Unfall hilft nur noch beten. Ansonsten versuchen Sie bei einem Überschlag Folgendes: Tauchen Sie nach rechts ab und halten Sie mit aller Kraft die Handbremse umklammert. Durch den Überschlag knallt Ihr Auto auf das Dach. Befindet sich Ihr Kopf unterhalb der Höhe des Armaturenbretts, können Sie einen Genickbruch vermeiden, wenn das Dach dabei eingedrückt wird. Halten Sie sich niemals an dem Griff oberhalb der Fenster fest. Durch die Fliehkräfte würde Ihr Arm wohl aus dem zerbrochenen Fenster gezogen und abgetrennt werden. Und was mit Ihrem Körper erst passiert, wenn Sie nicht angeschnallt sind, können Sie sich nun auch vorstellen.

Wie man sich aus einem Wrack befreit

Durch den Überschlag ist Ihr Auto schwer beschädigt, ein einziger Trümmerklumpen aus Blech und Metall. Und Sie stecken mittendrin. Wie kommen Sie raus?

Tipp: Ein Nothammer und eine Schere sollten für diesen Fall in einem Fach der Mittelkonsole deponiert sein. Oder unterhalb des Armaturenbretts oder unter dem Sitz. Doch das Werkzeug muss so befestigt sein, dass es im Fall eines Crashs nicht zur fliegenden Waffe wird.

Das Handschuhfach bietet sich nicht an, denn dort kommen Sie als Fahrer angeschnallt nicht hin. Außerdem ist es nach einem Aufprall meist so schwer deformiert, dass es sich nicht öffnen lässt.

Sie hängen also nach dem Überschlag kopfüber im Gurt und wollen sich befreien? Bevor Sie mit der Schere den Gurt bearbeiten, stützen Sie sich mit einer Hand gut ab. Denn nicht selten brechen sich Unfallopfer das Genick, wenn sie sich aus dem Gurt befreien und dann plötzlich nach unten fallen. Nützlich, um die Fensterscheiben zu zerstören, sind auch Federkörner. Die an einen Bleistift erinnernden und wie ein Nothammer funktionierenden Teile kosten zehn Euro. Ihre Stahlspitze kann Autoscheiben schnell und einfach zerspringen lassen. Wenn Sie einen Hammer benutzen, schlagen Sie am besten an die Seiten der Scheibe, denn dort ist die Oberflächenspannung größer. Haben Sie einen Weg aus dem Wrack gefunden, tasten Sie sich immer erst mit den Beinen voraus ins Freie. Da Sie unter Schock stehen werden, geht es zuerst darum, dass Sie diese Fragen klären: Wo bin ich? Was fehlt mir? Wo ist Hilfe?

Wie man aus einem brennenden Auto entkommt

Sie versuchen, aus dem Wrack zu klettern. Nun riechen Sie plötzlich Verbranntes. Wenn Kraftstoff oder Öl auf heiße Motorteile trifft, kann Feuer entstehen. Keine Panik: Eine Explosion ist unwahrscheinlich, und Tests haben ergeben, dass ein Feuer im Motorraum fünf bis zehn Minuten braucht, bis es sich ins Innere des Wagens gefressen hat.

Tipp: Auch zehn Minuten können verdammt kurz sein. Schützen Sie mit einer Jacke oder anderen Textilien Ihre Hände. Feuchten Sie den Stoff an, wenn Sie Wasser haben. So können Sie Ihre Hände vor Verbrennungen schützen, wenn Sie versuchen, sich zu befreien. Wenn Sie länger festsitzen, wickeln Sie ein nasses Tuch um Ihr Gesicht, damit es Ihren Mund bedeckt. Im Brandrauch sind wasserlösliche Stoffe enthalten, die auf diese Weise gebunden werden. Gegen das gefährliche farb-, geruch- und geschmacklose Kohlenmonoxid, das zum Erstickungstod führen kann, hilft dieser Schutz allerdings nicht.

Wie man sich aus einem versinkenden Auto befreit

Sie hatten doppelt Pech: Nicht genug damit, dass Sie sich mit Ihrem Auto überschlagen haben. Sie sind auch noch in einen See gestürzt und gehen nun langsam mit Ihrem Fahrzeug unter. Wie kommen Sie hier heraus?

Tipp: Weil sich noch viel Luft im Auto befindet, schwimmt es zunächst. Aber nicht lange. Durch die Karosserie dringt Wasser in den Innenraum ein. Es wird nun sehr schnell sinken, und zwar mit der Motorhaube voran, denn dort steckt mit dem Motor das schwerste Teil. Die Türen werden sich wegen des Drucks des Wassers nur schwer öffnen lassen. Öffnen Sie niemals die Türen, wenn sich auf dem Rücksitz Mitfahrer befinden. Durch die große Öffnung dringt das Wasser noch schneller ein. Das Sinken wird extrem beschleunigt. Die hinten sitzenden Insassen haben dann so gut wie keine Chance zu entkommen. Sie und die Insassen müssen deshalb umgehend über das Fenster ins Freie klettern, solange die Elektronik noch funktioniert. Diese ist rund drei Minuten intakt. Studien zeigen, dass Autos 30 Sekunden bis zwei Minuten treiben. Dieses Zeitfenster sollten Sie nutzen.

Doch was tun, wenn die Fenster blockieren? Schalten Sie sofort das Licht ein. Unter Wasser wird es dunkel, und für die Rettung brauchen Sie gute Sicht. Die Scheiben werden beschlagen. Der Sauerstoff wird schnell knapp. Schlagen Sie die Fenster ein. Dafür haben Sie den Nothammer oder Federkörner dabei. Ohne diese Hilfsmittel brauchen Sie nun ganz starke Nerven.

Im hinteren Teil des Fahrzeugs bildet sich eine Luftblase. Das hilft jenen, die hinten sitzen, aber nicht Ihnen. Sie sollten keinesfalls dorthin flüchten, sonst sitzen Sie in der Falle. Normalerweise dauert es ein bis zwei Minuten, bis Ihr Auto vollständig zum Aquarium wird. Dieses Zeitfenster müssen Sie optimal nutzen.

Ihr Job ist es zunächst, nicht in Panik zu verfallen. Ziehen Sie die Oberbekleidung aus, je weniger Sie tragen, desto leichter können Sie schwimmen. Ist das Auto mit Wasser vollgelaufen, entsprechen sich Innen- und Außendruck wieder. Die Türen können nun wieder geöffnet werden. Haben Sie einen Beifahrer, entriegeln Sie gleichzeitig die Türen und schwimmen Sie raus. Noch haben Sie nicht überlebt. Weil das Auto jetzt umso schneller sinkt, entwickelt sich ein Sog. Sie werden also viel Kraft und mehr Zeit als erwartet brauchen, um von dem Wrack wegzuschwimmen. Orientieren Sie sich an den Luftbläschen, die nach oben aufsteigen.

In den Grachten und Kanälen Hollands sterben übrigens jedes Jahr rund 30 Menschen durch Ertrinken als Folge eines Autounfalls.

Wie man noch überlebt, wenn man schon halb tot ist

Zwar stürzen Sie nicht ins Wasser, doch Sie sind so schwer verletzt, dass Ihnen die Kraft fehlt, sich selbst aus dem Wrack zu befreien. Sie bluten, vor Ihren Augen verschwimmt alles, Sie drohen bewusstlos zu werden, Sie stehen auf der Schwelle zwischen Leben und Tod. Was nun? Ab jetzt tickt die Uhr. Sie haben 60 Minuten.

Tipp: Wenn Schwerverletzte innerhalb der »goldenen Stunde« nach dem Unfall ins Krankenhaus kommen, erhöhen sich die Überlebenschancen enorm. Liegen Sie erst später auf dem OP-Tisch, haben Sie fast keine Chance mehr, Sie sind verblutet. Doch selbst wenn Sie nicht mehr ansprechbar sind, können Sie Rettungskräften helfen, Sie schnell aus dem Wrack zu bekommen. Und zwar mit einer Rettungskarte hinter der Sonnenlichtblende. Darauf ist verzeichnet, wie das Auto aufgebaut ist und wo es aufgesägt werden kann, ohne dass etwa versehentlich der Airbag ausgelöst wird. Moderne Autos haben besonders robuste Fahrgastzellen. Diese sollen die Insassen beim Crash besser schützen. Paradoxerweise werden die Konstruktionen häufig zur Todesfalle. Denn sie sind so komplex, dass Rettungskräfte selten weniger als 50 Minuten brauchen, um einen Verunglückten überhaupt bergen zu können. Da bietet nur die Rettungskarte Orientierung, denn die zeigt, wie man das Auto am effektivsten auseinandernimmt. Sie können eine solche Karte bei Ihrem Autohersteller anfordern. Am besten, Sie schreiben gleich noch Ihre Blutgruppe darauf.

Dann werden Sie auch diesen Unfall überleben.

»Wenn man den toten Hund nicht aus dem Brunnen holt, wird man den Brunnen nie sauber bekommen.«

Pakistanisches Sprichwort

Putzen wie ein Tatortreiniger

Wie Sie Blut ohne Rückstände entfernen – Wie Sie das Geheimnis des Sinnerschen Kreises nutzen – Wie Sie Omas Hausmittel nutzen – Wie Sie Ihre Wohnung auf den Tod vorbereiten – Wie Sie Ungeziefer loswerden – Wie Sie auf einer öffentlichen Toilette überleben

Christian Heistermann, Jahrgang 1968, ist der bekannteste Tatortreiniger Deutschlands. Wenn in Berlin ein Mensch gewaltsam zu Tode kommt oder eine Leiche längere Zeit in einer Wohnung liegt, werden er und seine Spezialisten gerufen. Seit 2007 reinigte er Hunderte Tatorte. Heistermann ist Gebäudereinigermeister und staatlich geprüfter Desinfektor, seine Firma beschäftigt rund 40 Mitarbeiter. Im Auftrag der Innung bildet er andere Gebäudereiniger aus, wie sie sich verhalten müssen, wenn sie an einen Tatort gerufen werden. Das macht ihn zum Spezialisten für hartnäckige Flecken – auch wenn niemand gestorben ist.

Wie Sie Blut ohne Rückstände entfernen

Als Tatortreiniger muss man Spezialist für Blutflecken und Körpersekrete sein. In jedem Menschen fließen, je nach Körpergröße, fünf bis sechs Liter Blut. Und fast jeder Mord sorgt dafür, dass ziemlich viel davon auf dem Boden landet.

Blutflecken gehören zu den hartnäckigsten Verschmutzungen, mit denen man es zu tun bekommen kann. Denn Blut reagiert anders als die meisten Flecken. Wer mit dem Standardrepertoire des Gebäudereinigers an Blutflecken geht, macht alles nur noch schlimmer.

Hoffentlich haben Sie es immer nur mit kleinen Blutflecken zu tun. Aber schon ein bisschen Nasenbluten kann ein weißes

Hemd ruinieren. Außer Sie befolgen die beiden goldenen Regeln im Umgang mit Blutflecken.

1. Regel: Schnell sein

Wenn Sie einen Blutfleck auf der Kleidung haben, halten Sie den Fleck möglichst sofort unter fließendes Wasser. Denn der rote Blutfarbstoff, das Hämoglobin, der für die hartnäckigen Verfärbungen sorgt, ist zunächst komplett in den Blutzellen eingeschlossen. Der Blutfleck lässt sich also mit Wasser ganz einfach abspülen. Der Fleck ist noch wasserlöslich, er wird rückstandslos verschwinden.

Damit das klappt, müssen Sie aber sehr schnell sein. Nicht nur, dass das Hämoglobin aus den Zellen austritt. Schlimmer noch: Schon nach wenigen Sekunden beginnt die Blutgerinnung. Im Kontakt mit Sauerstoff verbinden sich Fibrinfäden im Blut und bilden eine feste Gitterstruktur. Die Blutgerinnung hat den Sinn, Wunden in unserem Körper zu schließen. Das Fibrinnetz wird schnell stark genug, um selbst starke Blutungen zu stillen.

Sie können sich ausrechnen, wie eng die Verbindung des Blutes mit dem Stoff Ihres Hemdes wird. Ein Blutfleck trocknet also nicht einfach ein wie jeder andere Fleck. Eintrocknung, also die Verdunstung der flüssigen Bestandteile des Flecks, lässt sich einfach umkehren, indem man den Fleck einweicht.

Aber der Blutfleck trocknet nicht ein. Er gerinnt. Da können Sie einweichen, so lange Sie wollen. Wenn die Blutgerinnung erst einmal fortgeschritten ist, helfen nur noch Chemie und Biologie. Aber dazu später mehr.

2. Regel: Nur kaltes Wasser benutzen

Egal, wie schnell Sie den Blutfleck mit Wasser behandeln, wenn Sie heißes Wasser benutzen, haben Sie schon verloren. Heißes Wasser sorgt dafür, dass das Eiweiß im Blut denaturiert. Der Fleck wird sozusagen hart gekocht, wie man es vom Frühstücksei kennt. Durch das heiße Wasser geht der Blutfleck erst eine richtig feste Verbindung mit dem Untergrund ein.

Also: Behandeln Sie einen Blutfleck nur mit kaltem Wasser. Das gilt übrigens für alle Flecken, in denen viel Eiweiß enthalten ist. Also, Männer, wenn ihr bis jetzt dachtet, die Blutentfernungstipps seien hauptsächlich für Frauen wegen der Regelblutung wichtig: Die »Kalte-Wasser-Regel« gilt auch für Spermaflecken.

Leider kann ich bei meiner Arbeit die erste goldene Regel im Umgang mit Blutflecken nicht befolgen. Denn bis die Spurensicherung mit einem Tatort fertig ist, vergehen manchmal Tage. Da ist jeder Blutfleck längst geronnen. Trotzdem gehen die Blutflecke mit ein paar Tricks raus – es ist nur viel schwieriger.

Die schlimmsten Blutflecken musste ich Anfang 2013 bei einem Mode-Discounter in einer Kleinstadt in der Nähe von Berlin entfernen. Übrigens mein erster und bisher einziger Einsatz in so einem Geschäft. Normalerweise sterben Menschen nicht bei Mode-Discountern. Wo es Klamotten zum kleinen Preis gibt, lohnt sich meist kein Raubüberfall. Und handfeste Auseinandersetzungen mit Todesfolge passieren auch eher in Kneipen. Der Krieg am Grabbeltisch um Schnäppchen ist ein Klischee.

Als ich am Tatort ankam, konnte ich mir nicht richtig erklären, was da passiert sein mochte. Mitten in der Kinderabteilung war das Blut quer durch den Raum gespritzt. Auf den kleinen Hosen, T-Shirts, Leibchen klebten unzählige Blutspritzer. Und natürlich auch auf dem Teppichboden.

Blutflecken auf Kinderkleidung, das schnürt dir erst einmal die Luft ab.

Später erfuhr ich dann, dass hier gar kein Kind verletzt worden war. Ich reinigte einen Tatort, an dem ein Mord aus Eifersucht passiert war.

Der Mord geschah kurz vor Ladenschluss, um 19.30 Uhr. Eine der Verkäuferinnen, die 23-jährige Julia, stand in der Kinderabteilung zwischen den Kleiderständern. Plötzlich lief ein Mann wutschreiend auf sie zu. Julia erkannte ihn sofort, es war ihr Exfreund.

Der Mann war nicht gerade das, was Mütter sich für ihre Töchter wünschen. Der Berliner hatte schon mal sechs Monate gesessen, die Polizei kannte ihn wegen Körperverletzung,

Fahren ohne Führerschein und Diebstahl. Jahrelang hatte Julia trotzdem weiter zu ihm gehalten, aber als er sie vor ein paar Wochen im Streit gewürgt hatte, war es selbst der duldsamen Julia zu viel geworden. Nach sechs Jahren trennte sie sich von ihm.

Er kam damit nicht klar, die Trennung war für ihn wie ein Verrat an der großen, wahren Liebe. Er steigerte sich in den Wahn hinein, wenn er Julia nicht haben könne, solle auch niemand anderer mit ihr zusammen sein dürfen. Irgendwann war er dann so weit, dass er ein Messer einpackte und zu Julias Arbeitsplatz fuhr. Wie von Sinnen stach er in der Kinderabteilung auf seine Exfreundin ein, bis sie tot war.

Was macht man nun gegen geronnene Blutflecken, die sich wie bei einer verkrusteten Wunde fest auf Textilien gelegt haben? Natürlich habe ich da Profi-Reinigungsmittel, die aber auf zwei Wirkungsweisen beruhen, die jeder auch zu Hause nutzen kann.

Die zwei Waffen gegen geronnenes Blut

Biologische Kriegsführung

Eine Grundvoraussetzung des menschlichen Stoffwechsels ist es, Eiweiß aufspalten zu können. Die Enzyme, die das leisten, heißen Proteasen. Vereinfacht gesagt durchschneiden sie die festen Verbindungen der Proteine.

Diese Eigenschaft können wir nutzen, um das geronnene Blut zu lösen. Die festen Fibrinfäden müssen mit einer Protease aufgeschnitten werden. So eine Protease haben wir immer zur Hand: Das einfachste Hausmittel gegen geronnene Blutflecken ist Spucke. Denn der Speichel enthält Proteasen, die Verdauung von Eiweiß in unserer Nahrung beginnt schon im Mund. Also: Auf den Blutfleck spucken, das löst ihn zumindest schon mal an.

Etwa 80 Prozent aller Waschmittel enthalten Proteasen. Damit kommt man also schon ziemlich weit. Und natürlich: Kein heißes Wasser benutzen, in der Waschmaschine also den Vorwaschgang mit kaltem Wasser einschalten.

Chemische Kriegsführung

Aber richtig verschwindet der Blutfleck nur durch einen besonderen Trick. Dieser Trick stammt aus der Forensik: 1818 entdeckte der französische Chemiker Louis Jacques Thénard, dass Wasserstoffperoxyd durch Hämoglobin zersetzt wird.

Trägt man Wasserstoffperoxyd auf einen Blutfleck auf, beginnt er zu schäumen, und Sauerstoff steigt auf. So kann nachgewiesen werden, ob ein unbekannter Fleck Blut ist – ein wichtiger Test für Kriminalisten im vorvergangenen Jahrhundert.

Der nützliche Nebeneffekt: Da das für die rote Farbe zuständige Hämoglobin reagiert, wird dem Blutfleck so die Farbe entzogen. Der rote Blutfleck verschwindet. Verdünntes Wasserstoffperoxyd gibt es in der Apotheke – es ist aber auch in einigen Waschmitteln enthalten, oft unter dem Werbenamen »Aktiv-Sauerstoff«. Thénard hat also der »SpuSi«, der Spurensicherung, genauso einen Dienst erwiesen wie den »SpuBe«, den Spurenbeseitigern der Tatortreinigung.

Hier noch einmal die Merksätze: 1. Gegen Blut und Sperma nur kaltes, niemals heißes Wasser einsetzen. 2. Gegen geronnenes Blut helfen Enzyme oder Wasserstoffperoxyd.

Wie Sie das Geheimnis des Sinnerschen Kreises nutzen

Wer sich professionell mit Reinigung beschäftigt, lernt in seiner Ausbildung schnell den »Sinnerschen Kreis« kennen. So wird der Wirkmechanismus genannt, mit dem die einzelnen Elemente der Reinigung miteinander verbunden und koordiniert werden.

Entwickelt wurde der »Sinnersche Kreis« von dem Chemiker Herbert Sinner.

Stellen Sie sich einen Kreis vor, unterteilt in die vier Segmente »Zeit«, »Mechanik«, »Chemie« und »Temperatur«. Die »Chemie« steht für das Reinigungsmittel, die »Zeit« für die Einwirkzeit, die »Mechanik« für die Intensität, mit der geschrubbt wird, und die

»Temperatur« dafür, wie heiß das Wasser ist, mit dem das Reinigungsmittel aufgebracht wird.

Wird eines der Segmente größer, können Sie bei den anderen sparen. Zum Beispiel: Unsere Vorfahren wuschen ihre Wäsche im Fluss. Mit Chemie war da noch nichts los, und es gab nur eine Reinigungstemperatur: kalt. Diese beiden Segmente im Sinnerschen Kreis waren also klein, umso größer mussten Mechanik und Zeit sein. Uroma musste also ziemlich lange die Klamotten fest über den Stein rubbeln.

Wie hilft uns jetzt der Sinnersche Kreis bei den alltäglichen Reinigungsproblemen? Um einen idealen Reinigungserfolg zu erzielen, müssen wir die vier Faktoren aufeinander abstimmen. Wenn zu viel Chemie den Untergrund kaputt macht, müssen wir also mehr mit Mechanik arbeiten. Manchmal sitzt ein Fleck aber so fest in der Faser, dass er sich nicht mehr abrubbeln lässt.

Dann ist der Faktor Zeit oft der einzige, der sich gut ausdehnen lässt.

Das Problem dabei: Das Wasser verdunstet nach einer gewissen Zeit einfach. Die Lösung liegt jedoch in jeder Küche: Frischhaltefolie. Wasser und Reinigungsmittel in den Fleck einarbeiten. Dann den Fleck mit Frischhaltefolie bedecken, der Profi klebt das noch mit Klebeband fest. Und dann den Fleck ruhig ein paar Stunden sich selbst überlassen. So trocknet das Wasser nicht weg, das Reinigungsmittel kann viel länger auf den Fleck wirken.

Wir merken uns: Bei hartnäckigen Flecken die einzelnen Segmente des »Sinnerschen Kreises« variieren. Die Einwirkzeit lässt sich durch Frischhaltefolie verlängern.

Wie Sie Omas Hausmittel nutzen

Bei allen Vorteilen der Chemie, die Hausmittel, die schon Ihre Oma benutzt hat, sind meist die besten. Seit Generation erprobt, verfeinert, perfektioniert.

Fleck	Lösung
Kalkflecken im Bad	Essig
Apfelsine	Glycerin
Aufkleberreste	Haarspray, mit Föhn heiß machen, oder Speiseöl
Cola	Shampoo
Deoflecken	Essig
Grasflecken	Backpulver
Jodflecken	Kartoffel
Kaugummi	einfrieren, dann abkratzen
Kugelschreiber	Haarspray
Rostflecken	kochender Zitronensaft
Rotwein	in Milch einweichen
Schokolade	Salmiakgeist
Schweißflecken	Essig
Tee	Gallseife
Urin	Zitronensaft
Wachs	föhnen, dann mit Löschpapier aufsaugen
Wachsmalstift	Olivenöl

Wie Sie Ihre Wohnung auf den Tod vorbereiten

Warme Temperaturen mag der Tatortreiniger zumindest beruflich nicht. Denn je wärmer es ist, desto schneller setzt die gefürchtete Verwesung ein.

Nach einigen Stunden geht es am Bauch des Toten los. Die Darmbakterien zersetzen das Hämoglobin im Blut, es färbt sich in den Adern und Arterien grünlich. Dadurch bekommt der Leichnam, vom Unterleib ausgehend, eine marmorartige Maserung.

Durch den Stoffwechsel der Bakterien entstehen Gase. Blasen beginnen sich zu bilden, auf der Haut, auf der Zunge, im Mund. Nach und nach quillt der Körper auf. Aus Mund und Nase werden Körperflüssigkeiten herausgepresst.

Jetzt sind die Fliegen meist schon da. Zum Leichenschmaus, der vor der Beerdigung stattfindet. Nach einer Woche beginnt sich der Körper zu verflüssigen.

Und diese Leichenflüssigkeit ist das größte Problem des Tatortreinigers. Und damit möglicherweise auch für Ihre Erben.

Denn die Wahrscheinlichkeit, dass Sie irgendwann mal in der eigenen Wohnung sterben, wie es sich die meisten Menschen wünschen, ist durchaus hoch.

Die Sterbeort-Statistik

Im Krankenhaus	44 Prozent
In der eigenen Wohnung	37 Prozent
Im Altenheim	13 Prozent
In einer fremden Wohnung	3 Prozent
An sonstigen Orten	3 Prozent

Wenn der Sterbeort die eigene Wohnung ist und etwas Zeit vergeht, bis Sie gefunden werden, kann es durchaus sein, dass Ihre Verwandtschaft nicht mehr viel Freude mit der geerbten Immobilie hat.

Um zu verdeutlichen, was ein Toter im Sommer bedeutet, hier ein Beispiel aus der Praxis. Berlin, vor einem Jahr: Mein Telefon klingelte, der Kunde am anderen Ende der Leitung warnte mich netterweise vor: »Der liegt schon etwas länger.«

»Etwas länger« ist die Umschreibung der Hausverwaltungen, dass die Verflüssigung des Körpers schon eingesetzt hat.

Ich habe dann erst einmal eine Stulle gegessen, da ich ahnte, dass ich den Appetit verlieren würde. Die Wurst davor ist immer besser als die Wurst danach.

Vielleicht haben Sie schon mal vergessen, vor dem Urlaub den Müll rauszubringen. Addieren Sie in Gedanken dazu, dass die Menge der Mülltonne kein Zehntel des Gewichts eines erwachsenen Mannes ausmacht. Dann haben Sie einen ungefähren Eindruck davon, wie es riecht. Aber Sie sind noch nicht ganz da. Denn der Tod hat einen eigenen Geruch. Er wird allgemein mit süßlich beschrieben, es riecht bedrohlich – ein ständiges Warnsignal, doch besser abzuhauen.

Am Einsatzort, einem Altbau in Berlin Wedding, holte mich der Hausmeister an der Haustür ab. Er führte mich zur Wohnung, das Polizeisiegel war schon gebrochen. Die Wohnung war klein, vielleicht 50 Quadratmeter. In der Mitte des Wohnzimmers stand bereits ein Ozongenerator, der gegen den Gestank arbeitete – ohne allzu viel Erfolg. Die Geräte teilen Sauerstoffmoleküle in ihre Atome, die sich zu Ozonmolekülen zusammenfügen. Ozon ist ein instabiles giftiges Reizgas, welches beim Zusammentreffen mit Schmutz, Keimen, Bakterien sein drittes Sauerstoffatom abgibt und sich dabei zu Sauerstoff zurückverwandelt. Bei diesem Vorgang werden die Keime zerstört. Wenn die Ozonmoleküle zerfallen, bleibt gereinigter Sauerstoff zurück.

Ich schaute mich in der Wohnung um. Großer Fernseher, DVD-Sammlung, alles gut eingerichtet, aber hier lebte wohl ein alleinstehender Mann. »Ich hatte mir schon überlegt, ob ich den Fernseher gebrauchen kann und welche DVDs, aber dann hat sich doch noch ein Erbe gemeldet«, sagte der Hausmeister zu mir.

Über manche Reaktionen kann ich mich immer wieder wundern. Wie wenig es die Leute doch schert, wenn jemand für immer gegangen ist. Manchmal läuft man durch ein Treppenhaus zum Einsatzort, und das Erste, was einem die Nachbarn sagen, ist: »Gut, dass Sie da sind, der Gestank war nicht mehr auszuhalten.«

»Er ist im Bad«, sagte der Hausmeister.

Ich ging ins Bad, ein winziger, fensterloser Raum. Der Boden war mit einer etwa einen Zentimeter dicken Schicht bedeckt. Erst nach ein paar Sekunden wurde mir klar: Die Schicht ist der Tote. Die Bestatter konnten für den Gerichtsmediziner nicht viel mitgenommen haben. Denn das meiste des Bewohners hatte sich im ganzen Bad verteilt. Er war quasi unter die Toilette geflossen.

Die Bedingungen für so eine extreme Verflüssigung waren ideal: Es war Sommer, seit Wochen sehr warm. Die Badezimmertür war geschlossen gewesen, der Raum hatte kein Fenster. Und der Boden war naturgemäß gefliest. Die Flüssigkeit konnte den Raum nicht verlassen.

Wäre der Mann in einem belüfteten Raum gestorben, hätten die Polizisten einen ausgetrockneten Leichnam vorgefunden. Der leichte Windhauch hätte die Leichenflüssigkeit weggetrocknet. Er hätte ausgesehen wie eine Mumie. In diesem Fall aber hatte er sich wie eine Kruste über den Badezimmerboden gelegt.

Ich entfernte ihn mit einem Schaber, mit dem man sonst Eis und Schnee oder Teppichreste abschabt.

Der Vermieter hatte großes Glück, dass der Mann im Bad gestorben war. Wäre er im Wohnzimmer gestorben, wären umfangreiche Renovierungskosten angefallen.

Das Problem sind die modernen Teppichkleber. Früher wurden Teppiche mit einem gelblichen, gummiartigen, lösungsmittelhaltigen Leim großflächig verklebt. Wenn der Teppich entfernt werden musste, war das ein riesiger Aufwand, das Zeug war kaum vom Boden abzukriegen. Heute werden Klebstoffe verwendet, die wasserlöslich sind. Gut, wenn man den Teppich austauschen will.

Aber schlecht, sehr schlecht für den Tatortreiniger.

Der alte Leim bildete eine Schutzschicht, durch die die Leichenflüssigkeit nicht durchsickerte, den neuen Leim hingegen löst die Leichenflüssigkeit mit der Zeit einfach auf.

Der Tote fließt also langsam in den Estrich. Und da bleibt er drinnen. Es ist unmöglich, ihn da wieder rauszubekommen. Dem Gestank kommt man auch mit den schärfsten Reinigungsmitteln nicht bei.

Es bleibt eigentlich nur eine seriöse Möglichkeit, nämlich den Estrich komplett rauszustemmen und zu entsorgen.

Die unschönere Methode ist, den Estrich zu versiegeln. Verkürzt gesprochen: Opa bleibt im Estrich. Aber er kann nicht mehr ins Zimmer dünsten, der Geruch bleibt weg.

Die meisten Menschen greifen zur ersten Methode, weil ihnen die Vorstellung, dass Opa im Estrich bleibt, unangenehm ist. Aber manch ein Vermieter wählt lieber die kostengünstigere Versiegelungsmethode.

Wahrscheinlich haben Sie sich schon mal Gedanken über altersgerechtes Wohnen gemacht. Denken Sie, das meine ich ernst, noch einen Schritt weiter. An sterbensgerechtes Wohnen. Greifen Sie doch besser zu einem wasserunlöslichen Teppichkleber. Oder verlegen Sie gleich einen PVC-Boden, der die Leichenflüssigkeit nicht durchlässt. Zumindest im Schlafzimmer, denn dort werden Sie wahrscheinlich sterben.

Wie Sie Ungeziefer loswerden

Die Insekten, die sich an einer Leiche einfinden, kommen immer in einer ganz bestimmten Reihenfolge. Zuerst kommen die Schmeißfliegen, die den Tod über weite Strecken wittern. Ihre Maden nehmen sich des größten Teils der Leiche an. Nach und nach kommen weitere Fliegenarten. Zuletzt kommen Käfer, die sind langsamer unterwegs, aber dafür anders als Fliegenlarven in der Lage, auch Haut- und Knorpelreste zu vertilgen.

Nicht jede Leiche wird jedoch von Ungeziefer befallen. Ein durch Zugluft ausgetrockneter Leichnam wird beispielsweise nicht von Fliegen bevölkert. Bei einem Menschen, der im Bett gestorben ist, finden sich oft auch weniger Maden. Der Körper ist durch die Bettdecke abgedeckt, die Fliegen riechen den Leichnam nicht so weit.

Normalerweise haben Sie eher selten mit auf Leichen herumkrabbelndem Ungeziefer zu tun – ganz aus dem Weg gehen können Sie ihm allerdings nicht. Aber jetzt übertragen wir das Wissen über die Vorlieben von Insekten, auch wenn es pietätlos klingt, mal von der Leiche auf die Biotonne. Den Ort, an dem wir normalerweise mit Maden konfrontiert sind. Damit Sie wissen, wie Sie die Plagegeister loswerden.

- Ungeziefer mag es warm. Die Biotonne sollte also an einem möglichst kühlen, zugigen Ort aufgestellt werden.
- Ungeziefer braucht Feuchtigkeit. Versuchen Sie möglichst viel in die Biotonne zu bringen, was Feuchtigkeit bindet. Also beispielsweise immer mal wieder eine Lage Zeitungspapier.
- Ungeziefer braucht tierisches Eiweiß. Die Kartoffelschalen sorgen nicht für eine Madenplage in der Biotonne. Sondern Reste vom Steak, abgelaufene Wurst oder Fisch. Das sollte also niemals obenauf liegen. Zumindest im Sommer ist es noch besser, Sie verpacken Fleischreste luftdicht in eine Plastiktüte und entsorgen sie über den Hausmüll
- Fliegen orientieren sich am Geruch. Streichen Sie den Rand der Biotonne mal mit einer stark riechenden Substanz ein, beispielsweise Hustenmittel, mit dem man sich Brust und Rücken einreibt. Die Fliegen werden die Tonne Ihres Nachbarn bevorzugen.

Wie Sie auf einer öffentlichen Toilette überleben

Ich habe mittlerweile einen regelrechten Waschzwang entwickelt. Viele Krankheitserreger leben im Leichnam noch einige Zeit weiter, beispielsweise HIV oder Hepatitis.

Einen Tatort betreten mein Team und ich nur mit entsprechender Ganzkörper-Schutzausrüstung. Das Betreten des Tatorts wird »Einschleusen« genannt. Wir legen zunächst eine Desinfektionsmatte aus. Dann ziehen wir den Anzug und Einmalhandschuhe an. Beim Verlassen des Tatorts, dem »Ausschleusen«, ziehen wir die Schutzkleidung wieder aus.

Es gibt einen Ort, an dem man sich auch im Alltag einen Schutzanzug wünscht. Öffentliche Toiletten. Egal, ob im feinen Restaurant oder in der Autobahnraststätte – so richtig wohl fühlt sich hier niemand. So kommen Sie da hygienisch durch:

1. Fassen Sie niemals den Türgriff an!

Es hat schon einen Grund, warum wir immer Handschuhe tragen. Das Wichtigste ist, keine Bakterien an die Hände zu bekommen. Denn unwillkürlich fasst man sich immer wieder ins Gesicht und an den Mund. Die Krankheitserreger können so auf direktem Weg in den Körper gelangen. Auf Türgriffen in öffentlichen Toiletten lauern jede Menge Bakterien. Merke: Nicht jeder wäscht sich die Hände nach dem Geschäft, auf Männertoiletten soll es sogar nur die Minderheit tun. Türen, die sich mit den Füßen öffnen lassen, möglichst auftreten. Ansonsten den Türgriff mit dem Ellenbogen herunterdrücken.

2. Setzen Sie sich einfach hin!

Es gibt die schönsten Techniken, wie man keinen Kontakt mit der Klobrille bekommt. Manche legen ringsherum Toilettenpapier aus. Unnötig. Die Bakterien werden nicht durch die Haut Ihrer Oberschenkel in Ihren Körper eindringen. Wichtig ist, dass Sie nichts an die Hände bekommen. Denn von den Händen sind sie, wie schon gesagt, ganz schnell in Ihrem Mund.

3. Schließen Sie den Toilettendeckel!

Eine Grundregel, die übrigens auch zu Hause gilt: Machen Sie den Toilettendeckel zu und spülen Sie erst dann! Die Spülung wirbelt nämlich die Bakterien auf, die sich in der Schüssel nun mal sehr wohlfühlen. Da kann die Toilette noch so oft gereinigt werden, in dem feuchten Milieu siedeln sich Krankheitserreger sofort an. Wenn jetzt gespült wird und der Deckel offen ist, werden die Keime durch den gesamten Raum geschleudert.

4. Fassen Sie den Wasserhahn nicht an!

Der feucht-warme Wasserhahn ist ebenfalls ein toller Bakteriennährboden. Das gilt auch für den Seifenspender. Am besten, Sie betätigen alles nur mit einem Papiertaschentuch.

5. Richtig die Hände waschen!

Das Vorgehen bei der hygienischen Händedesinfektion lässt sich auf jedes Händewaschen übertragen. Schließlich geht es darum, dass Seife und Wasser jede Stelle der Hand erreichen.

- Reiben Sie die Handflächen aneinander.
- Reiben Sie die Handfläche an der Handoberseite der jeweils anderen Hand mit gespreizten Fingern.
- Reiben Sie die Handflächen aneinander, mit gespreizten Fingern.
- Reiben Sie die Finger in der Handfläche der jeweils anderen Hand.
- Reiben Sie den jeweils anderen Daumen in der geballten Faust.
- Reiben Sie die Fingerkuppen in der Handfläche der jeweils anderen Hand.

6. Trocknen Sie die Hände an der Hose ab!

Wenn in der Toilette ein normales Handtuch hängt, sind Sie offenbar in einer ziemlich finsteren Kaschemme. Wenn Sie sich an dem Handtuch die Hände abtrocknen, hätten Sie sich alles, was Sie bisher gemacht haben, auch einfach sparen können. Denn dieses feucht-warme Stück Stoff, in das jeder reingreift, ist ein noch besserer Bakterienhort als die Kloschüssel.

Auch diese Lüfter, mit denen man sich die Hände trocken föhnen soll, sind Wahnsinn. Da werden die Bakterien durch den ganzen Raum gepustet.

Also: Entweder sind da Einmalhandtücher aus Papier. Oder man trocknet sich am besten an der eigenen Hose ab.

7. Beim Verlassen noch einmal Konzentration!

Denn wenn Sie jetzt den Türgriff mit der Hand runterdrücken, sollten Sie umkehren und sich noch einmal die Hände waschen.

*Die Einkommensteuer hat mehr Menschen
zu Lügnern gemacht als der Teufel.*»
(Will Rogers, US-Humorist, 1879–1935)

Schummler überführen wie ein Steuerfahnder

Wie Sie Steuersünder entlarven – Wie Sie eine Razzia organisieren – Wie Sie jemanden beim Finanzamt anschwärzen – Wie man sich mit Steuertricks zum Millionär mauscheln kann – Wie Sie sich selbst beim Finanzamt anschwärzen

Er kam oft im Morgengrauen und hatte Umzugs-
kartons dabei. Wenn er wieder ging, waren die
Behälter mit Computern, Akten, Belegen und
Quittungen, Papieren und Notizblöcken gefüllt.
Manchmal nahm er auch das Familienalbum
mit oder das geheime Tagebuch. Einen ganzen
Haushalt, nein, ein ganzes Leben konnte **Herbert Scholz** mit seinen Kollegen innerhalb weniger Minuten einpacken. Nach ihrem Besuch war
nichts mehr wie vorher. 2600 Steuerfahnder,
ausgerüstet mit polizeilichen Befugnissen, ermitteln in der Bundesrepublik gegen Steuersünder. Auch der aus dem Staatsdienst ausgeschie-
dene Regierungsoberrat Scholz gehörte zu ihnen. Heute arbeitet er als Rechtsanwalt. Eigentlich heißt Scholz anders. Über seine Erfahrungen als Mitarbeiter einer Finanzdirektion will er
anonym erzählen. Zehn Jahre war er in einem
Bundesland im Westen der Republik beschäftigt. Er wollte die großen Fische aus dem Sumpf
der Steuerbetrüger angeln. Doch auch die kleinen ließ er nicht in Ruhe. Erbsenzählen nannten
das manche. Scholz bezeichnete es als Gründ-
lichkeit.

Wie Sie Steuersünder entlarven

Kennen Sie Frank Wilson? Nie gehört?

Da sind Sie nicht der Einzige.

Bestimmt kennen Sie aber Alphonse Gabriel, genannt »Al« Capone.

Der berühmteste Mafia-Boss aller Zeiten ist bis heute ein Pop-star und der ewige Pate. Vor allem aber ist er ein Mann, der ge-mordet, erpresst und betrogen hat, der das Chicago der 1920er-Jahre beherrschte. Der mit illegalen Spielhöllen, Bordellen und Alkoholschmuggel ein Vermögen machte. Und der die »Geldwä-sche« erfand, indem er sein Schwarzgeld in Waschsalons inve-stierte und damit weißwusch.

Lange Zeit war er der »Staatsfeind Nummer eins«, dem den-noch keiner etwas anhaben konnte. Der Mann, der in seinem Le-ben nur einen einzigen Scheck unterschrieben und nie ein Bank-konto eröffnet hatte, stand über dem Gesetz, war unantastbar für Polizei und Justiz.

Bis Frank Wilson kam. Der war ein akribischer Buchhalter und obsessiver Aktenfresser. Ein mutiger Strafverfolger, eine echte Spürnase. Aufrecht, integer und, wenn es sein musste, ag-gressiv und schonungslos.

Frank Wilson war der Steuerfahnder, der dafür sorgte, dass Capone am 17. Oktober 1931 zu elf Jahren Zuchthaus verurteilt wurde. Nicht wegen Mord, Betrug oder Erpressung. Nein, wegen Steuerhinterziehung.

Frank Wilson brachte einen der brutalsten Verbrecher al-ler Zeiten zu Fall. Einen gefährlichen Mann ohne Respekt vor dem Leben anderer Menschen und der Gesellschaft. Und trotz-dem hat die Geschichte Capones Widersacher vergessen. Nur ein knapper Wikipedia-Artikel verweist heute auf den mutigen Er-mittler, dazu noch ein paar Fachbücher. Viel mehr gibt es nicht. Ein wenig mehr Ruhm hätte er schon verdient, finde ich. Aber vielleicht kann man dieser Meinung nur sein, wenn man selbst Steuerfahnder ist.

Damals wie heute gibt es für unseren Beruf nur wenige Sym-pathien in der Bevölkerung. Unsere Verdienste werden schnell vergessen. Dabei sind wir Kämpfer für das Allgemeinwohl, für Sie, Ihre Frau, Ihre Kinder. Mehr als eine Milliarde Euro treiben wir Steuerfahnder pro Jahr für den Staat und das Gemeinwesen ein. Ohne dieses Geld könnten Sie nicht auf den besten Auto-bahnen der Welt fahren, Ihre Kinder in ordentliche Schulen und später auf bezahlbare Universitäten schicken. Sie könnten keine Verbrechen bei der Polizei anzeigen, in Notfällen keine Feuerwehr rufen. Sie könnten nicht ins Theater oder in die Oper gehen. Sie könnten noch nicht einmal die Klospülung betätigen. Denn ohne Steuergelder gäbe es keine funktionierende Kanalisation, an die Sie Ihre Abflussrohre anschließen könnten.

Zwar saß Capone damals nur sieben Jahre ab, seine Haftstrafe setzte seiner Herrschaft jedoch ein Ende. Als Folge einer Syphilis-Infektion entwickelte sich bei ihm ein Hirnschaden, der ihn langsam in den Wahnsinn trieb. 1945, ein Jahr vor seinem Tod, war der Intellekt des einst gefürchteten Paten auf das Niveau eines 12-Jährigen gesunken.

Capones Prozess veränderte nicht nur die Unterwelt Chicagos, sondern auch die Steuermoral eines ganzen Landes. Die Finanzbehörden wurden 1931, im Jahr des Capone-Urteils, von Selbstanzeigen reuiger Steuersünder geradezu überschwemmt. Kriminelle wie friedliebende Bürger hatten es plötzlich ganz eilig, ihre Tricksereien nachträglich offenzulegen und das dem Fiskus vorenthaltene Vermögen zu versteuern. Insgesamt kamen mehr als eine Milliarde Dollar nicht entrichteter Steuergelder zusammen – doppelt so viel wie im Jahr zuvor.

Die kriminelle Energie des Al Capone war beachtlich. Umso überraschender, dass er am Ende für ein Verbrechen verurteilt wurde, das vielen nicht als echte Straftat erscheint. Die Steuer hinters Licht führen, das macht doch jeder ein bisschen, so die weitverbreitete Annahme. Zumal man sich als Steuersünder in bester Gesellschaft befindet: Politiker, Sportler, Prominente, Konzernbosse und Topmanager betrügen den Fiskus im großen Stil. Aber auch Angestellte, Handwerker, Zahnärzte, der Nachbar und vielleicht auch Sie, lieber Leser, machen sich einen Sport daraus, bei der Steuererklärung zu tricksen. Kurzum: Bei der Steuer schummeln, das macht irgendwie jeder, die einen mehr, die anderen weniger.

Man muss sich nur einen Abend lang an den Stammtisch in einer x-beliebigen Kneipe setzen und den Gesprächen lauschen. Man wird von dem Kellner hören, der unregistriert nur ab und zu für ein paar Euro aushilft. Von der Putzfrau, die immer mal wieder kommt, weshalb sich die korrekte Anmeldung ebenfalls nicht lohnt. Von dem Mechaniker, der sich ein paar Euro dazuverdient, indem er die Autos der ganzen Siedlung lackiert. Und vom Handwerker, der das Garagentor gestrichen hat und dafür nur ein kleines Trinkgeld bar auf die Hand verlangt.

Nun könnte man sagen, dass es sich dabei doch um Lappalien handelt. Das stimmt. Darum haben viele auch kein Problem damit, ihre Schummeleien öffentlich zu machen und in der Kneipe laut auszuposaunen. Sie handeln nach dem Motto: Schaut her, so gewitzt habe ich das gierige, alles verschlingende, nimmersatte und dennoch verschwenderische Monster namens Fiskus ausgetrickst.

Wer Steuersünder finden will, muss nicht lange suchen, er muss zuhören können. Und mit offenen Augen durch den Alltag gehen. Manchmal genügt es sogar, eine Bratwurst zu kaufen.

Der Mehrwert einer Bratwurst

Nicht jede Steuerhinterziehung ist das Ergebnis krimineller Energie. Tatsächlich bietet auch der Alltag ungeahnte steuerrechtliche Fallstricke, in denen man sich verfangen kann. Um einen Steuersünder zu entlarven, muss man nicht weit gehen, eigentlich nur bis zur nächsten Imbissbude. Zum Beispiel müssen wir nur darauf achten, wie und wo die Kundschaft des Imbiss dessen Waren verzehrt. Denn steuerrechtlich macht es einen gewaltigen Unterschied, ob etwa eine »Currywurst rot-weiß« im Stehen oder im Sitzen verspeist wird. Man kann dies völlig zu Recht für Irrsinn halten, Fakt jedoch ist, dass auch diese Varianten des Wurstverzehrs Gegenstand höchstrichterlicher Entscheidungen beim Bundesfinanzhof sind.

Gibt es die Wurst auf die Hand zum Mitnehmen, sind nur sieben Prozent Mehrwertsteuer fällig. Nimmt der Gast die Wurst und setzt sich auf einen Stuhl vor dem Imbiss, werden hingegen 19 Prozent aufgeschlagen.

Nun sind die Grenzen zwischen Stehwurst und Sitzwurst fließend. Bestellt ein älterer Herr eine Wurst für den Weg, stellt nach dem ersten Bissen jedoch fest, dass es für seine Hüfte besser wäre, diese doch vor Ort im Sitzen zu verzehren, steht der Würstchenbrater vor einem buchhalterischen Problem. Er muss nämlich in seiner Registrierkasse festhalten, welchen Steuersatz er abzuführen hat, und dieser kann je nach Essgewohnheit seiner Kundschaft variieren. Kostet die Wurst beispielsweise 2,50 Euro das Stück, geht es darum, ob 16 oder 40 Cent Mehrwertsteuer abzuführen sind. Kompliziert wird es, wenn der ältere Herr nicht auf dem Stuhl vor dem Imbiss Platz nimmt, sondern erst auf der Parkbank einen Meter daneben in seine Wurst beißt. Hat er die Wurst dann mitgenommen oder vor Ort gegessen? Diese Frage muss sich der Grillmeister stellen. Denn macht er eine falsche Eingabe, betrügt er bei der Mehrwertsteuer.

Augen auf beim Handwerker!

Der Klassiker unter den Steuermauscheleien, der uns immer wieder begegnet: Sie haben einen Handwerker bestellt, der Ihnen den Abfluss reinigt, das Garagentor streicht oder Ihr Auto vor der nächsten TÜV-Prüfung checkt? Dann ist die Wahrscheinlichkeit hoch, dass sich früher oder später diese zwei Fragen stellen:

»Wie machen wir das mit der Rechnung?«, fragt der Kunde.

»Ja, brauchen Sie denn eine Rechnung?«, lautet die Gegenfrage des Handwerkers. Einigt man sich darauf, auf den Papierkram zu verzichten, dann hat der Handwerker offenbar keine Absicht, seine Einnahme zu versteuern, und betrügt damit den Fiskus. Dabei ist nicht allein der Handwerker ein Steuersünder – auch Sie selbst hängen nun mit drin, da sich bei dem illegalen Deal wohl auch für Sie Vorteile ergeben: Der Kunde spart die Mehrwertsteuer, die Leistung wird also billiger. Und der Handwerker versteuert die Einnahme nicht. Sie taucht nie in seiner Buchhaltung auf. Und was macht der Handwerker mit dem Bargeld, das in keiner Bilanz auftaucht? Beim nächsten Schweiz-Urlaub zahlt er es auf sein dortiges Nummernkonto ein. Das jedenfalls lehrt die Erfahrung. Falls Sie nun denken, das sei allein Sache des Geschäftspartners und gehe Sie nichts an, irren Sie sich. Für Sie bedeutet das Engagement eines Schwarzarbeiters ein ganz erhebliches Risiko.

Auch der Auftraggeber, der von den illegalen Machenschaften des Handwerkers weiß, begeht eine Ordnungswidrigkeit, es droht ein Bußgeld von bis zu 50 000 Euro. Haben Sie den Wunsch, auf eine Rechnung zu verzichten, selbst deutlich gemacht, könnten Sie als Mittäter dran sein. In diesem Fall drohen Ihnen bis zu zehn Jahre Freiheitsstrafe. Dafür reicht es allerdings nicht, wenn man einen kleinen Carport zusammenzimmern lässt. Da muss man schon einen Wolkenkratzer schwarz hochziehen.

Der Fuhrpark verweist auf die Steuersünde

Dass Menschen überhaupt Steuern hinterziehen, liegt daran, dass sie einen Lebensstandard wollen, den sie sich eigentlich nicht leisten können. So einfach ist das. Darum schleusen sie Geld am Finanzamt vorbei. Was man dem Fiskus nicht gibt, kann man anderweitig ausgeben. Sobald Menschen jedoch Geld haben, zeigen sie es auch. Das ist der Kapitalfehler jedes Steuerbetrügers. Passt etwa die Größe des Fuhrparks nicht zur Höhe der in der Steuererklärung ausgewiesenen Einnahmen, werden wir Fahnder misstrauisch – und wer unseren Jagdinstinkt weckt, hat so schnell keine Ruhe mehr. Mit dem dicken Schlitten vorm Haus fängt der Ärger an. Weil das liebste Spielzeug und das wichtigste Statussymbol des Deutschen das Auto ist, manifestieren sich an ihm die Vermögensverhältnisse. Die in der Garage versammelten Pferdestärken sind ein gutes Indiz für die Menge des Geldes, das zur Verfügung steht. So war es schon bei Al Capone. Der ließ sich in einer Lincoln-Limousine durch Chicago chauffieren und behauptete gleichzeitig, er verfüge über keinerlei Einkommen. Dabei galt damals wie heute: Wo Vermögen ist, muss viel versteuert werden. Nun muss ein teures Auto noch kein Anzeichen dafür sein, dass Steuern hinterzogen werden. Hellhörig werden wir jedoch, wenn der Fuhrpark rapide wächst, während der Eigentümer der Karossen fortwährend über das immer schlechter gehende Geschäft jammert.

Viele Steuersünder fliegen auf, weil sie nur geringe Einnahmen versteuern, aber gleichzeitig die Ferrari-Händler der Region zu glücklichen Menschen machen.

Die Gefahren des privaten Gewerbes

Wo Geld fließt, müssen Steuern gezahlt werden. Darum ist jedes Gewerbe für den Fiskus interessant. Wenn Drogendealer festgenommen und bei ihnen große Mengen Bargeld sichergestellt werden, ist das somit auch ein Fall für die Steuerfahndung. Denn dass der Dealer die Gewinne aus seinen Drogengeschäften in seiner Steuererklärung vermerkt hat, ist relativ unwahrscheinlich. Menschen, die sich gern etwas dazuverdienen, vergessen oft, dass auch der Staat von ihrem Geschäftssinn profitieren möchte. Wer jedes Wochenende auf dem Flohmarkt Handel im großen Stil treibt, einen beträchtlichen Teil seines Einkommens durch Ebay- oder Amazon-Verkäufe bestreitet und dabei Jahresumsätze über der Kleinunternehmergrenze von 17 500 Euro generiert, wird ein Fall für die Steuerfahndung. Wir Fahnder werden bei Durchsuchungen vermögender Steuerbetrüger daher nicht nur im Safe des Hausherrn fündig. Oft lohnt auch ein Blick in den Hobbykeller. Von dort aus verkauft die Gattin meist selbst erstellte Gemälde oder exklusive Töpferware an den nicht minder exklusiven und vermögenden Bekanntenkreis. Diese Zufallsfunde sind eine willkommene Überraschung. Denn wenn man schon ausrückt und einen Haushalt auf den Kopf stellt, sollte man auch etwas finden.

Der Neid der Nachbarn

Als Steuerfahnder bekommt man beängstigend präzise Einblicke in die Mentalität eines Volkes. Ein wesentlicher und sehr ausgeprägter Charakterzug der Deutschen ist ihr leidenschaftlich gepflegter Sozialneid. Wer unglücklicherweise ein größeres Auto fährt als der Nachbar, sollte zumindest immer freundlich und höflich grüßen. Denn hat man Neider und Feinde in der Nachbarschaft, ist jede Art von Niedertracht denkbar. Das lehrt uns die Praxis. Steuerfahnder stützen ihre Arbeit auf die Aussagen von Denunzianten und Tippgebern, oft beginnt eine Ermittlung erst, nachdem sich Zeugen gemeldet haben. Abgesehen von Informanten aus dem Familienkreis und Geschäftsbereich sind gut informierte Quellen auch hinter den Gartenzäunen angrenzender Grundstücke zu finden. Meist profitieren wir, wenn man uns in die Kriege der Reihenhaussiedlung hineinzieht.

Ich hatte kürzlich mit einer Rentnerin zu tun, die – alleinstehend und über viel Freizeit verfügend – ein Hobby der besonderen Art pflegte: Sie hatte es sich zur Aufgabe gemacht, ihren Nachbarn zu observieren. Die Frau arbeitete akribisch wie eine Ermittlerin. Sie protokollierte jede Veränderung, die an dem Haus vorgenommen wurde. Als die Handwerker kamen, machte sie Fotos von deren Fahrzeugen und überprüfte deren Firmenadressen. Sie versteckte im Garten Diktiergeräte, mit denen sie die Konversationen der ausländischen (mutmaßlich »schwarz« arbeitenden) Handwerker mitschnitt. Sie beschäftigte ein Übersetzungsbüro, das die Gespräche ins Deutsche übersetzte und transkribierte. Einen vermeintlichen Durchbruch in ihren Ermittlungen lieferten schließlich »V-Männer«, die sie in der Stammkneipe des Nachbarn mit der Aussicht auf Kaffee-und-Kuchen-Lieferungen frei Haus angeworben hatte. Die erzählten ihr, dass sich der Nachbar angetrunken über die teuren Shoppingtrips der Ehefrau in Zürich beschwert habe. Zürich? Die Schweiz! Das könne doch kein Zufall sein, erzählte mir die Frau, als sie mir die umfangreiche Ermittlungsakte überreichte und erklärte: »Machen Sie da mal Druck.« Als ich sie später nach draußen begleitete, fragte ich sie: »Warum tun Sie das?« »Weil der Flegel noch nicht mal ›Guten Tag‹ sagen kann«, antwortete die Hobby-Ermittlerin.

Tatsächlich leiteten wir Ermittlungen ein, die später in einem Verfahren gipfelten. Die Hinweise der Dame hatten dabei eine untergeordnete Rolle gespielt. Allerdings rückten sie den Mann erstmals in unseren Fokus.

Die verdächtigen Bargeldzahler

In den Grenzregionen zu Liechtenstein und der Schweiz sucht der Zoll nach großen Bargeldmengen, die in die Bundesrepublik eingeführt werden. Schwarzgeld muss bewegt werden. Auf den Nummernkonten im Ausland bringt es wenig. Um es ausgeben zu können, muss es zurückgeholt werden. Wenn jemand ein Haus, ein Auto, Luxusmöbel oder andere Waren im oberen Preissegment »cash« bezahlen will, dann riecht das nach Schwarzgeld.

Betrüger suchen immer nach Gelegenheiten, Schwarzgeld in den regulären Zahlungsverkehr einzuspeisen und so weißzuwaschen. Auch hier war Al Capones Geschäftsgebaren stilbildend: Er gilt als Erfinder der Geldwäsche, weil er das Bargeld aus seinen kriminellen Geschäften in den Automaten der Waschsalons, den sogenannten *laundromats*, verschwinden ließ. So bekam das »money laundering«, die Geldwäsche, ihren Namen.

Wer Geld wäscht, will die kriminelle Herkunft von Vermögen verschleiern. Wenn wir Steuerfahnder nach dem Ursprung von hohen Bargeldbeträgen fragen, tischen Steuersünder uns gern die Mär vom Lottogewinn, dem Sparstrumpf der Tante oder von der Glückssträhne in der Spielothek auf. Hören wir solche Geschichten, kontaktieren wir die Lottogesellschaften, deren Auskünfte bei einem Strafverfahren dann nicht mehr dem Datenschutz unterliegen. Wir klingeln bei besagter Tante und helfen dann gern bei der Suche nach weiteren Sparstrümpfen. Oder wir gehen gleich zur Spielbank, denn die muss laut Geldwäschegesetz bei Abgabe von Spielmarken im Wert von 2000 Euro ihren Kunden identifizieren. Bei der Überprüfung der Daten fällt dann schnell auf, wer zu den Siegern und wer zu den Verlierern gehört. Dennoch bleiben Kasinos und Spielbanken für Kriminelle beliebte Geldwäschereien, weil hier viel Bargeld zirkuliert. Bei jedem Spiel im Kasino steht übrigens ein Gewinner fest, lange bevor die Karten verteilt sind: der Staat. Aufgrund der hohen Spielbankenabgaben oder der Vergnügungssteuer bei Spielautomaten kassiert der Fiskus einen ordentlichen Betrag des dort gewaschenen Schwarzgelds selbst. So holt sich das Finanzamt durch die Hintertür das hinterzogene Steuergeld zurück.

Wie Sie eine Razzia organisieren

Liegen Hinweise vor, wird ermittelt. Doch gerichtlich verwertbar sind nur Beweise. Man findet diese mit einer Durchsuchung, auch Razzia genannt.

Der Mordermittler wird mit einer Tat konfrontiert und sucht den Täter. Bei uns Steuerfahndern ist es umgekehrt: Wir haben den vermeintlichen Steuerbetrüger, also den Täter, und suchen seine Tat. Sie kann sich in Akten, Urkunden, Computerfestplatten oder geheimen Schließfächern verbergen. Sie ist da, man muss sie nur finden.

Das Wort Razzia geht auf den maghrebinisch-arabischen Begriff »gãzia« zurück und steht für Beutekriegszug, Einfall oder Angriff.

Auch unseren Opfern kommen wohl zuerst diese Worte in den Sinn, wenn wir am frühen Morgen, ausgestattet mit polizeilichen Befugnissen, an und in Wohnhaus, Firma, Bank und Steuerberaterkanzlei einrücken.

Hunderte Durchsuchungen habe ich in meiner Laufbahn mitgemacht oder selbst geleitet und konnte dabei das Verhalten von Menschen unter Stress beobachten. Während Männer meist gefasst auf unseren Besuch reagierten, gingen die Aggressionen eher von den Frauen aus. Offenbar wollten die Herrinnen des Hauses das Nest vor ungebetenen Eindringlingen schützen.

Auch Sie könnten in die Verlegenheit kommen, bei Fremden, vermeintlichen Freunden oder sogar der eigenen Familie nach Verdächtigem suchen zu müssen: im Zimmer der Kinder, um Zigaretten oder Marihuana sicherzustellen. Im Vereinsheim, um nach dem verschwundenen Geld aus der Getränkekasse zu fahnden. Oder in der Wohnung des Exmannes, um vor dem Unterhaltsprozess noch Hinweise über dessen geheime Nebeneinkünfte zu sammeln (meist profitieren auch wir Fahnder vom Ermittlungseifer scheidungswilliger Ehepaare, denn bei den Privatrazzien fallen nicht selten interessante Steuerdokumente in die Hände des Feindes).

Hier meine Razzia-Tipps:

Tarnen und täuschen

Wie komme ich rein? Diese Frage muss sich der Steuerfahnder zuerst stellen. Wer mit der Autorität des Rechtsstaats anrückt, hat es einfach, denkt man. Tatsächlich müssen aber auch wir tricksen. Es gab eine Zeit, da war die Signalfarbe Orange schwer angesagt. Zwar ist der Kleidungsstil der Steuerfahnder generell eher als bieder zu beschreiben, doch Kollegen mit auffälligen Neonfarben hatten es einfacher, Zutritt zu bekommen. Sie mussten überraschend selten auf den Schlüsseldienst zurückgreifen. Kaum hatten sie geklingelt und waren von einem flüchtigen Blick aus dem Fenster gestreift worden, surrte auch schon der Türöffner, und über die Gegensprechanlage hieß es: »Endlich kommt die Müllabfuhr. Die Tonne quillt ja schon über.«

Mein Tipp: Ziehen Sie sich passend an. Auch Briefträger-Gelb kann helfen.

Timing ist alles!

Das Anwesen des Großindustriellen war so prunkvoll geschmückt wie ein Schloss und so schwer gesichert wie eine Festung. Wir rätselten lange, wie wir uns schnell Zutritt verschaffen könnten. Am Tag des Einsatzes fanden wir zu unserer Überraschung das Haupttor offen, und eine rege Geschäftigkeit entfaltete sich rund um das Haus. Handwerker kamen und gingen, ein Partyservice baute ein Büfett auf, und der Gärtner nahm letzte Korrekturen an den blickdichten Hecken vor. So schlichen wir Steuerfahnder ohne großes Aufsehen einfach mit hinein, bis wir den Herrn des Hauses antrafen. Wir stellten uns vor und zeigten dem Mann unseren Durchsuchungsbeschluss. Dem Industriepatriarchen stockte der Atem. Sein Vater feiere morgen seinen 100. Geburtstag, erklärte er. Er stecke mitten in den Vorbereitungen zu einer wichtigen Familienfeier. Er könne nun nicht weg. Erst recht nicht in den Knast. Wie sähe das denn aus. »Nun, es liegt ganz an Ihnen, wie diese Sache ausgeht«, sagte ich mit ernster Miene. Der Mann bat uns in einen Nebenraum und legte sofort ein umfassendes Geständnis ab. Innerhalb weniger Minuten – und ohne seinen Anwalt zu kontaktieren – hatten wir die Sache »rund«, wie es im Fahnderjargon heißt. Am folgenden Tag hatten auch wir Grund zum Anstoßen: Wir hatten mit geringstem Aufwand einen Steuerbetrug in Millionenhöhe entlarvt.

Mein Tipp: Wählen Sie für die Durchsuchung einen Termin, der dem Verdächtigen maximal ungelegen kommt.

Das Gegenüber einschätzen

Der Überraschungseffekt ist Trumpf. Es ist ein sensibler, fast intimer Moment, wenn wir einen Verdächtigen mit einer Razzia überraschen und ihm erklären, dass wir in seinen Lebensbereich eindringen und diesen durchwühlen und auf den Kopf stellen werden. Auf den ersten Blick ein ungleiches Duell: Hier der ausgeschlafene Fahnder und seine Gehilfen, dort der überrumpelte Verdächtige in Pantoffeln und Bademantel. In diesen Momenten kann alles passieren. Vieles hängt davon ab, welcher Art von Verdächtigem man gegenübersteht. Jeder reagiert anders auf das Eindringen Fremder in den privaten Lebensbereich. Folgenden Typen begegnen wir dabei immer wieder:

- **Der Emotionsgeladene:** Kaum haben wir uns vorgestellt, rennt er in sein Arbeitszimmer und beginnt, theatralisch Seiten aus Ordnern zu reißen und sich diese in den Mund zu stopfen. Er macht eine Szene. Er ist wütend. Er weint. Es empfiehlt sich, zwei Beamte abzustellen, die sich nur um ihn und seine verletzte Seele kümmern.
- **Der Psychopath:** Er bittet uns freundlich herein. Wortlos lässt er die Prozedur der Durchsuchung über sich ergehen und kooperiert, falls nötig, händigt uns den Kellerschlüssel aus oder nennt uns den Tresorcode. Manchmal kommt er dem Fahnder ganz nahe, so nahe, dass seine Lippen fast das Ohr berühren, und flüstert einen Satz wie: »Macht es Sie eigentlich an, ein fremdes Leben zu zerstören?«

- **Der Reuige:** Er hat uns bereits erwartet, begrüßt uns mit Handschlag und muss sich beherrschen, uns nicht auch noch um den Hals zu fallen. Er sieht in uns die Erlöser, denn wir bieten ihm einen Fluchtweg aus dem Labyrinth der Lügen. Dafür liebt er uns. Er wird umfassend gestehen. Auch er wird weinen. Vor Erleichterung.
- **Der Unschuldige:** Er hat sich nicht viel zuschulden kommen lassen, nur hier und da ein wenig getrickst. Meist kommen wir zu ihm, weil wir einem Hinweis nachgehen und es Indizien gibt. Sonst bekämen wir ja keinen Durchsuchungsbeschluss. Nun sieht sich der Verdächtige unerwartet der vollen Härte der Strafverfolgung ausgesetzt. Mit den Jahren entwickelt man ein Gefühl, wo es etwas zu finden gibt und wo nicht. Wir Steuerfahnder sind wie Trüffelschweine. Wir wissen, wann es sich zu wühlen lohnt – und wann nicht.

Mein Tipp: Sie sollten eine Vorstellung haben, auf wen Sie treffen werden, bevor Sie sich in das Abenteuer Razzia stürzen. Wenn der Verdächtige mit dem konkreten Verdacht konfrontiert wird, lässt sich aus seiner Reaktion einiges schlussfolgern. Dann bekommen Sie ein Gefühl dafür, wo es sich zu suchen lohnt, wem Sie einen Schock fürs Leben bereiten – und wer Sie bereits voller Schuldbewusstsein erwartet hat.

Geheimhaltung ist alles

Gute Kontakte und die daraus resultierenden Informationen sind in allen Lebenslagen wichtig. Unverzichtbar sind diese jedoch, wenn man etwas ausgefressen hat. Bei Durchsuchungen gibt es die Möglichkeit, einen Zeugen zu berufen, der die Rechtmäßigkeit der Maßnahme als neutraler Beobachter überwacht. Auch für uns Fahnder ist das ein probates Mittel, so kann sich anschließend keiner beschweren, wir hätten uns nicht korrekt verhalten. Oft gehören Durchsuchungszeugen lokalen Behörden an, und je kleiner der Ort, desto größer die Gefahr, dass der Termin einer bevorstehenden Razzia zu dem Verdächtigen durchsickert. Die harmlos klingende Frage »Wo geht's denn hin?« des neutralen Zeugen kann die ganze Aktion gefährden. Ich informiere Zeugen daher erst über Adressen und Zielpersonen, wenn sie zu mir ins Auto steigen. Sonst ist die Überraschung dahin, und der Verdächtige hat Zeit, Akten, Dokumente oder sonstige Beweise zu vernichten. Oder er ist mit einer hastigen Selbstanzeige beim Finanzamt der Durchsuchung zuvorgekommen. Auch das ist sehr ärgerlich. Und selbst den Kollegen sollte man nicht blind vertrauen, denn auch unter Steuerfahndern herrschen Rivalitäten. Niemand arbeitet gern für den anderen. Wer das geheime Papier mit den Nummernkontoauszügen findet, wird das bestimmt nicht unbedingt beim Chef abliefern, sondern es für seine eigene Karriere nutzen. Zumindest wenn er schlau ist. Und schlau sind die meisten von uns.

Mein Tipp: Vertrauen Sie niemandem außer sich selbst.

Taktisch vorgehen

Um Beweise zu sichern, müssen wir erst einmal verhindern, dass diese in höchster Not vernichtet werden. Nicht selten hörten wir die Klospülung rauschen, kaum dass wir geklingelt hatten. Darum versperren wir – falls der Verdächtige anwesend ist – Flucht- und Entsorgungswege. Das gehört zur Taktik. Wir lassen den Verdächtigen nicht aus den Augen. Es gibt unzählige Verstecke in einem Objekt, daher ist es sinnvoll, gezielt und planvoll zu suchen. Es kommt eher selten vor, dass wir eine Einbauküche zerlegen, weil wir hinter dem Kühlschrank ein geheimes Schließfach vermuten – auch wenn bei uns Steuerfahndern in so einem Fall die Amtshaftung einspringt.

Mein Tipp: Durchsuchen Sie nur, wenn Sie eine Vorstellung haben, wo die Beweise versteckt sein könnten und was Sie finden wollen.

Wie Sie jemanden beim Finanzamt anschwärzen

Es kommt nicht oft vor, dass man uns Steuerfahndern dankbar ist. Erst recht nicht die »Opfer«.

Entsprechend überrascht war ich an jenem Nachmittag, als ein Unternehmer, der zuvor wegen meiner Ermittlungen zu einer Steuernachzahlung von mehreren Hunderttausend Euro verurteilt worden war, in meinem Büro erschien. Ich war zunächst etwas nervös: Würde der Mann sich auf mich stürzen? Wollte er Rache nehmen? Wer hatte ihn vorgelassen?

Dabei schien der Mann nicht wütend, sein Blick wirkte müde und leer. Er reichte mir die Hand und erklärte trocken: »Herr Regierungsoberrat Scholz, ich wollte mich bei Ihnen bedanken. Sie haben mir die Augen geöffnet: Ohne Sie hätte ich niemals erfahren, wie wohlhabend ich wirklich bin. Und was für eine boshafte Frau ich geheiratet habe.«

Etwa ein Jahr zuvor hatte an gleicher Stelle die Frau des Unternehmers Platz genommen und sich in ganz anderer Stimmung präsentiert: Aus ihrer Wut, nein, aus ihrem Hass machte sie kein Geheimnis. Auch nicht aus der Steuerhinterziehung im großem Stil, die sie jahrelang für ihren Mann organisiert hatte. Der Unternehmer, der einen Handwerksbetrieb leitete, war ein Macher, kein Mann der Zahlen. Wie bei Handwerksbetrieben üblich, kümmerte sich der Mann um die Aufträge und die Frau um die Buchhaltung. Jeden Tag rückte er morgens auf die Baustellen aus, machte seinen Job und kam abends wieder heim. Die Rechnungen schrieb die Frau, und sie zählte auch das Geld. Der Betrieb florierte, doch der Chef des Ladens bekam davon nichts mit. Geld war immer genug da. Alles andere regelte die Frau.

Der Erfolg der Firma war nicht nur seiner Tüchtigkeit allein zu verdanken: Als gewiefte (und skrupellose) Buchhalterin schaffte die Frau die Gewinne auf Schwarzkonten im Ausland.

Vielleicht wäre nie etwas aufgefallen. Wäre da nicht die junge Schützenkönigin ins Leben des Handwerkers getreten. Es entwickelte sich eine Affäre. Bald erklärte der Unternehmer seiner Ehefrau und Buchhalterin, dass er sowohl die Privat- als auch die Geschäftsbeziehung für beendet erachte.

Wenige Tage nachdem der Mann mit seiner jungen Freundin durchgebrannt war, bekam ich einen Anruf. Die verlassene Ehefrau sagte, sie wolle eine Anzeige machen. Noch am selben Tag vereinbarten wir einen Termin. Betrogene Ehefrauen bezeichnen wir Fahnder als »De-Luxe-Quelle«. Ihre Informationen müssen schnell gesichert werden – bevor der Mann reumütig in den Schoß der Familie zurückkehrt und die Frau sich alles anders überlegt.

Eine Trennung ist für Steuersünder der Super-GAU. Betrogene, verlassene oder auf andere Art enttäuschte Ehefrauen sind die verlässlichsten und fleißigsten freien Mitarbeiterinnen jedes Steuerfahnders. Auch dem geschassten Arbeitnehmer, dem betrogenen Geschäftspartner oder dem kriminellen Erpresser, der CDs mit Steuersünderdaten verkauft, hören wir zu, wenn sie Insiderwissen preisgeben. Allerdings denken diese Quellen rationaler. Ihre Lust an der irrationalen Rache ist schnell befriedigt.

Nicht so bei den Expartnern. Sie wollen kein Geld. Sie wollen vernichten. Ohne Rücksicht auf Verluste. Ich übertreibe nicht. Ich habe ich es zu oft erlebt.

Es hat mich immer gewundert, dass verlassene Ehepartner auf den eigenen finanziellen Vorteil pfeifen. Schließlich geht es ja oft um das gemeinsam angehäufte Vermögen, um das bei einer Scheidung gestritten wird. Doch auch das schienen die Verlassenen vernichten zu wollen.

Bedenkt man die Komplexität des deutschen Steuerrechts, so gehört das Anschwärzen eines Steuersünders zum einfachsten Service, den ein Finanzamt anbieten kann.

Wie kann ich anschwärzen?

Sie wollen uns Hinweise auf einen Fall von Steuerbetrug geben? Dann rufen Sie uns an, die Finanzämter haben spezielle Hotlines eingerichtet. Auch stehen Formulare zum Download zur Verfügung. Sie sind einfach und schnell auszufüllen, im Gegensatz zu Ihrer Steuererklärung. Die Anzeige kann aber auch formlos erstellt werden. Oder schauen Sie persönlich bei uns vorbei. Wir freuen uns auf Ihren Besuch.

Wofür kann ich jemanden anschwärzen?

In § 370 Abgabenordnung (AO) heißt es: »Mit Freiheitsstrafe bis zu fünf Jahren oder mit Geldstrafe wird bestraft, wer

1. Finanzbehörden oder anderen Behörden über steuerlich erhebliche Tatsachen unrichtige oder unvollständige Angaben macht,
2. die Finanzbehörden pflichtwidrig über steuerlich erhebliche Tatsachen in Unkenntnis lässt oder
3. pflichtwidrig die Verwendung von Steuerzeichen oder Steuerstemplern unterlässt und dadurch Steuern verkürzt oder für sich oder einen anderen nicht gerechtfertigte Steuervorteile erlangt.«

Das ist der Steuerhinterziehungsparagraf. Um eine Anzeige zu erstatten, sind nun folgende Angaben wichtig:

Wer hat hinterzogen? Name und Anschrift der an der Hinterziehung beteiligten Personen müssen angegeben werden.

Wodurch wurden Steuern hinterzogen? Schildern Sie den Sachverhalt genau. Wann wurde hinterzogen? Geben Sie den Zeitraum an. Welche Zeugen oder Beweismittel können Sie angeben? Welche Unterlagen können Sie zur Verfügung stellen? Je präziser diese Angaben sind, desto schneller kann ermittelt werden. Also geben Sie sich Mühe.

Eine Steuerhinterziehung (oder der Versuch) setzt voraus, dass eine falsche Steuererklärung abgegeben wurde oder die Abgabefrist abgelaufen ist.

Vorher kann es noch nicht zu einer Tat gekommen sein. Dies bedeutet, dass wir für Sachverhalte des laufenden Jahres normalerweise noch nicht ermitteln. Zeigen Sie also den Betrug an, der länger als ein Jahr, aber nicht mehr als zehn Jahre zurückliegt. Bei allem Eifer: Wissentlich falsche Anschuldigungen können als falsche Verdächtigung verfolgt werden.

Kann ich anonym anschwärzen?

Ja. Die Rechtsprechung hat wiederholt entschieden, dass der Name eines Anzeigerstatters durch das Steuergeheimnis geschützt ist. Eine aufgrund der Anzeige strafrechtlich verfolgte Person hat jedoch unter Umständen Anspruch auf die Bekanntgabe des Namens, wenn sich die Anzeige später als gänzlich unzutreffend herausstellen sollte.

Übrigens: Der Handwerker, der mir am Ende persönlich für meine Ermittlungen gegen ihn gedankt hatte, musste eine halbe Million Euro Steuern nachzahlen. Doch ohne die buchhalterische Unterstützung seiner Frau war er dazu kaum in der Lage. Auch die Schützenkönigin konnte nicht helfen. Die hatte sich beim nächsten Dorffest schon einen neuen Prinzen geangelt.

Es war ein tragischer Fall: Vorbestraft und ohne Kompetenz, sein Unternehmen betriebswirtschaftlich zu führen, stand der Handwerker vor dem Ruin.

Seine wütende und bald geschiedene Exfrau, die jahrelang in seinem Namen Steuern hinterzogen hatte, kam dank ihrer strafbefreienden Selbstanzeige ohne Schaden davon. Ihr Exmann tat mir leid.

Wie man sich mit Steuertricks zum Millionär mauscheln kann

Viele werden sich für dieses Kapitel interessieren, weil sie selbst auch schon mal bei der Steuererklärung getrickst haben. Vielleicht haben sie das romantische Dinner mit der neuen Nachbarin als Geschäftsessen deklariert. Oder die Zinsen des Auslandskontos vergessen. Oder die Illustrierte der Frau seit Jahren als Informationsmaterial abgesetzt. Manche lächeln vielleicht nur müde über solche Mauscheleien – weil ihre eigenen Tricksereien viel ausgefeilter und kreativer sind.

Der Betrüger stellt sich immer dieselbe Frage: Wie hoch ist das Risiko, dass meine Tricks überhaupt auffallen?

Die Antwort lautet: Kommt darauf an.

Ein Komplize des Steuerschummlers ist ironischerweise der Staat selbst: 200 Gesetze und fast 100 000 Verordnungen umfasst das deutsche Steuerrecht. Es ist so komplex, dass selbst Finanzbeamte ihre Schwierigkeiten haben, sich durch diesen Paragrafendschungel zu wühlen.

Hinzu kommt, dass Steuerbeamte überlastet sind, gleichzeitig strenge Quoten erfüllen müssen und somit enorm unter Zeitdruck stehen. Sie haben keine Zeit, jeder Schummelei nachzugehen. Ein Finanzbeamter wird nur in wenigen Fällen die für das Geschäftsessen zurückgelegten Kilometer nachrechnen, wenn ihm die Angaben in der Steuererklärung stimmig erscheinen. Das sagen mir meine Kollegen, und ich weiß es auch aus eigener Erfahrung.

Zudem wird bei manchen Behörden offiziell die sogenannte Schnellbearbeitung praktiziert. Beamten spotten dann über »Durchwinktage« oder »Grüne Wochen«. Glück hat, wer in kleinem Stil schummelt: Denn bei Werbungskosten bis 2500 Euro und Spenden bis 1000 Euro werden bei überlasteten Ämtern keine Belege verlangt. Das heißt im Klartext: Wer bis zu diesen Beträgen den Staat betrügt, muss sich nicht sorgen, dass er auffliegt.

Eine genauere Prüfung der Steuerunterlagen kann man schon vermeiden, indem man den richtigen Steuerberater wählt. Steuerbeamte wissen genau, welche Berater wie arbeiten – und bei welchen es immer lohnt, genauer hinzuschauen. Auch sollte man die Steuerspartricks, die kurz vor den Abgabefristen in Zeitungen nachzulesen sind, eher vermeiden. Finanzbeamte haben großen Spaß daran, genau diese Tricks besonders unter die Lupe zu nehmen. Weil es ihnen Freude macht, jene zu überführen, die sich für besonders schlau halten.

Wer viel Geld hat, so glaubt man, muss auch viele Steuern zahlen. Tatsächlich aber hat der Vermögende viel mehr Möglichkeiten, bei der Steuer zu tricksen, als der gemeine Angestellte. Dem wird die Steuer ja schon vom Lohn abgezogen, lange bevor er sich ein paar Kröten mit der Steuererklärung zurückholen kann.

Die Reichen unter den Wohlhabenden können es sich sogar leisten, das Geld für sich arbeiten zu lassen. So bleibt ihnen viel Zeit, um sich stets neue Tricks und Schummeleien zu überlegen, mit denen sie kleine und große Betrügereien organisieren können.

Es ist ein ungleiches Spiel: Ein Finanzbeamter beschäftigt sich mit der Steuererklärung eines Millionärs mit mehreren Anlagen weniger als einen halben Arbeitstag. Nicht viel, wenn man bedenkt, dass steuerschummelnde Besserverdiener das ganze Jahr über Zeit haben, um über die Vermehrung ihres Vermögens nachzudenken. Ob und wie Bürger den Fiskus betrügen, hängt von der kriminellen Energie ab, die sie in sich spüren und aktivieren können und wollen.

Habgier und Profitsucht genügen, um Millionen zu verdienen, aber nicht, um Millionen zu hinterziehen.

Die besten Steuerfahnder sind übrigens jene, die selbst wie Kriminelle denken. Steuerhinterzieher sollten uns daher niemals unterschätzen. Wir kennen die schmutzigen Tricks aus der Praxis – wir würden sie wohl selbst anwenden, hätten wir uns nicht für die gute Seite entschieden.

Hier eine Auswahl an »Dirty Tricks«, mit denen Steuerhinterzieher uns Fahnder, den Fiskus und alle ehrlichen Steuerzahler betrügen wollen – und mit denen manche sogar zu Millionären wurden. Wie zum Beispiel der Held der folgenden Geschichte: der fiktive Herr Raffke.

Der Rechnungs-Trick

Neulich im Elektromarkt: Herr Raffke kennt den Kassierer, der ihm die Rechnung für den neuen Computer ausstellt. Und da liegt die Abmachung nahe, dass man auf der Rechnung die Ware als »Firmen-PC« deklariert, dabei wird der schicke Laptop die Tochter erfreuen. Dazu soll das verwöhnte Kind zum Abitur mit einem neuen Motorroller belohnt werden. Zum Glück ist der Autohändler, der auf die Rechnung »Autoservice« schreibt, ein guter Bekannter. So wird der verschenkte Roller in der Steuererklärung zur Betriebsausgabe und mindert die Steuerlast. Schon klar, was später mit den Tankquittungen der Tochter passiert?

Risiko: Gering, solange plausibel zu begründen. Wer aber einfach alles von der Steuer absetzt, läuft Gefahr, dass sämtliche Posten hinterfragt werden.

Der Eigenheimausbau-Trick

Mit seinen Rechnungsmauscheleien hat Herr Raffke einiges an Steuern gespart. Nun will er investieren. Und zwar in sein Eigenheim. Jetzt ist Kreativität gefragt. Es geht darum, Privates als Geschäftliches zu tarnen, um so die Betriebskosten hochzutreiben und die Steuerlast zu mindern. Herr Raffke entscheidet sich, den neuen Balkon, der an das Arbeitszimmer grenzt, voll von der Steuer abzusetzen. Denn hier will er künftig seine Kunden empfangen. Zumindest sagt er das dem Finanzamt.

Risiko: Kommt auf den Sachbearbeiter an. Ein besonders eifriger Kollege wollte es einmal ganz genau wissen, nachdem der Bau einer Terrasse als Betriebsausgabe abgesetzt worden war. Er kletterte sogar auf einen Baum, um das betreffende Anwesen überblicken zu können. So erwischte er das Ehepaar bei Kaffee und Kuchen auf der neuen Terrasse. Kein Kunde weit und breit. Das war eindeutig privat, der Schummel war aufgeflogen. Ein anderer Kollege stellte einem Pendler nach und fotografierte, wie der sein Auto am Bahnhofsparkplatz abstellte und mit der Bahn zur Arbeit fuhr. In der Steuererklärung tauchten aber nur Dienstfahrten mit dem Privat-Pkw auf. Die Verbissenheit einzelner Sachbearbeiter ist also niemals zu unterschätzen.

Der Vermieter-Trick

Herr Raffke hat nun genug Steuerlast gespart, um in eine Wohnung zu investieren. Da kommt ihm schon eine neue Idee: die schwarze Miete unter Freunden. Er hat einen alten Kumpel gefunden, dem er die Wohnung zum Vorzugspreis vermietet. Die eine Hälfte der Miete wird er Herrn Raffke überweisen, den Rest unter der Hand zahlen. So kommt jeden Monat ein schöner Betrag an unversteuertem Schwarzgeld zusammen. Um das »Einkommen aus Vermietung und Verpachtung« noch geringer zu halten, müssen nun wieder die Werbungskosten wie Zinsen und

Reparaturen in die Höhe getrieben werden. Zum Glück gibt es immer etwas zu tun. Kein Wunder also, dass bei Immobilienmillionären, die einen Großteil ihres Vermögens aus Vermietung und Verpachtung beziehen, den Einnahmen immens hohe Kosten gegenüberstehen. Und bei der Finanzierung dieser Reparaturen kommt immer ein Kredit gelegen, dessen Zinsen steuerlich geltend gemacht werden können.

Risiko: Gering. Dass ein Finanzbeamter die steuerrechtlichen Feinheiten aus der Verlustrechnung herausarbeitet, ist unwahrscheinlich. Damit die Beamten ihre Quoten erfüllen, sollen sie manchmal sogar beide Augen zudrücken.

Der Zahlendreher-Trick

Noch immer ist Herr Raffke nicht aufgeflogen. Und darum wird er nun richtig dreist. Neben den schwarz kassierten Einnahmen drückt er nun die »offiziell« zu versteuernden Einkünfte mit einem perfiden Trick: Er baut nun Zahlendreher in seine Buchhaltung ein. Schließlich kann sich doch jeder mal verschreiben. Statt Einnahmen von 9400 Euro zu versteuern, schreibt er 4900 Euro auf. Und aus 6300 werden 3600. Aus 820 werden 280.

Risiko: Gering, sofern die Steuererklärung nicht am Computer gemacht wird. Wenn es doch auffliegt, muss nachgewiesen werden, dass vorsätzlich gehandelt wurde. Meist ist der Fall mit einer Nachzahlung erledigt. In meiner Abteilung gab es den Fall einer sich über Jahre »verrechnenden« Buchhalterin. Als ein Betriebsprüfer genauer hinschaute, bemerkte er zu wenig entrichtete Steuern im sechsstelligen Bereich. Die bereits vorher recht wohlhabende Frau hatte sich mit diesem Trick zur Vermögensmillionärin gemauschelt! Die Frage war: Konnte man der Frau Steuerhinterziehung anlasten? Hatte sie vorsätzlich gehandelt? Natürlich reagierte die Frau bestürzt, als man sie mit den Tatsachen konfrontierte. Und entschuldigte sich für ihre »saublöde Schusseligkeit«.

Der Jacht-Trick

Was sind schon ein Balkon und eine Mietwohnung gegen eine Jacht im Hafen von Saint-Tropez? Herr Raffke will sich für seine

Gerissenheit mit etwas Glamour belohnen. Und weil es bisher so gut geklappt hat, schlägt er nun wirklich alles, was irgendwie mit dem Job zu tun haben könnte, auf die Betriebsausgaben. In Südfrankreich trifft er auf Gleichgesinnte, die tolle Tipps parat haben: »Mensch, Raffke, beteiligen Sie sich an unserem Immobilienmaklerbüro und setzen Sie Ihre Jacht als Geschäftsraum von der Steuer ab«, rät man ihm dort. Als das Finanzamt doch mal ein paar Fragen stellt, sagt Herr Raffke, der Kahn werde für Besichtigungsfahrten von Immobilien in Strandnähe genutzt.

Risiko: Gering. Ob die Jacht nur geschäftlich oder rein privat genutzt wird, ist schwer nachzuprüfen.

Der Oldtimer-Trick

Gemeinsam mit seinen reichen Freunden schippert Herr Raffke über das Mittelmeer und heckt immer neue Tricks aus. Die besten sind jene, die halb legal sind. Er will sich nach der Jacht nämlich einen schönen Oldtimer anschaffen. Wer einen Firmenwagen privat nutzt, muss diesen Privatanteil versteuern, und zwar als geldwerten Vorteil. Pauschal besteuert das Finanzamt den Dienstwagen nach dem Listenpreis. Von diesem Betrag muss der Arbeitnehmer monatlich ein Prozent als geldwerten Vorteil versteuern. Beispiel: Kostet das Auto 50 000 Euro, erhöht sich das zu versteuernde Bruttogehalt monatlich um 500 Euro. Als Oldtimer-Freund macht Herr Raffke das viel schlauer: Weil sich das eine Prozent nicht auf den Kaufpreis, sondern auf den Neupreis bei der Erstzulassung bezieht, ist beim schicken 50 Jahre alten Mercedes SL der Bezugswert 50 000 D-Mark. Der geldwerte Vorteil beträgt so nur 250 Euro im Monat – das ist nur die Hälfte eines modernen Mittelklasse-Kombis. So günstig kann Luxus sein! Und den als Dienstwagen genutzten Oldtimer setzt Herr Raffke natürlich auch komplett als Betriebsausgabe von der Steuer ab.

Risiko: Hoch. Es muss glaubhaft wirken, wenn man behauptet, man mache sämtliche Dienstfahrten mit einem Auto, das mehr als ein halbes Jahrhundert alt ist. Pech hatte ein Landwirt, der seinen Porsche 911 als Geschäftswagen deklarierte. Dass er mit diesem Schlitten seine Felder bestellen würde, glaubte ihm niemand.

Der Scheinfirmen-Trick

Wer einen Oldtimer und eine Luxusjacht von der Steuer absetzt, kann noch ganz andere Dinger drehen. Ach, wie herrlich spotten die vermögenden Kreise, in denen Herr Raffke nun verkehrt, über die Normalverdiener. Zur Erinnerung: Das ist jene Spezies Mensch, die ihr hart verdientes Weihnachtsgeld ausgeben muss, um sich einmal im Jahr ein bisschen Luxus leisten zu können. Bei Herrn Raffke ist hingegen jeden Tag Weihnachten. Und weil ihn der Oldtimer schon wieder langweilt, kauft er nun einen neuen Sportwagen. Um genau zu sein: Er lässt ihn kaufen. Und zwar so: Firma A (deren Geschäftsführer er ist) erwirbt den Flitzer für 100 000 Euro. Dann verkauft er den Wagen für den doppelten Preis an Firma B (die auf Herrn Raffkes Frau läuft) weiter. Firma B setzt nun 200 000 Euro von der Steuer ab, weil der Sportwagen dort zum Dienstwagen wird. Als Steuerbetrüger arbeitet das Ehepaar Raffke ja immer. Also auch, wenn es mit dem schicken Wagen die Straßen der Provence erkundet.

Risiko: Mittel. Damit die Masche auffliegt, muss sie erst einmal einem Betriebsprüfer ins Auge springen. Oft fallen diese Scheinfirmen-Konstrukte erst in sich zusammen, wenn ein Insider auspackt. Denn Steuerbetrug ist nicht ohne Mitwisser (womit wir wieder beim Ehepartner wären) möglich. Nicht selten tauchen die Geschäftsführer der Scheinfirmen im Büro des Fahnders auf – wenn sie eine Rechnung der anderen Art zu begleichen haben.

Der Gold-Trick

Wenn Herr Raffke morgens aufwacht, kann er kaum glauben, was alles möglich ist. Er beginnt, immer neue Betrugsmethoden zu entwickeln. Weil Raffke seine goldenen Wasserhähne liebt, kommt er auf folgende Idee: Man könnte doch kiloweise Gold in Luxemburg kaufen, es nach Deutschland schmuggeln und dort mit anderen Metallen zusammenschmelzen. Die Metallklumpen könnten dann ein paar Obdachlose zur Degussa (»Deutsche Gold- und Silber-Scheideanstalt«) bringen. Die Gutschrift über das separierte Gold zuzüglich Mehrwertsteuer würde dann Herrn Raffkes Konto gutgeschrieben werden. Und den Obdachlosen spendiert er als Dank einfach eine Flasche Schnaps. Genial, oder?

Risiko: Gering. Diese Masche einer Gruppe deutscher Steuerhinterzieher beschäftigte die Frankfurter Kollegen Mitte der 80er-Jahre ein Jahrzehnt lang. Erst als ein Insider auspackte, fiel der Betrug auf.

Der Gastro-Trick

Die Gastronomie bietet zahlreiche Möglichkeiten des Steuerbetrugs. Weil hier viel Bargeld im Spiel ist und man sich dort das Schwarzgeld wie beim Kartenspielen als Schwarzen Peter gegenseitig zuschieben kann. Etliche Wirte erliegen der Versuchung, brutto als netto einzunehmen. Da kommt es gelegen, dass Herr Raffke wegen seiner schwarzen Mieteinnahmen einiges an Bargeld loswerden muss. Mit einem befreundeten Party-Veranstalter organisiert er eine dekadente Sause im kleinen Kreis mit Champagner und Kaviarhäppchen. Herr Raffke bezahlt natürlich bar und ist so auf einen Schlag einen hohen Betrag Schwarzgeld los. Für solche Anlässe hat man es ja »gespart«. Der perfekte Deal unter Steuerhinterziehern.

Risiko: Mittel. Wieder gibt es einen Mitwisser. Außerdem vergleichen wir bei verdächtigen Gastronomen Warenlieferungen und Verbrauch. Und wenn da Kaviar im Wert von mehreren Tausend Euro verschwindet, ohne dass ein entsprechender Posten in der Kasse verbucht wird, bekommt der Gastronom die Quittung von uns.

Der Nummernkonten-Trick

Herr Raffke hat es geschafft. Er beherrscht die Klaviatur des Steuerschummels so virtuos wie Paganini die Geige, wie Mozart den Flügel. Ab jetzt lässt er das illegal angehäufte Vermögen für sich arbeiten. Er hat zehn Millionen Euro auf einem Konto in Liechtenstein angelegt. Bei üblicher Rendite kassiert er dabei 40 000 Euro Zinsen pro Monat vor Steuern. So vermehrt sich das Vermögen zuverlässig, ohne dass der deutsche Staat etwas davon mitbekommt. Will Herr Raffke das Geld aber in Deutschland ausgeben, muss er es zurückholen. Bargeldbeträge unter 10 000 Euro müssen beim Zoll nicht angemeldet werden. Ist es mehr, besteht ein Verdacht auf Geldwäsche. Herr Raffke fährt also fünfmal am Tag und holt so 50 000 Euro bar über die Grenze.

Risiko: Hoch. 250 Milliarden Euro Schwarzgeld haben die Bundesbürger nach Schätzungen der Deutschen Steuer-Gewerkschaft in der Schweiz, in Liechtenstein und in Luxemburg gebunkert. Gefährlich wird es, wenn das Finanzministerium eine Steuersünder-CD kauft. Oder ein Zöllner Verdacht schöpft, Herrn Raffkes Personalien feststellt und an sein örtliches Finanzamt meldet.

Der Lobby-Trick

Herr Raffke ist längst Einkommensmillionär. Damit genießt er in der Bundesrepublik Artenschutz. Seine Verbindungen in Politik und Wirtschaft erlauben es ihm, an den entscheidenden Stellen eine subtile Drohung zu verbreiten: Als ehrlicher, aber vermögender Steuerzahler habe er in Deutschland derart hohe Abgaben zu leisten, dass er nun über das Auswandern nachdenke. Sollte er künftig noch mehr bluten müssen, werde er sein gesamtes Vermögen ganz ins Ausland verlagern. Diese Drohung wird lauter, sobald ein Thema wie die Vermögensteuer mal wieder diskutiert wird. Wir Steuerfahnder haben es schwer, dicke Fische wie Herrn Raffke aus dem Sumpf der Betrüger zu angeln. Und das ist einer kruden politischen Logik geschuldet: Lieber lässt man die Reichen in Ruhe mauscheln, bevor sie auf die Idee kommen, ihr gesamtes Vermögen auf Steueroasen im Ausland zu verteilen. Zumindest ein Teil des am Fiskus vorbeigeschleusten Geldes wird über Umwege ja wieder in die Staatskasse fließen: Etwa wenn Herr Raffke sich einen neuen Porsche kauft und dann die Mehrwertsteuer fällig wird. Also kann Herr Raffke seine Beziehungen zu Politik und Wirtschaftsverbänden ohne Probleme nutzen. Im Schatten der Macht lässt es sich am entspanntesten tricksen. Und wie gut er darin ist, hat er ja bewiesen.

Risiko: Keines – außer wenn Herrn Raffkes Ehefrau, der Gastwirt, sein Mieter-Freund oder andere Mitwisser ihren Mund nicht halten können oder wollen.

Wie man sich selbst beim Finanzamt anschwärzt

Das vorige Kapitel zeigt, dass viele Arten von Betrug möglich sind. Es macht aber auch deutlich, dass diese am Ende nicht erfolgreich waren, sonst wären sie ja nie aufgeflogen. Ich will meine Ausführungen daher nicht beenden, ohne Herrn Raffke einen Weg zurück in die Legalität zu weisen – bevor die Kollegen von der Fahndung klingeln. Die Selbstanzeige ist jedoch kein Allheilmittel. Ist man der Präsident eines großen deutschen Fußballvereins und hat sich mit einer Selbstanzeige als krimineller Steuerbetrüger geoutet, kann man sich trotzdem noch von den eigenen Fans bejubeln lassen. Ist man ein Lehrer, dessen Gattin eine Erbschaft verschwiegen hat, was man mittels einer Selbstanzeige nachträglich offenlegt, könnte einem hingegen eine Suspendierung vom Staatsdienst drohen und damit die Arbeitslosigkeit.

Und da wir schon beim Thema Gerechtigkeit sind: Statt den Normalbürger mit neuen Steuererhöhungen zu belasten, plädiere ich dafür, die Möglichkeit der Selbstanzeige ganz abzuschaffen. Und zwar endgültig. Damit würden dem Staat auf einen Schlag Steuereinnahmen in Milliardenhöhe zufließen. Doch das wird wohl nie passieren.

Was passiert bei einer Selbstanzeige?

Wer seine Steuervergehen selbst anzeigt, kommt straffrei davon. So weit die Theorie. Eine Selbstanzeige ist aber nur wirksam, wenn der Steuersünder nicht vorher bereits Hinweise hatte, dass ermittelt wird. Die aber hat er fast immer, wie man aus der Praxis weiß. Darum geht es dann ja auch in dem folgenden Ermittlungsverfahren: Man muss herausfinden, ob der Steuersünder tatsächlich vorher gewarnt wurde.

Für eine Selbstanzeige müssen die verschwiegenen Einkünfte genau ermittelt werden, denn für jedes Jahr, in dem Steuern hinterzogen wurden, ist eine neue Steuerklärung auszufertigen.

Wer unentdeckt unversteuerte Auslandszinsen kassiert, muss dem Finanzamt die hinterzogenen Steuern plus sechs Prozent Zins pro Jahr nachzahlen. Da Schwarzgeldbesitzer selten Bankauszüge zu Hause lagern, müssen sie diese bei ihren Banken beschaffen.

Es muss alles auf den Tisch. Wer auch jetzt noch trickst, ist dumm oder fahrlässig. Eine Selbstanzeige liefert uns Fahndern übrigens viele Hinweise für neue Ermittlungen, denn die Herkunft der Gelder muss detailliert angegeben werden: Auch das Schwarzgeldkonto des Schwagers oder die Schenkung der Tante. So rücken bei einer Selbstanzeige häufig auch Geschäfts- und Familienkreis ins Fadenkreuz der Fahnder.

Wie viel kann man hinterziehen, bis man bestraft wird?

Die Selbstanzeige hat nicht funktioniert, und Herr Raffke wurde als Steuerhinterzieher entlarvt? Was ihn nun erwartet, hängt neben der Höhe der hinterzogenen Steuern auch von seinem Wohnsitz ab. Wohnt er im Norden Deutschlands, sind die Oberfinanzdirektionen härter. Im Süden ist man nachsichtiger. Es gibt Tabellen, an denen sich die Finanzämter, Staatsanwaltschaften und Gerichte bei der Strafzumessung orientieren. Danach müssen vor allem Steuersünder, die insgesamt über 1000 Euro Steuern im Jahr hinterzogen haben, mit Geldstrafen rechnen.

Wer zu mehr als 90 Tagessätzen verurteilt wird, gilt als vorbestraft und erhält einen Eintrag im Strafregister. Ein Tagessatz ist normalerweise so hoch wie ein Dreißigstel des monatlichen Nettoverdienstes des Steuersünders. Dabei werden Bruttogehälter,

Pensionen, Renten, Mieten, Zins- und Dividendenerträge sowie steuerfreie Leistungen wie eine Unfallrente berücksichtigt. Werbungskosten, gezahlte Steuern, Sozialabgaben und außergewöhnliche Belastungen wie Pflegekosten für einen Angehörigen oder Unterhalt werden abgezogen. Errechnet sich so ein monatliches Nettoeinkommen von 3000 Euro, beträgt der Tagessatz zum Beispiel 100 Euro (3000 Euro/30 Tage).

Seit 2008 droht bei hinterzogenen Steuern von mehr als 100 000 Euro Gefängnis. Und ab einer Million Euro Steuerschaden ist eine Bewährungsstrafe ausgeschlossen – der ertappte Sünder muss ins Gefängnis. Zumindest wurde das höchstrichterlich entschieden. Von den Hunderten Steuersündern, die ich verfolgt habe, hat sich kein Einziger aus Reue selbst angezeigt. Es war bei ihnen immer fünf vor zwölf, allen stand das Wasser bis zum Hals. Deshalb riefen sie (oder ihr Anwalt) bei uns an.

Wer aber erst einmal in die Mühlen der Steuerfahndung geraten ist, hat keine Freude mehr am Leben. Das über Jahre aufgebaute Konstrukt aus Mauscheleien, Betrug und schmutzigen Tricks fällt wie ein Kartenhaus in sich zusammen. Allerdings nicht auf einen Schlag. Die Ermittlungen können sich durchaus über Jahre hinziehen. Seit ich nicht mehr Fahnder, sondern Rechtsanwalt bin, erlebe ich bei meinen Mandanten, wie sie langsam zugrunde gehen. Freunde und Geschäftspartner wenden sich von den Verdächtigen ab, Ehen zerbrechen, die Menschen stehen vor dem privaten und geschäftlichen Bankrott. Der Schaden steht nie im Verhältnis zu dem durch Hinterziehung erlangten finanziellen Vorteil. Als Fahnder und Rechtsanwalt habe ich noch keinen Steuersünder kennengelernt, der gesagt hätte: »Das war es wert.«

»Die Virenproblematik ist nur ein temporäres Phänomen und wird in ein paar Jahren verschwunden sein.«

John McAfee, Gründer des Antivirensoftware-Herstellers McAfee, im Jahre 1988

Den Computer beherrschen wie ein Cyber-Cop

Wie Sie nicht auf Internetbetrüger hereinfallen – Wie Sie Ihr Bankkonto schützen – Wie Sie nicht ungewollt zum Geldwäscher werden – Wie Sie nicht in die Venusfalle geraten – Wie Sie nicht auf die Nigeria-Connection hereinfallen – Wie Sie vermeiden, dass Ihr PC zum Zombie wird – Wie Sie die WLAN-Falle vermeiden – Wie Sie sich nicht erpressbar machen – Wie Sie sich mit den richtigen Passwörtern schützen – Wie Sie Ihren Computer vor Angriffen schützen

Thomas Hirl ist stellvertretender Leiter der Zentralstelle Cybercrime im Landeskriminalamt Bayern. In seiner Abteilung laufen alle Anzeigen aus dem Bereich Computerkriminalität aus diesem Bundesland zusammen. Hirl kennt die Maschen der Täter im Cyberspace. Und er weiß, wie man dafür sorgt, dass sie keinen Zugriff auf das eigene digitale Leben bekommen.

Wie Sie nicht auf Internetbetrüger hereinfallen

Am 11. Mai 2011 durchsuchen 170 Kollegen in fünf Bundesländern 29 Objekte. Bei einer jungen Frau klopfen die Beamten höflich an, bevor sie ihr Zimmer im Studentenwohnheim durchsuchen. Bei einem 36-Jährigen bricht das SEK die Wohnungstür mit einem Rammbock auf und fesselt den Mann, bevor er abgeführt wird – der Verdächtige war ehemaliger Bundespolizist und Kampfsportler. Acht Tatverdächtige werden festgenommen, darunter Karwan M., gerade mal 22 Jahre alt, den wir als Kopf der »Fakeshop-Bande« ausgemacht hatten. Es war der Abschluss von anderthalb Jahren Ermittlungen wegen organisierten Betrugs im Internet, wie er bisher in Deutschland nicht vorgekommen war.

Karwan M. stammte aus einem trostlosen Teil von Essen, seine Eltern waren aus dem Irak geflohen. Er hatte seine kriminelle Karriere mit dem Import gefälschter Markenjeans begonnen, die er günstig bei eBay kaufte und in dem Internetcafé, in dem er jobbte, mit ordentlichem Gewinn weiterverkaufte. Mit 18 Jahren gründete er ein eigenes Modelabel, unter dem er Billigmode aus China vertrieb. Angeblicher Umsatz in sechs Monaten: eine halbe Million Euro. Karwan M. konnte sich jetzt das Leben finanzieren, von dem er geträumt hatte: Partys, schöne Frauen, schnelle Autos. Denn der Junge aus dem Problemviertel war ein guter Kaufmann.

Nur leider war ihm bei seinen Geschäften egal, ob sie legal oder illegal waren. Bald entdeckte er das Geschäft mit Waren, die gar nicht existieren – nirgendwo sind die Margen größer. Er verkaufte bei eBay Elektroartikel, die er gar nicht besaß: Betrug – der auch bald aufflog und ihm ein Jahr Jugendhaft auf Bewährung einbrachte. Karwan M. hörte den Warnschuss nicht. Vielmehr wandte er sich nun dem ganz großen Coup zu, indem er die »Fakeshop-Bande« ins Leben rief.

Am Schluss konnte unsere »Ermittlungsgruppe Bazar« Karwan M. und den anderen Bandenmitgliedern 187 falsche Online-Shops zuordnen. Von 1609 Menschen hatten sie insgesamt 1,1 Millionen Euro erbeutet – mindestens. Denn viele Opfer waren nicht zur Polizei gegangen, vor allem wenn sie nur wenig Geld verloren hatten. Die Täter handelten hoch professionell, begingen nur wenige Fehler. Sie nutzten für den Betrug so ziemlich alle Maschen der Cyber-Kriminellen, die in diesem Kapitel besprochen werden. Um ihnen auf die Schliche zu kommen, hatten wir Hunderte E-Mail-Adressen überwacht sowie 126 Festnetz- und Handyanschlüsse, insgesamt 184 136 Anrufe. Viel zu tun für den Staatsanwalt.

Dabei hatten unsere Ermittlungen ganz klein angefangen, in der süddeutschen Provinz. Bei einer Elektronikfirma im schwäbischen Nördlingen trafen immer mehr Anfragen von erbosten Kunden ein, die auf ihre bereits bezahlte Ware warteten. Die Nördlinger konnten sich das nicht erklären, keiner der Menschen, die aggressiv reklamierten, war in ihrer Kundenkartei, von Bestellungen war ebenfalls nichts bekannt. Nachforschungen ergaben, dass ein Internetshop mit der Adresse »ja-kaufen. com« im Impressum die Daten der Firma missbraucht hatte. Die Firma erstattete Anzeige.

Ein kleiner Fall?

So sah es zunächst aus, aber in den nächsten Wochen und Monaten meldeten sich in ganz Deutschland auf den örtlichen Polizeirevieren Opfer, die bei den unterschiedlichsten Online-Shops Ware bestellt und per Vorkasse bezahlt hatten – nur geliefert wurde nichts. Die versprochene Ware reichte von Elektronik, Klamotten, Autos bis hin zu Goldbarren für 25 000 Euro pro Stück. Die »Fakeshop-Bande« ging folgendermaßen vor:

Zunächst programmierte die Bande Online-Shops. Technischer Dienstleister war ein Krankenpfleger aus Bergisch-Gladbach. Er hatte die Seiten für etwas mehr als 30 000 Euro Lohn programmiert. So ein Shop ist schnell zusammengebastelt. Es gibt im Netz freie Quellcodes, ganze Shopsysteme, die jeder für seinen eigenen Online-Shop nutzen darf. Optisch lehnten sich die »Fakeshops« an bekannte Internethändler an. Auch hier konnten sie sich viel Quellcode einfach zusammenkopieren.

Um noch seriöser zu wirken, versahen die Täter ihren Fakeshop mit einem Gütesiegel für sichere Online-Shops. Dazu kopierten sie einfach die Grafik eines anderen geprüften Anbieters. Kaum ein Kunde klickt auf das Prüfsiegel, um nachzusehen, ob der Shop auf der Seite des Siegelanbieters auch wirklich als geprüft gelistet ist.

Auf ihrer Seite boten sie besonders beliebte Produkte wie Unterhaltungselektronik an. Den Preis, den sie ja völlig frei festlegen konnten, wählten sie ein bisschen unter dem der Mitbewerber. Aber auch wieder nicht so billig, dass es aufgefallen wäre.

Der wichtigste Kniff: Auf der Seite zur Bezahlung wiesen sie darauf hin, die günstigen Preise nur per Vorkasse bieten zu können. Sonst würden Rückstellungen für nicht bezahlte Rechnungen und Kreditkartengebühren den Preis für den Endkunden teurer machen. Das klang logisch. Außerdem war ein Konto bei einer deutschen Bank angegeben. Die Kunden vertrauten darauf, dass sie sich bei Problemen das Geld leicht zurückholen konnten. Wie die Kriminellen an deutsche Konten kommen konnten, erfahren Sie weiter unten.

Im Impressum gaben sie Namen von existierenden Firmen oder ausgedachte Adressen an. Kaum jemand überprüft im Handelsregister, ob eine Firma wirklich an der angegebenen Adresse existiert.

Die Täter stellten die Shops unter leicht merkbaren Internetadressen wie gold-shop-24.com, elektro-geizhals.de oder usa-auto-kaufen.de online.

So ein Fakeshop hat eine geringe Halbwertszeit. Schnell beschweren sich die ersten Kunden in Online-Foren, irgendwann kommt die Polizei ins Spiel, das Konto wird gesperrt, häufig reagiert der Internetprovider schnell und nimmt die betrügerische Seite vom Netz. Aber ein paar Wochen lang, während die Kunden auf ihre Ware warten und immer empörtere E-Mails an den Support schicken, wirft so ein Shop Geld ab.

Die »Fakeshop«-Betreiber versuchten, jeden Shop möglichst lange online zu halten. Aber wer einen »Fakeshop« ins Netz stellt, kann auch zehn, zwanzig oder hundert programmieren. Kaum wurde einer vom Netz genommen, tauchte einfach der nächste auf.

Um noch mehr Kunden zu gewinnen, trugen die Kriminellen die Shops in seriösen Preisvergleichs-Portalen ein. Sie fälschten Bewertungen in Foren. Sie gingen sogar so weit, dass sie eine eigene Shop-Bewertungsseite ins Netz stellten, auf der es für die »Fakeshops« natürlich nur die besten Bewertungen gab.

Welchen Fehler Karwan M. gemacht hat, möchte ich hier nicht verraten. Denn den machen viele Internetbetrüger, und das soll auch so bleiben. Karwan M. wurde zu sieben Jahren Haft verurteilt.

Zahlen Sie im Netz also nicht per Vorkasse. Vor allem nicht bei kleinen Shops, die es erst seit kurzer Zeit gibt. Auf der Webseite »denic.de« können Sie für jede deutsche Webseite ein »who is« machen. So erfahren Sie, auf wen die Webseite registriert ist und wann der Inhaber das letzte Mal gewechselt hat. Im Registerportal »handelsregister.de« können Sie nachsehen, ob die im Impressum angegebene Firma wirklich existiert. Auch positive Bewertungen in Internetforen können ein Hinweis auf einen seriösen Anbieter sein. Achten Sie aber darauf, wer sich da positiv äußert – hat derjenige auch andere Firmen bewertet? Oder ist es ein »Fakenutzer«, der nur die Bewertungen hochtreiben will? Ein unüblich günstiger Preis sollte Sie stutzig machen. Auch wenn die Aussicht auf ein Schnäppchen zum Spontankauf verleitet, sollten Sie kurz überlegen, warum der Anbieter alle anderen unterbieten kann.

Wie Sie Ihr Bankkonto schützen

Seit es Homebanking gibt, suchen Kriminelle nach Schwachstellen im System der Bankkunden, um Zugriff auf die Konten zu erlangen. Hier lohnt sich etwas Kreativität: Bei jedem erfolgreichen Angriff werden durchschnittlich 4000 Euro erbeutet.

Ein beliebtes Verfahren, um an die Zugangsdaten fürs Online-Banking zu gelangen, wird als »Phishing« bezeichnet. Auch die Kriminellen der »Fakeshop«-Bande nutzten diese Methode als »zweites Standbein« neben dem Vorkassebetrug. Zunächst investierten die Täter 20 Euro in eine Liste mit Tausenden E-Mail-Adressen. Die gab es bei eBay.

Danach stellten Sie eine Seite online, die dem Layout der Postbank nachempfunden war, der Bank mit den meisten Privatkunden in Deutschland. Den Link schickten sie mit dem gefälschten Absender Postbank an Adressen der gekauften E-Mail-Liste – wegen angeblicher Virenprobleme solle man sich in sein Konto einloggen. Die meisten Kunden ignorierten die Mails, bei vielen wurde sie gleich von automatischen Spam-Filtern entsorgt. Aber ein paar Kunden klickten doch auf den Link. Dort wurden die Opfer zur Eingabe ihrer Zugangsdaten aufgefordert. Sie ahnten nicht, dass sie damit ihre PIN an Kriminelle verrieten, die sich damit auf der echten Postbankseite einloggten und Geld abzweigen konnten. Bei einer Frau aus Bernau verschwanden so 75 000 Euro. Am Ende hatten die Betrüger 200 000 Euro abgesahnt.

Um das Phishing zu erschweren, führten die Banken das mTAN-Verfahren ein. Wenn ein Kunde eine Überweisung tätigen will, schickt die Bank eine SMS ans Mobiltelefon des Kunden. In dieser SMS ist eine nur kurze Zeit gültige mTAN, die zur Freischaltung eingegeben werden muss. Die Idee dahinter: Selbst wenn die Kriminellen den Zugang zu einem Homebanking-Konto haben, müssten sie auch noch das Handy des Kunden haben, um Schaden anzurichten.

Klingt sicher, oder?

Ist es aber seit einigen Monaten nicht mehr. Es gibt vermehrt Fälle, in denen hohe Beträge vom Konto verschwunden sind, obwohl der Kunde das mTAN-Verfahren nutzt.

Ermittlungen haben recht schnell ergeben, mit welch neuem Trick die Online-Bankräuber vorgehen. Zunächst besorgten die Kriminellen auf herkömmlichem Weg die Zugangsdaten zum Konto, sei es durch Viren, die auf dem befallenen Rechner Passwörter ausspionieren, oder durch Phishing-E-Mails. Mit diesen Zugangsdaten schauen sich die Angreifer auf dem Konto des Opfers um. Ist genug Guthaben und Verfügungsrahmen vorhanden, damit sich der zusätzliche Aufwand lohnt, das mTAN-Verfahren auszuhebeln?

Dann beantragen die Kriminellen beim Mobilfunk-Provider des Bankkunden eine zusätzliche SIM-Karte. Die Vertragsnummer haben sie sich beispielsweise aus Rechnungen im E-Mail-Postfach besorgt oder aus Abbuchungen im Online-Konto. Es ist heutzutage nicht ungewöhnlich, dass ein Kunde eine zusätzliche SIM-Karte, eine sogenannte Multi-SIM, beantragt. Beispielsweise erfordern moderne Tablet-Computer oft eine zusätzliche SIM-Karte. Die Karte lässt der Angreifer an eine andere Adresse schicken.

Wenn er dann die SIM-Karte hat, konfiguriert er sie so, dass fortan alle SMS des Opfers an diese Karte gehen. Also auch die mTANs der Bank. Jetzt hat er Zeit, in aller Ruhe das Konto des Kunden leer zu räumen.

Die schwache Stelle des mTAN-Verfahrens ist in diesen Fällen nicht die Bank und auch nicht der Computer des Kunden, sondern der Mobilfunk-Provider. Bei vielen sind die Sicherheitsvorkehrungen nämlich ziemlich lax. Noch ist unklar, wer in einem solchen Fall haftet. Im schlimmsten Fall bleibt der Kunde auf allen Schäden sitzen.

Was heißt das also für Sie? Große Geldbeträge, über die man nicht regelmäßig verfügen muss, sollten nicht auf dem Girokonto liegen. Der Verfügungsrahmen sollte nicht höher sein, als man ihn tatsächlich benötigt. Denn egal, wie sicher das aktuelle Verfahren des Online-Bankings gerade erscheint – weltweit suchen Angreifer rund um die Uhr nach dem schwächsten Glied in der Sicherheitskette. Die Wahrscheinlichkeit ist hoch, dass sie immer wieder eine Lücke finden.

Wie Sie nicht ungewollt zum Geldwäscher werden

Die Vorkassebetrüger, denen wir mit der »Ermittlungsgruppe Bazar« auf die Spur gekommen sind, waren so erfolgreich, weil sie Kontrolle über viele deutsche Konten hatten. Ein Konto bei einer deutschen Bank wirkt vertrauensvoll. Kaum jemand würde Geld auf ein Konto im Ausland überweisen. Bei einem deutschen Konto denken die Opfer, dass sie das Geld im Betrugsfall jederzeit wieder zurückfordern können. Hinter einem deutschen Konto muss doch schließlich ein realer Mensch stehen, den man im Zweifelsfall zivilrechtlich belangen kann.

Das ist richtig. Nur ist das leider nicht der Betrüger, sondern wahrscheinlich ein unwissender Mittelsmann. Die Internetbetrüger werben »Finanzagenten« an, deren Konten sie für ihre Aktivitäten nutzen. Intern werden sie auch Mulis genannt, unwissende Lasttiere, austauschbar, die eine Zeit lang die gefährliche Drecksarbeit im Business übernehmen. Die »Fakeshop«-Bande nutzte ein Netz von etwa 1000 Finanzagenten. Das Verrückte dabei ist: Die Mulis machen das völlig freiwillig. Oft wissen sie gar nicht, dass sie Teil einer kriminellen Szene sind und sehr wahrscheinlich bald die Polizei vor der Tür steht.

Eine besonders dreiste E-Mail, die im Jahr 2010 im Umlauf war, ist die folgende:

Jobangebot

Wir bieten Ihnen einfache Arbeit an, die keine spezielle Fertigkeiten und keine Geldanlagen verlangt. Sie können diese Arbeit mit Ihrer Hauptarbeit vereinbaren. Mit uns können Sie leicht 5000–6000 Euro pro Monat verdienen, dabei brauchen Sie für diese Arbeit 2–3 Stunden pro Tag 1–2 Mal pro Woche.

Kurze Beschreibung der Tätigkeit:

Ihre Aufgabe ist, Geldüberweisungen auf Ihr Konto zu erhalten, das Geld in bar abzuheben und abzüglich Ihrer Provision unserem Agent per System der Bargeldüberweisungen Western Union oder Money Gram zu überweisen. Gewöhnlich überweisen wir auf Ihr Konto 4000–6000 Euro. Ihre Provision wird 20 % (20 Prozenten) von jeder Geldüberweisung ausmachen. Ihre Provision (20 Prozenten) bekommen Sie, sofort nach dem Geldeingang auf Ihr Konto. Auf diese Weise wenn Sie 6000 Euro auf Ihr Konto erhalten, verdienen Sie 1200 Euro. Sie können Ihre Provision gleich abheben oder auf dem Konto lassen. Die restliche Summe 4800 Euro sollen Sie am Tag des Geldeingangs in bar abheben und unserem Agent per Western Union oder Money Gram überweisen (Gebühr für Überweisung bezahlen wir). Zeitaufwand für diese ganze Arbeit beträgt nicht mehr als 3 Stunden. Wenn Sie 2 Überweisungen pro Woche erhalten werden, können Sie nicht weniger als 6000 Euro von jedem Konto pro Monat verdienen.

In dieser E-Mail ist schon die ganze Masche erklärt. Auf das Konto des »Finanzagenten« wird Geld überwiesen. Den größten Teil – abzüglich seiner Provision – hebt er ab. Via Bargeldtransfer geht das Geld dann anonym ins Ausland. Das Geld ist gewaschen. Die Polizei kann den Fluss des Geldes also leicht bis zu dem Money-Agenten verfolgen. Dann ist es weg, und die weiteren Ermittlungen sind deutlich erschwert.

Wenn Sie auf so eine E-Mail reagieren und tatsächlich Geld weiterleiten, machen Sie sich strafbar. Geldwäsche und Hehlerei werden mit bis zu fünf Jahren Haft bestraft. Wenn Sie ein Konto bei einer Bank eröffnen, müssen Sie immerhin unterschreiben, nur auf eigene Rechnung zu handeln. Außerdem haften Sie zusätzlich für das weitergeleitete Geld.

Doch wenn leicht verdientes Geld winkt, setzt bei vielen offenbar der gesunde Menschenverstand aus.

Wenn Sie also auf einen Vorkassebetrug hereingefallen sind und Geld auf das Konto eines Money-Agenten überwiesen haben, können Sie ihn natürlich verklagen, damit Sie Ihr Geld zurückbekommen. Aber wahrscheinlich sind, bis er aufgeflogen ist, bereits so große Summen über sein Konto gewaschen worden, dass gewaltige Rückzahlungsverpflichtungen auf ihn zukommen. Er geht dann vermutlich direkt in die Privatinsolvenz, wenn er nicht ohnehin mittellos war, da er auf so obskure Angebote reagiert hat.

Da »Finanzagenten« für Internetkriminelle entscheidend sind, besteht immer einen großen Bedarf an ihnen. Vor allem da sie spätestens dann »verbraucht« sind, wenn die Polizei bei ihnen vor der Tür steht oder das Konto gesperrt ist. Auf die klassischen Spam-Mails reagieren immer weniger Menschen, die Masche ist zu offensichtlich.

Also schalten die Kriminellen mittlerweile auch in seriösen Jobportalen Anzeigen, teilweise sogar in Lokalzeitungen. Sie bieten einen festen monatlichen Verdienst, oft geben sie sogar real existierende Firmen an. Erst wenn sich jemand meldet, bekommt er die Legende präsentiert. Beispielsweise: Eine russische Firma will in Deutschland expandieren, man braucht deutsche Konten, um die lange Dauer internationaler Überweisungen den deutschen Kunden nicht zumuten zu müssen.

Man möchte meinen, es kann doch keiner so blöd sein, um auf so etwas hereinzufallen?

Doch, denn die meisten Menschen achten darauf, nicht selbst betrogen zu werden. Bei der Frage, ob man sich zum Helfershelfer dabei macht, jemand anderen zu betrügen, sind die Instinkte jedoch deutlich schwächer ausgebildet.

Seit einiger Zeit wurde die Masche noch weiter variiert. Wer sich auf ein Jobangebot als Archivar meldet, bekommt in einer E-Mail mitgeteilt, wie die Aufgabe genau aussieht:

Ihre Aufgabe ist es Bücher (Romane etc.), die wir Ihnen per Post zusenden einzuscannen und an unsere Onlinebibliothek zu übermitteln. Nachdem die Bücher eingescannt wurden, werden Sie wieder von einem Kurier abgeholt. Um die Bücher einzuscannen, benötigen Sie einen speziellen Scanner der den Anforderungen entspricht, und die geleistete Arbeitszeit für Ihre Abrechnung speichert.

Diesen Scanner bekommen Sie bei unserem Partner Fachhändler für Scanner, selbstverständlich tragen wir die Kosten dafür und überweisen Ihnen das Geld dafür im Voraus (kommt auf das Modell an zwischen 2000 und 8000 Euro). Wir bestehen darauf, dass unsere Mitarbeiter die Scanner selbst erwerben, da Sie dann auch der Ansprechpartner bei der Wartung und im Garantiefall sind und der Wartungsvertrag auf Sie abgeschlossen wird. Dafür müssen Sie einen industriellen Scanner bei unserem Partnershop erwerben, wir teilen Ihnen, sobald das Geld überwiesen ist, mit, welches Modell Sie brauchen und wo Sie diesen bestellen können.

Um zu bestellen, senden Sie einfach die Modellnummer, Ihren Namen und die vollständige Adresse an die E-Mail-Adresse des Shops. Danach heben Sie das Geld, welches Ihnen überwiesen wurde, in bar ab und nutzen für eine schnellere Verarbeitung den Western Union Service für die Überweisung an den Partnershop. Zusätzlich gibt es bei dieser Bezahlmethode 30 Rabatt vom Shop. Für die Überweisung per Western Union, suchen Sie die einfach nächste Postfiliale auf.

Gehen Sie getrost davon aus, dass Sie niemals einen Scanner bekommen werden. Sie erhalten nur eine größere Geldsumme auf Ihr Konto überwiesen, die Sie per Bargeldtransfer irgendwohin schicken müssen. Wahrscheinlich stammt das Geld von einem gehackten Online-Banking-Konto.

Übrigens können Sie nicht nur als Geld-Maulesel angeworben werden, sondern auch als Maulesel für echte Ware, da passt die Bezeichnung als Lasttier sogar noch besser. Die Betrüger gaukeln Ihnen vor, dass Sie Pakete empfangen müssen. Dann sollen Sie die Verpackung auf Beschädigungen kontrollieren, danach mit der Post weiterschicken – meist ins Ausland. Oder Sie sollen als Logistik-Knotenpunkt in Ihrer Stadt fungieren, Pakete annehmen, die dann von jemandem abgeholt werden. Höchstwahrscheinlich handelt es sich um Ware, die auf Rechnung oder mit geklauten Kreditkartennummern gekauft wurde.

Ohne gutgläubige Helfer, die ihre Konten oder ihre Adressen zur Verfügung stellen, würden weite Teile der Internetkriminalität nicht funktionieren. Leider, so scheint es, sterben die Gutgläubigen nicht aus.

Wenn Ihnen also ein Fremder einen Job anbietet, bei dem Sie mit wenig Arbeit sehr viel Geld verdienen können, sollten Sie immer misstrauisch werden. Entweder sollen Sie abgezockt werden, oder Sie werden, ohne es zu wissen, Teil einer kriminellen Aktion, bei der Sie anderen schaden und im schlimmsten Fall als Mittäter dran sind. Und niemals, niemals sollten Sie über Ihr Konto andere Menschen Geschäfte abwickeln lassen.

Wie Sie nicht in die Venusfalle geraten

Heute lernen Sie Natascha kennen. Sie ist Anfang 20, sehr hübsch, spricht gut deutsch oder englisch. Sie studiert, zumindest steht das auf ihrem Facebook-Profil. Und sie schreibt Sie auf einem Single-Portal an. Weil ihr das Profilfoto von Ihnen so gut gefällt. Weil sie deutsche Männer so toll findet. Oder weil Ihr Lebensmotto, das Sie auf Ihre Profilseite gestellt haben, sie so sehr inspiriert.

Das klingt vielleicht alles ein kleines bisschen zu schön, um wahr zu sein.

Aber Natascha schreibt viel, Sie chatten nächtelang. Schnell wird sie ein fester Bestandteil Ihres Lebens. Eine romantische E-Mail am Morgen, vielleicht ein nettes Telefonat in der Mittagspause, Sie freuen sich schon auf den Chat am Abend.

Was Sie nicht ahnen: Das ist die Phase, in der Natascha in Sie investiert.

Jeder, der investiert, will aber irgendwann auch etwas zurückbekommen.

Nataschas Masche nennt sich »Internet Love Scam«. Sie ist eine moderne Heiratsschwindlerin. Natürlich gibt es auch die männliche Version von Natascha, die auf die Jagd nach einsamen – und solventen – Frauen geht.

Es gibt ein paar Indizien, an denen man die Love Scammer erkennt. Frauen haben oft professionell produzierte Fotos in ihren Online-Profilen, die für jede Modelkartei genügen würden. Beruflich sind die Frauen meist Studentinnen, Models, Krankenschwestern. Die Männer geben oft an, aus einem westlichen Land zu kommen, aber derzeit beruflich im arabischen oder afrikanischen Raum unterwegs zu sein, als Ingenieure oder Soldaten im Auslandseinsatz. Und wie jedem Heiratsschwindler geht es auch den Love Scammern ums Geld. Es dauert manchmal mehrere Monate, bis die erste Geldforderung kommt. Hier ein paar beliebte Maschen:

- Natascha will Sie besuchen, braucht Geld für ein Flugticket oder für Visumgebühren. Den Flug verpasst sie dann aus wichtigen und nicht von ihr zu verantwortenden Gründen
- Natascha möchte aber nicht, dass Sie die Kosten tragen. Bezahlen wird der großzügige Mann einer Freundin, die bereits im Westen lebt. Das Geld wird auf Ihr Konto überwiesen, und Sie sollen es per Bargeldtransfer an Natascha weiterleiten ...
- Natascha bittet Sie, einen ihrer Schecks auf Ihr deutsches Konto einzuzahlen, weil sie in Afrika kein Konto eröffnen kann. Das Geld sollen Sie dann bar per Western Union an sie schicken. Der Scheck ist nicht gedeckt; wenn das nach ein paar Tagen auffällt, ist das Geld natürlich längst weg

Aber es gibt noch eine deutlich gefährlichere Masche. Nataschas Sehnsucht ist so groß, nachdem sie den verdammten Flug verpasst hat. Sie schlägt Ihnen ein erotisches Stündchen vor dem Computermonitor vor. Natascha hat ihre Webcam angeschaltet, Sie sollen Ihre ebenfalls aktivieren. Sie plaudern, prosten sich vielleicht mit Wein zu. Irgendwann zieht sich Natascha aus und schlägt Ihnen vor, das Gleiche zu tun ...

Am nächsten Tag schickt sie Ihnen eine E-Mail. Sie hat alles mitgeschnitten, was Sie vor Ihrer Webcam so gemacht haben. Es gibt nun also ein Video von Ihnen in sehr privater Stimmung. Natascha ist mit Ihnen bei Facebook befreundet. Sie hat also die Kontaktdaten vieler Menschen, die Sie kennen. Freunde, Familie, Arbeitskollegen. Ab jetzt, so schlägt Ihnen Natascha vor, können Sie Ihr regelmäßig größere Summen schicken, um zu verhindern, dass sie das Video verschickt.

Lassen Sie sich also auf Webcam-Sex mit einer Frau, die Sie nur aus dem Internet kennen, nur ein, wenn Sie es notfalls ertragen können, dass Ihr Chef und Ihre Frau dabei zusehen.

Wie Sie nicht auf die Nigeria-Connection hereinfallen

Jeder kennt die in schwachem Englisch verfassten E-Mails von angeblichen Millionenerbschaften, dem Vermögen von gestürzten nigerianischen Diktatoren, das ins Ausland geschafft werden muss. Die Legenden, die die Scammer stricken, um ihre Opfer anzulocken, klingen so dumm, dass wohl niemand darauf hereinfallen könnte.

Aber es passiert. Immer noch.

Die Legenden sind mit Absicht so schlicht gestrickt. So gehen die Scammer sicher, dass sich nur besonders leichtgläubige Opfer melden. 20 *Millionen* Spam-Nachrichten zu verschicken kostet 350 Dollar. Keine große Investition. Später wird es aufwendiger. Denn sobald sich jemand auf eine E-Mail meldet, muss das Opfer überzeugt werden, in Vorleistung zu treten. Dann wird verlangt, Notarkosten zu überweisen, Bestechungsgelder zu zahlen, damit das viele Geld auch aus dem Land geschafft werden kann. Viele E-Mails müssen geschickt werden, angebliche Gerichtsdokumente gefälscht, manchmal muss telefoniert werden. Aufwand, der vergeblich ist, wenn das Opfer abspringt.

Also: So viel Zeit lohnt sich nur, wenn in sehr leichtgläubige Gemüter investiert wird. Die blödsinnigen Legenden in den Spam-Mails sind sozusagen eine Vorauswahl. Wer das glaubt, der ist mit etwas Geschick auch dazu zu bringen, Geld mit Western Union nach Nigeria zu schicken. Natürlich auf Nimmerwiedersehen.

Ich kenne Fälle, in denen die Opfer bereits viel Geld verloren hatten, ehe sie endlich zur Polizei gegangen sind. Wenige Wochen später meldete sich der Betrüger. Er habe mitbekommen, wie viel Ärger durch seinen Betrug entstanden sei. Er wolle das Geld zurücküberweisen, um den Schaden wiedergutzumachen. Allerdings müsse er eine Bankgebühr bar begleichen, das Bargeld fehle ihm derzeit. Er bitte deswegen um einen Western-Union-Bargeldtransfer, um das erbeutete Geld zurückgeben zu können. Seine Opfer schickten tatsächlich noch einmal Geld.

Wenn Sie also bisher nichts von einem schwerreichen afrikanischen Verwandten wissen, sollten Sie alle E-Mails ignorieren, in denen Ihnen ein hohes Erbe aus der Region in Aussicht gestellt wird.

Wie Sie vermeiden, dass Ihr PC zum Zombie wird

Für die Täter fast so wichtig wie die »Finanzagenten«, mit denen die Kriminellen ihre Geldflüsse verschleiern, ist es, keine Datenspuren im Netz zu hinterlassen. Wenn Sie im Internet surfen, ist Ihnen eine eindeutige Nummer zugeordnet, Ihre IP-Adresse. Wenn Sie etwas Illegales tun, kann die Polizei bei Ihrem Internet-Provider mit dieser Nummer Ihre Personalien bekommen.

Deswegen nutzen die Kriminellen oft nicht ihre eigenen Computer, sondern die Rechner unbescholtener Bürger. Vielleicht genau in dieser Sekunde Ihren Rechner, ohne dass Sie das wissen. Durch Schadsoftware, die von Kriminellen auf Ihren Rechner gespielt wurde, wird dieser »fernsteuerbar«, er tut, was die Kriminellen verlangen – ein Zombie-Rechner.

Die Schadsoftware kann auf unterschiedliche Weise auf Ihren Rechner gekommen sein. Es gibt die sogenannten Würmer oder Trojaner, die per E-Mail ankommen. Wenn Sie dann auf die angehängte Datei klicken, nistet sich die Schadsoftware in Ihrem Rechner ein und verteilt sich gleich per E-Mail an Ihre Kontakte weiter. Es gibt aber auch »Drive-by-Infections«, bei der Sie gar nicht auf einen Dateianhang geklickt haben müssen. Durch Sicherheitslücken in Browsern reicht es, wenn Sie eine infizierte Webseite besuchen.

Ist die Schadsoftware erst einmal auf Ihrem Rechner, wird dieser Teil eines sogenannten Bot-Netzes. Und ist damit in großer Gesellschaft. Im bisher größten Botnet, BredoLab, das im Jahr 2010 geschlossen wurde, waren 30 Millionen gekaperte Rechner zusammengeschlossen. Sie verschickten pro Tag 3,6 Milliarden Spam-Mails.

Spezialisten gehen davon aus, dass weltweit jeder zehnte Computer Teil eines Bot-Netzes ist. Den Kriminellen steht also eine fast unbegrenzte Rechenpower zur Verfügung. Den Zugriff auf ein Bot-Netz kann man mieten, wenn man eine kriminelle Idee hat. Bot-Netze können nicht nur zum Versand von Spam-Mails genutzt werden. Ein Botnet kann auch eine Webseite lahmlegen, indem auf einen Schlag Tausende Rechner des Bot-Netzes auf die Webseite zugreifen und den Server dadurch in die Knie zwingen.

Auch die »Fakeshop«-Bande nutzte ein Botnet. Damit versuchten sie kritische Online-Foren, in denen vor ihrem Betrug gewarnt wurde, vom Netz zu nehmen.

Wie Sie die WLAN-Falle vermeiden

Es ist ziemlich praktisch, überall online zu sein. Fast jedes Hotel, viele Cafés und Restaurants bieten als Service für die Gäste kostenloses WLAN an. Für Kriminelle ist das eine ideale Möglichkeit, um an fremde Daten zu gelangen.

Der Trick ist einfach: Ein Angreifer bucht sich ein Hotelzimmer. Er bringt einen eigenen WLAN-Router mit, dem er den Namen des Hotel-WLANs gibt. Gäste, die nun mit dem Laptop nach WLAN-Netzwerken suchen, bekommen in der Liste plötzlich zwei Netzwerke präsentiert, die so heißen wie das Hotel. Der Angreifer kann sich also sicher sein, dass zumindest ein paar Gäste sich in sein Netzwerk einloggen.

Jetzt hat er volle Kontrolle über alles, was Sie im Internet tun. »Man-in-the-Middle«-Angriff nennt sich der Trick. Weil zwischen Ihnen und dem Internet jemand sitzt, von dem Sie keine Ahnung haben.

Er kann alles mitlesen, was Sie auf Webseiten eingeben, Passwörter, Homebanking-Zugänge.

Er kann Ihnen andere Webseiten schicken. Wenn Sie die Webseite Ihrer Bank eingeben, kann er Sie zu einer gefälschten Seite umleiten, ohne dass Sie das bemerken – so kann er alle Ihre Überweisungen auf sein Konto umleiten.

Durch die Umleitung kann er Schadsoftware auf Ihren Rechner laden, damit Ihr Laptop, auch wenn Sie längst wieder zu Hause sind, nicht mehr sicher ist.

Achten Sie also darauf, möglichst selten fremde WLANs zu nutzen. Wenn es sein muss, informieren Sie sich, wie das WLAN des Hotels heißt, und nutzen Sie nur dieses. Und versuchen Sie trotzdem, auf sicherheitskritische Anwendungen wie Online-Banking zu verzichten. Achten Sie in fremden WLANs besonders darauf, vertrauliche Daten nur auf Webseiten einzugeben, die sie verschlüsselt an den Server schicken. Sie erkennen diese Seiten daran, dass die Adressen mit »https://« und nicht mit

»http://« beginnen. Hier werden die Daten bereits auf Ihrem Computer verschlüsselt, bevor sie versendet werden, der »Man-in-the-Middle« kann sie also nicht lesen.

Wie Sie sich nicht erpressbar machen

In den letzten zwei Jahren ist sogenannte Ransomware, Lösegeldsoftware, zu einer echten Seuche geworden. Schadsoftware, die den Computer der Opfer sperrt und droht, ihn erst wieder freizugeben, wenn ein »Lösegeld« gezahlt worden ist. Am Anfang gab die Schadsoftware oft vor, vom Bundeskriminalamt (BKA) oder einem der Landeskriminalämter (LKA) zu sein. Mit dem befallenen Computer sei Software raubkopiert, Filme seien getauscht oder Kinderpornos heruntergeladen worden. Um den Computer wieder nutzen zu können, verlangten die Täter eine Ukash- oder Paysafecard-Transaktion – Prepaid-Karten, die man an Tankstellen kaufen und mit denen ganz anonym Geld transferiert werden kann. Tatsächlich glaubten manche Opfer, dass Behörden auf ein solches Zahlungsmittel zurückgreifen würden.

Aktuell befällt die Schadsoftware CryptoLocker immer mehr Rechner. Das Programm verschlüsselt Dateien auf dem Rechner, hauptsächlich Bilder, Textdateien – Dinge, die dem Nutzer besonders wichtig sind. CryptoLocker nutzt eine Verschlüsselung, die fast nicht zu knacken ist. Um die Dateien wieder zu entschlüsseln, muss der User Bitcoins an die Täter zahlen – er hat dafür 72 Stunden Zeit, danach verdoppelt sich der Preis.

Einige Nutzer berichteten, dass sie trotz Zahlung keinen Zugriff auf ihre Dateien bekommen hätten. Andere hingegen meldeten, nach der Lösegeldzahlung hätten sich ihre Dateien tatsächlich wieder öffnen lassen.

Machen Sie also regelmäßig Back-ups. Wenn Kopien Ihrer Daten sicher sind, kann Ihnen ein Online-Erpresser auch nicht drohen. Übrigens: Wenn Sie etwas Kriminelles mit Ihrem Computer angestellt haben, sperren wir ihn nicht – wir holen ihn ab.

Wie Sie sich mit den richtigen Passwörtern schützen

Wenn ein Angreifer es schafft, sich in Ihr E-Mail-Postfach einzuloggen, kann das für Sie und Ihre Kontakte gefährlich werden:

Der Angreifer kann an alle Ihre Kontakte Viren schicken – die Wahrscheinlichkeit, dass einer Ihrer Freunde den Anhang einer Mail, die von Ihnen kommt, öffnet, ist deutlich größer als bei einer Spam-Mail.

Der Angreifer kann allen Ihren Kontakten eine E-Mail schicken, dass Sie im Ausland in einer Notlage sind und daher um den Transfer von Bargeld via Western Union bitten.

Vielleicht findet der Angreifer sogar E-Mails in Ihrem Archiv, mit denen er Sie oder andere Menschen erpressen kann.

Wahrscheinlich würde der Angreifer Rechnungen aus dem Online-Versandhandel finden, mit Ihrem Nutzernamen, Kontoinformationen, Kreditkartennummern.

Der Angreifer kann so auch an Ihre Zugänge von Einkaufsportalen, sozialen Netzwerken oder Reiseportalen gelangen – viele Webseiten bieten die Möglichkeit, sich vergessene Passwörter per Mail zuschicken zu lassen. Dann kann er auf Ihre Kosten Flüge buchen und einkaufen.

Sie sehen also, Ihr E-Mail-Postfach bietet einem Kriminellen jede Menge Möglichkeiten. Trotzdem sichern viele Menschen ihre Postfächer nur mit extrem schwachen Passwörtern. Um an ein Passwort zu gelangen, bieten sich sogenannte Brute-Force-Attacken an. Die »rohe Gewalt«, also das Durchprobieren von Passwörtern, ist nicht so aussichtslos, wie es im ersten Moment erscheint. Wenn Ihr Passwort – wie bei den meisten Menschen – nur aus Kleinbuchstaben besteht und immerhin sieben Zeichen lang ist, dann müsste ich 8 031 810 176 Kombinationen durchprobieren. Hört sich viel an? Eine moderne Software braucht dafür gerade einmal drei Sekunden.

Aber ein Angreifer muss nicht 8 031 810 176 Passwörter durchprobieren – kaum jemand nutzt ein Passwort wie »fjklmzn«. Weil sich das niemand merken kann. Die meisten Passwörter finden sich im Wörterbuch. Die deutsche Standardsprache umfasst etwa 75 000 Wörter. Im aktiven Wortschatz sind aber deutlich weniger, vielleicht die Hälfte.

Als Passwörter kommen davon auch die wenigsten infrage, da die Menschen, wenn sie sich ein neues Passwort ausdenken müssen, immer wieder in die gleichen Muster verfallen. Sie nehmen Vornamen, Städte, Haustiere. Das wissen auch die Angreifer. Im Internet gibt es für all diese Marotten Wortlisten, die Computerprogramme automatisch abarbeiten. Wortlisten mit Hunderassen, Songtiteln, Vornamen …

Aber selbst dieser Aufwand ist oft unnötig. Das beliebteste Passwort ist »12345«. Gefolgt von »Password«. So simpel. Immer wieder analysieren Spezialisten gestohlene Passwortlisten, die im Netz auftauchen. Und jedes Mal wird deutlich, dass eine Handvoll Passwörter von sehr vielen Computernutzern gewählt wird.

Die allermeisten Internetseiten sind gegen »Brute Force«-Attacken geschützt, indem sie nach ein paar falschen Eingabeversuchen den Zugang sperren. Das Problem dabei ist: Viele Menschen nutzen ein Passwort für alle Internetseiten. Und das meist jahrelang. Für das sehr sicherheitsrelevante E-Mail-Konto genauso wie für den E-Mail-Newsletter oder die Gaming-Seite. Es genügt, wenn eine der Webseiten nicht ausreichend gegen Attakken geschützt ist. Mit dem so gewonnenen Passwort kann der Täter dann in alle Ihre Accounts eindringen.

Wenn Sie kein Prominenter sind oder beruflich über Geheimwissen verfügen, an das jemand kommen möchte, können Sie einwenden: Warum sollte jemand den Aufwand betreiben, ausgerechnet mein Passwort knacken zu wollen?

Die Antwort lautet: Sie können zu einem Zufallsopfer werden. Internetkriminelle probieren meist nicht an einem speziellen

Account alle Passwörter aus, sondern versuchen es mit Passwörtern bei einer Vielzahl von Accounts. Und irgendwann kommen sie dann auch irgendwo rein.

Die Computerzeitschrift *c't* hat schon im Jahr 2004 getestet, wie leicht Hacker in die Nutzerkonten von eBay-Usern gelangen können. Wer da drin ist, hat eine Lizenz zum Gelddrucken: So kann man unter gut bewerteten Verkäufernamen Ware auf Vorkasse anbieten, die dann nie geliefert wird. Die Sicherheitsexperten nutzten für ihren Test eine extrem simple Passwortliste, gefüllt mit 220 weiblichen Vornamen. Sie probierten sie bei 2600 eBay-Accounts aus – und kamen bei immerhin 27 rein. Das Experiment dauerte 48 Stunden. Wenn Hacker aber ein Botnet nutzen, also quasi unbegrenzt viel Rechenkapazität zur Verfügung haben, können sie deutlich längere Passwortlisten abarbeiten. Noch dazu haben sie unbegrenzt Zeit, und alle paar Stunden werden sie schon irgendwo reinkommen.

Benutzen Sie also für jeden Internetdienst ein eigenes Passwort. Wählen Sie Passwörter, die Sonderzeichen und Zahlen enthalten. Nehmen Sie keine real existierenden Namen oder Wörter, die in Passwortlisten enthalten sein könnten. Eine gute Methode besteht darin, die Anfangsbuchstaben eines Satzes als Passwort zu nutzen. Aber nehmen Sie kein bekanntes Sprichwort – auch die so generierten Passwörter befinden sich mittlerweile in Passwortlisten.

Wie Sie Ihren Computer vor Angriffen schützen

Auf meinem Schreibtisch im LKA stehen zwei getrennte Rechner. Einer für sicherheitskritische Anwendungen im internen Netz, der andere hat eine Verbindung nach außen ins Internet. Ganz so wild müssen Sie es nun nicht treiben, aber Sie können Ihren Rechner mit weniger Aufwand zumindest einigermaßen sicher halten.

Dafür benötigen Sie:

- **eine Firewall**: Okay, die haben Sie wahrscheinlich. Die macht keinen Aufwand, ist bei modernen Betriebssystemen als Software meist vorinstalliert und auch als Hardware-komponente in aktuellen Routern enthalten.
- **ein verschlüsseltes WLAN**: Das ist schon etwas nerviger. Ich muss dann nämlich das Passwort bei all meinen Geräten eingeben – aber auch wenn ein komplett offenes Netz komfortabler ist, sollten Sie bedenken, dass Sie damit jeden Angreifer in Ihr System einladen.
- **einen aktuellen Virenscanner**: Wenn der läuft, macht er zwar das System langsamer. Aber vergessen Sie nie: Moderne Schadsoftware nutzt Sicherheitslücken in Browser-Plug-ins, sie kommt auf Ihren Rechner, ohne dass Sie etwas davon merken. Also ist ein aktueller Virenscanner die einzige Möglichkeit, um sich wirksam zu schützen. Und klicken Sie ja nie auf Dateianhänge, die Sie nicht kennen ... Wenn der Virenscanner eine Schadsoftware auf dem Computer entdeckt, bietet die Software meist an, den Virus zu entfernen. Das reicht aber häufig nicht aus. Moderne Schadsoftware nistet sich fest im System ein und öffnet Hintertüren, um weitere Viren aus dem Netz nachzuladen. Am besten setzen Sie Ihren Computer auf den Auslieferungszustand zurück, moderne Betriebssysteme bieten auch Wiederherstellungspunkte an – dafür müssen Sie aber wissen, wann Ihr System noch nicht infiziert war.
- **regelmäßige Updates für Ihre gesamte Software**: Wahrscheinlich meldet sich Ihr Betriebssystem automatisch, wenn es sicherheitsrelevante Updates gibt. Das ist schon eine gute Sache. Nur kann es leider nicht nur in Ihrem Betriebssystem Sicherheitslücken geben. Das kleine Freeware-Programm, das seit drei Jahren auf Ihrem Rechner schlummert und das Sie längst nicht mehr nutzen, könnte eine Sicherheitslücke haben, durch die Schadsoftware auf Ihren Rechner kommt. Also: Deinstallieren Sie Software, die

Sie nicht mehr benötigen. Und halten Sie dafür die Software, die Sie benötigen, auf dem aktuellsten Stand.

- **ein Back-up Ihrer wichtigen Daten:** Kaum jemand macht es, dabei könnten Sie über Ransomware lachen, wenn Sie eine Kopie Ihrer wichtigen Daten in Sicherheit wüssten. Aber selbst ohne Viren lohnt sich ein Back-up. Die meisten Daten verschwinden einfach, weil eine Festplatte nach ein paar Jahren ihren Geist aufgibt.

- **Doch am allerwichtigsten:** Auch wenn Ihr Rechner gut geschützt ist – am erfolgreichsten sind Cyber-Kriminelle, wenn sie Fehler des Anwenders ausnutzen. Vor den Betrügern der »Fakeshop-Bande« hätte Sie kein Virenscanner der Welt gewarnt – aber Ihr gesunder Menschenverstand.

»Anatomie (…) lernt aus dem Todten, was das Lebendige war. Sie zerstört mit den Händen einen vollendeten Bau, um ihn im Geiste wieder aufzuführen und den Menschen gleichsam nachzuschaffen. Eine herrlichere Aufgabe kann sich der menschliche Geist nicht vorstellen.«

Joseph Hyrtl, Wiener Anatom (1811–1894)

Sezieren wie ein Gerichtsmediziner

Wie Sie erkennen, ob jemand beim Alter schwindelt – Wie Sie Menschen entlarven, die sich selbst verletzen, um andere zu betrügen – Was schlechter Atem verrät – Wie Sie Ekelgefühle überwinden – Wie Sie das Betrachten von Blut aushalten (ohne umzukippen) – Wie Sie schlechten Geruch ertragen

Wenn **Wolfgang Eisenmenger** in den Keller des Münchner Instituts für Rechtsmedizin steigt, trägt er Hemd und Krawatte. Er tritt den Leichen gut angezogen gegenüber, als Zeichen des Respekts vor den Toten. Doch Eleganz ist nicht alles. Auch Plastikhandschuhe und eine hochgeschlossene Gummischürze gehören zu seiner Arbeitskleidung, denn im Sektionssaal fließen Blut und Eiter, Sekrete und Säfte. Professor Eisenmenger ist seit 40 Jahren Rechtsmediziner. Er hat in dieser Zeit deutlich mehr als 10 000 Tote begutachtet. Wahrscheinlich waren es sogar 30 000, irgendwann hat er aufgehört zu zählen. Eisenmengers Erkenntnis: Im Fleisch und im Blut liegt die Wahrheit.

Wie Sie erkennen, ob jemand beim Alter schwindelt

Wir Rechtsmediziner arbeiten im Auftrag von Staatsanwaltschaften. Unsere medizinische Fachkenntnis stellen wir in den Dienst der Strafverfolgung. Im Gegensatz zu unseren Medizinerkollegen heilen wir nicht. Wir untersuchen und begutachten.

Ein schauriges Interesse an Pathologie entwickelte sich erstmals im 16. Jahrhundert. Damals waren öffentliche Obduktionen noch beliebte Spektakel. Medizinische Scharlatane zerstückelten die Leichen von Exekutierten und präsentierten »die Wunder des menschlichen Körpers« auf Jahrmärkten. Die Angst der Untertanen, auf der Bühne des »anatomischen Theaters« geschlachtet zu werden, kam den Herrschenden als Druckmittel gelegen: Die öffentliche Sektion wurde als Verlängerung der Hinrichtung empfunden. War der Tod eine Erlösung, galt die anschließende Leichenschau als eigentliche Strafe.

Noch immer findet die Arbeit des Rechtsmediziners ein Publikum, das sich mit schaurig-wohligen Geschichten vom Tod die Nerven kitzeln lässt. Das anatomische Theater des Spätmittelalters hat so seine Fortsetzung in der Welt des Fernsehens und der Massenmedien gefunden.

Rechtsmedizin ist Detektivarbeit. Es geht darum, den Geheimnissen eines Körpers auf die Spur zu kommen. Kriminalistisches Gespür ist gefragt, wenn wir einen lebenden oder toten Körper erforschen und analysieren. Dabei verfolgen wir unterschiedliche Fragestellungen: Liegt eine natürliche oder eine nicht natürliche Todesursache vor? Passen Verletzungsmuster zu Zeugenaussagen oder handelt es sich bei Letzteren um Lügen? Wurden Verletzungen von fremder oder eigener Hand verursacht?

Zunächst müssen bei der rechtsmedizinischen Untersuchung Identität, Geschlecht und Alter geklärt werden. Nicht immer hat eine Person ein Interesse daran, dies offenzulegen.

Eitelkeit und Jugendwahn sind nicht die einzigen Motive, weshalb Menschen ihr Alter verbergen wollen. Eine texanische Schauspielerin verklagte eine Online-Filmdatenbank, weil dort ihr echtes Alter veröffentlicht worden war. Die Frau wollte mehrere Millionen Dollar Entschädigung, weil sie keine Rollenangebote mehr bekommen habe, nachdem bekannt geworden war, dass sie über 40 Jahre alt war.

Bewegender sind die Schicksale junger Asylsuchender, meist Kinder, die ihre Identität und ihr Alter verschleiern, um nicht abgeschoben zu werden. Manchmal müssen wir Rechtsmediziner auch Altersgutachten von Straftätern erstellen, um Klarheit zu bekommen, ob nach Jugend- oder Erwachsenenrecht geurteilt werden kann oder ob der Betreffende überhaupt strafmündig ist.

Rechtsmediziner können anhand des Zahnzustands das Alter bestimmen oder mittels Röntgenaufnahmen des Handske-

letts. Bei Toten sägen wir bei der Obduktion den Oberarmkno-
chen auf, um dort die Gestaltung und Ausprägung der Markhöh-
le zu sehen, um so das Alter zu bestimmen.

Sie müssen keinen Seziertisch im Keller haben, um mit dem
kriminalistischen Sinn eines Rechtsmediziners Ihre Umgebung
und Ihre Mitmenschen zu betrachten und deren Körper zu analysieren.

Gehen wir von folgender Alltagssituation aus: Sie sitzen mit
einem oder einer Fremden im Restaurant. Sie haben sich zu einem Blind Date verabredet und rätseln, ob ihr Gegenüber tatsächlich so jung ist, wie er oder sie behauptet.

Um das Alter einer Person zu bestimmen, müssen Sie nur wissen, wie und wo man dem Menschen das Alter ansieht:

1. Schauen Sie in Nase und Ohren

Bei Männern sind die Altersanzeichen verräterischer als bei
Frauen. Mit fortschreitendem Alter verlieren Männer nicht nur
Haare, sie entwickeln auch neue: nämlich borstige Haare in der
Nase. Diese Veränderung tritt in der Regel jenseits der 50 auf.
Hier haben Sie also eine praktische Methode, wenn Sie einen
Mann zum Rendezvous treffen und grübeln, ob seine offensiv
zur Schau gestellte Jugendlichkeit nicht eher das Resultat von
Haartönungsmitteln und Schönheitskorrekturen ist. Schauen
Sie Ihrem Gegenüber also nicht gleich tief in die Augen (dazu
kommen wir später), sondern zunächst mal tief in die Nase. Ge-
nauso verhält es sich übrigens mit der Ohrbehaarung. Diese wird
weniger streng rasiert, deshalb ist eine borstige Behaarung in der
Ohrmuschel oft besser sichtbar und ein sehr deutliches Indiz für
ein fortgeschrittenes Alter.

2. Halten Sie Händchen

Hellbraune Flecken, die an große Sommersprossen erinnern,
können ab dem 40. Lebensjahr auftreten. Diese sogenannten Altersflecken sind auf dem Handrücken, im Dekolleté und im Gesicht eines Menschen zu sehen. Wer sich häufig in der Sonne aufhält, ist anfälliger für diese Hautveränderung. Eine größere Zahl

dunkelbrauner Flecken ist ein handfestes Indiz, dass Ihre Bekanntschaft der Generation 60 plus angehört.

Vor einigen Jahren präsentierten Ermittler den Rechtsmedizinern in Münster eine Sporttasche, die eine Familie beim Sonntagsspaziergang im Wald gefunden hatte. Darin befanden sich zwei abgetrennte Gliedmaßen, es handelte sich um den rechten Arm und das rechte Bein einer Frau. Um die Identität des Opfers zu klären, analysierten die Rechtsmediziner die Hand und entdeckten dabei leichte Altersflecken. Somit kamen als vermisst gemeldete junge Frauen nicht mehr als Opfer infrage.

3. Untersuchen Sie das Gesicht

Sie haben Nase, Ohren, Hände begutachtet? Nun können Sie abschließend ins Detail gehen und dem Gesicht Ihres Gegenübers ganz nahe kommen.

Mit Make-up, Cremes, Botox und allerhand chirurgischen Eingriffen versuchen Menschen Faltenbildung im Gesicht zu bekämpfen oder zu verstecken. Für die Rechtsmedizin bringt der Blick auf die Gesichtshaut spannende Erkenntnisse über das Alter eines Menschen.

Bei der sogenannten Leichentoilette wird das Gesicht bei Obduktionen von Blut und Schmutz befreit, um es genau untersuchen zu können. Nun wäre es uncharmant, beim romantischen Dinner mit einer angefeuchteten Serviette ihrem Gegenüber über das Gesicht zu wischen, um freie Sicht auf Falten zu bekommen. Einige sind zum Glück einfacher zu erspähen:

- **Nasen-Lippen-Falten:** Mit etwa 35 bis 40 Jahren tritt eine Vertiefung der Falten in der Mund- und Nasenregion ein.
- **Ohren:** Ab dem 30. Lebensjahr bilden sich Falten vor den Ohren. Ab 40 sind Falten auch deutlich unterhalb der Ohrläppchen zu erkennen.
- **Nacken:** Tiefe Nackenfalten weisen auf ein Lebensalter jenseits der 60 hin.

4. Blicken Sie tief in die Augen

Eine weitere Alterskontrolle kann auch als verträumter Blick getarnt werden. Blicken Sie Ihrem Gegenüber tief in die Augen und achten Sie dabei auf den »Greisenbogen«, eine ringförmige, gräulichgelbe bis weißliche Trübung, die rings um die Peripherie der Hornhaut verläuft. Bei 60 Prozent der Menschen zwischen 40 und 60 Jahren tritt diese Alterserscheinung auf – und bei 99 Prozent der Menschen jenseits der 80. »Greisenbogen« entstehen durch Fetteinlagerungen, schränken aber die Sehkraft nicht ein. Sie dürfen Komplimente für Ihr Aussehen also auch von Personen mit »Greisenbogen« ernst nehmen.

Passend zu unserer Rendezvoussituation noch ein letzter Hinweis zur Altersbestimmung: Ebenso wie Faltenbildung an manchen Körperstellen geben sexuelle Reifezeichen deutliche Hinweise auf das Alter einer Person. Schambehaarung und die Entwicklung der Brustdrüsen bei der Frau unterliegen etwa bestimmten Altersphasen. Anhand dieser Körpermerkmale erstellen Rechtsmediziner Gutachten, auch wenn sie die betreffende Person gar nicht zu Gesicht bekommen. Das ist der Fall, wenn die Kollegen vom Zoll allein reisende Männer nach dem Thailand-Urlaub aufgreifen. Manche haben als Andenken Fotos und Videos von sich und sehr jungen Einheimischen mitgebracht. Anhand dieser Bilder lassen sich dann recht sichere Aussagen darüber treffen, ob hier ein Anfangsverdacht auf Pädophilie gegeben sein könnte.

Wie Sie Menschen entlarven, die sich selbst verletzen, um andere zu betrügen

Die Arbeit des Rechtsmediziners spielt sich nicht nur am Seziertisch ab. Wir arbeiten auch mit lebenden Körpern. Etwa wenn es gilt, Verletzungen zu interpretieren und zu klären, wie diese entstanden sind. Denn nicht jede Verletzung wird von fremder Hand verursacht.

Als »Selbstbeschädigungen« beschreiben wir Rechtsmediziner körperliche Verletzungen, die sich Menschen selbst zugefügt haben, ohne dass eine Suizidabsicht vorliegt.

Warum verletzt sich überhaupt jemand selbst?

Rache und Niedertracht können Motive sein, etwa wenn man eine Misshandlung vortäuscht, um sie jemand anderem anzuhängen. Finanzielle Erwägungen können eine Motivation sein, wenn eine Versicherung betrogen werden soll. Wenn es ums Geld geht, das zeigt die Erfahrung, sind Menschen ohnehin erstaunlich schmerzfrei und kreativ. Gleiches gilt für den Angestellten, der sich um eine lästige Aufgabe drücken will, indem er eine Erkrankung vortäuscht.

Klassische Fälle von Selbstbeschädigung sind daher folgende:

- Eine verlassene Liebhaberin befriedigt ihre Rachegefühle, indem sie eine Misshandlung inszeniert, um den erst umschwärmten und dann verhassten Liebhaber zu verleumden.

- Umgekehrt dient Selbstbeschädigung auch zur Vortäuschung einer Straftat: Ein Mann erschießt den Liebhaber der Frau, bricht sich danach selbst den Arm, um bei der Polizei später behaupten zu können, er habe aus Notwehr gehandelt.

- Auch Verleumdung oder Erpressung kommen vor, etwa wenn die Kollegin sich selbst misshandelt und dann dem Chef droht, ihm die Tat in die Schuhe zu schieben, wenn sie nicht befördert wird. Oder die Kollegin kommt mit einem blauen Auge, das sie sich selbst verpasst hat, ins Meeting und entschuldigt ihr spätes Erscheinen mit den Worten: »Entschuldigung, aber Sie wissen ja, dieser jähzornige Typ aus dem Controlling ...«

Haben Sie selbst Fälle wie diese erlebt, werden Sie sich fragen: Wie erkennt man, ob eine Verletzung selbst zugefügt wurde?

Überprüfen Sie wie ein Rechtsmediziner das Verletzungsbild mit diesem Leitfaden:

1. Wie hoch ist die Wahrscheinlichkeit?

Amerikanische Rechtsmediziner schätzen, dass sich bis zu 0,8 Prozent einer Bevölkerung selbst Verletzungen zufügen. Das wären in Deutschland also mehr als eine halbe Million Menschen. Statistisch gesehen ist demnach etwa jeder 160. Deutsche ein potenzieller Selbstverstümmler.

2. Was sind typische Merkmale?

Menschen, die sich selbst verletzen, um daraus einen wie auch immer gearteten Vorteil zu ziehen, sind zwischen 15 und 35 Jahre alt und meist weiblich (Frauen sind zwei- bis fünfmal häufiger als Männer betroffen). Einige Rechtsmediziner halten übrigens schon das Kauen der Fingernägel für ein Indiz, dass Anlagen zur Selbstbeschädigung vorliegen. Achten Sie einmal darauf, wer in der Familie, im Freundeskreis oder am Arbeitsplatz aus Nervosität seine Nägel abbeißt.

3. Ist die Verletzung oberflächlich?

Die Wahrscheinlichkeit, dass sich jemand blaue Flecken und Hämatome selbst zufügt, ist höher, als dass sich jemand ein Stück Fleisch aus dem Oberschenkel schneidet. Auch ein Messerschnitt, der nur einen Millimeter tief ist, sollte Ihnen verdächtiger erscheinen als ein abgeschnittenes Ohr.

4. Sind die Wunden serienartig?

Messerschnitte, die ein ähnliches Muster aufweisen, also etwa allesamt gleich tief sind und parallel verlaufen, können einen Verdacht begründen. Typisch sind auch »Probeschnitte«, bei denen der Betroffene seine Schmerzresistenz erst testet, um dann weitere, womöglich tiefere und schmerzhaftere Schnitte zu machen.

5. Sind die Wunden an leicht zugänglichen Körperstellen?

Genauso schwierig, wie sich ohne fremde Hilfe den Rücken mit Sonnencreme einzuschmieren, ist es, sich ein Messer in den Rükken zu rammen. Einfacher ist dies im Halsbereich, an den Armen oder den Beinen.

6. Haben Sie die Hutkrempen-Regel bedacht?

Diese besagt, dass Verletzungen oberhalb der Hutkrempen-Linie (wo der Schädel am breitesten ist) eher auf Fremdeinwirkung in Form von Schlägen oder Hieben mit Gegenständen hinweisen. Unterhalb der Hutkrempen-Linie kann ein Sturz die Ursache der Verletzung sein, aber auch eine selbst zugefügte Wunde.

7. Wie sieht die Lebenssituation aus?

Das persönliche Umfeld und die Lebenssituation eines Verdächtigen bieten zahlreiche Hinweise auf Motive zur Selbstbeschädigung. Vor allem die finanzielle Lage gilt es zu berücksichtigen. Viele Menschen sind bereit, ihre Schmerztoleranz voll auszureizen, wenn es ums Geld geht. Habgier ist stärker als der Selbsterhaltungstrieb. Das zeigt der Fall des Masseurs ohne Auge, mit dem ich vor einigen Jahren zu tun hatte.

Ein Mann, der in einem Hotel-Spa angestellt war und dort als Bademeister und Masseur arbeitete, ließ sich beide Augen mit jeweils einer Million D-Mark versichern. Seine Begründung: Er komme häufig mit stark reizenden Massage-Ölen und laugenhaltigen Einreibemitteln in Kontakt. Diese könnten ihm in die Augen spritzen, die Hornhaut verätzen und ihn erblinden lassen.

Es kam, wie befürchtet: Tatsächlich verätzte Öl eines seiner Augen, nachdem er die Versicherung abgeschlossen hatte. Allerdings waren die Ärzte fähig genug, sein Augenlicht zu retten.

Man muss kein Anästhesist sein, um mit Kokainlösung ein Auge zu narkotisieren. Hat man die illegale Substanz beschafft, genügt es, eine kleine Dosis auf die Pupille zu träufeln, um das Sehorgan völlig unempfindlich für Berührungen zu machen.

Das wusste offenbar auch der Masseur. Denn kaum war sein Auge halbwegs verheilt, tauchte der Mann erneut beim Notarzt auf. Diesmal steckte ein Dartpfeil in seinem Augapfel.

Doch wieder leisteten die Ärzte herausragende Arbeit. Sie konnten den Pfeil schonend entfernen, das Auge war sogar noch eingeschränkt sehfähig, allerdings war die Augenlinse stark beschädigt worden.

Nur wenige Wochen vergingen, da wurde der Mann erneut im Krankenhaus vorstellig. Diesmal klagte er über heftige Schmerzen im gesunden Auge. Das Phänomen nennt sich Sympathische Ophthalmie: eine Entzündung – und damit auch der Schmerz – greift vom kranken auf das gesunde Auge über.

Die Leiden wurden für den Masseur so unerträglich, dass tatsächlich der zunächst gerettete Augapfel entfernt werden musste. Was der Masseur allerdings nicht wusste: Der entnommene Augapfel wurde als Beweisstück in Spiritus eingelegt und asserviert. Natürlich hatte die Versicherung längst Verdacht geschöpft und sich geweigert, die Million auszuzahlen. Sie pochte auf ein rechtsmedizinisches Gutachten. So kam ich zu dem Fall.

Menschen, die sich selbst verstümmeln oder verletzen, um andere zu betrügen, sind Meister im Stricken von Legenden. Mein wichtigster Tipp: Immer genau prüfen, ob die Geschichte stimmig ist, und sie notfalls nachstellen. Dafür muss man kein Experte sein. Kreativität und ein wenig handwerkliches Geschick genügen. Nicht anders überführten wir den betrügerischen Masseur.

Der hatte nämlich ausgesagt, sein Freund habe Pfeile auf eine an der Tür angebrachte Dartscheibe geworfen. Er selbst habe sich im anderen Zimmer befunden, die Tür im falschen Moment geöffnet und sei so getroffen worden. Diese Aussage mussten wir überprüfen.

Zunächst zitierten wir Bekannte und Freunde ins Institut und ließen sie Dartpfeile werfen. So konnten wir die Durchschnittsgeschwindigkeit der Wurfobjekte bestimmen. Dann wurde im Treppenhaus des Münchner Rechtsmedizinischen Instituts ein Rohr aufgebaut. Wir richteten den Winkel so aus, dass die Pfeile mit der ermittelten Geschwindigkeit durch das Rohr auf Tieraugen fielen. Die hatten wir vom Schlachthof besorgt.

Das Ergebnis des Versuchs zeigte: Entweder traf die Pfeilspitze auf die Hornhaut des Auges, rutschte seitlich ab und verursachte nur eine oberflächliche Verletzung. Oder sie drang tief in das Organ ein und stach bis zur Netzhaut an der Rückwand des Auges durch.

Mit dieser Erkenntnis wurde das asservierte Auge des Masseurs nochmals untersucht. Es zeigte allerdings ein Verletzungsmuster, das bei dem Pfeil-Experiment nie vorgekommen war. Und auch die Netzhaut war unversehrt. Eine Verletzung durch einen Pfeilwurf konnte also ausgeschlossen werden. Der Masseur musste sich das Objekt selbst ins Auge gebohrt haben. Der Mann war als Betrüger überführt.

Dennoch kam die Versicherung am Ende nicht umhin, die Million auszuzahlen. Nachdem der Betrug mit dem Auge aufgeflogen war, hatte der Mann eine Erwerbsunfähigkeitsversicherung abgeschlossen. Und natürlich musste man nicht lange warten, da kam der Halbblinde ohne Daumen an. Den habe er sich wegen seiner eingeschränkten Sehfähigkeit beim Holzhacken mit der Axt abgetrennt, erklärte er. »Diesen Daumen würde ich gern untersuchen«, sagte ich damals zum Anwalt des Masseurs. »Leider«, entgegnete der, »hat der Hund meines Mandanten den Daumen gleich nach dem Unglück gefressen.«

Was schlechter Atem verrät

Was wir unserem Körper zuführen, ist für Rechtsmediziner eine Quelle der Erkenntnis. In München sind wir seit einigen Jahren führend, was die sogenannte Isotopenanalyse betrifft. Dabei können wir über die Nahrung aufgenommene chemische Elemente in Haut, Knochen und anderen Organen eines Menschen untersuchen und bestimmten geografischen Gebieten zuordnen. Der Fisch, den Sie drei Jahre lang während Ihres Auslandsstudiums in Neuseeland gegessen haben, lagert sich ebenso in Ihrem Organismus ab wie die Weißwürste, die Sie anschließend nach Ihrem Umzug nach München verspeist haben. So lässt sich etwa bei einem Skelett recht präzise ermitteln, wo der Mensch, zu dem die Knochen einst gehörten, lebte und wo er früher gelebt hat. Eine wichtige Erkenntnis, gerade bei Mordfällen. Denn wer den Weg des Opfers kennt, stößt bald auch auf den Ort des Mörders.

Nicht nur was wir in unseren Magen hineinwerfen, auch was aus ihm hervordringt, ist für Rechtsmediziner von Interesse. Bei der äußeren Leichenschau prüfen wir den Mundgeruch des Leichnams durch Druck auf den linken Rippenbogen, um Hinweise auf eine mögliche Vergiftung zu finden. Aber auch der Duft des Rachens beim lebenden Menschen bringt interessante Erkenntnisse.

Erinnert der Geruch beim lebenden Menschen …

… an faulige Eier, dann liegt der Verdacht eines Bakterienbefalls nahe. Diese können den Mund- und Rachenraum besiedeln und Schwefelwasserstoff produzieren, was den typischen Faule-Eier-Geruch beim Fäulnisprozess erzeugt. Die Mundflora besteht aus Billionen von Mikroben, die sich aus Essensresten, abgestorbenen Zellen und Blut entwickeln. Sie kleben an den Zähnen, an Zahnfleischtaschen und besiedeln den Zungenrücken. Die Mikroorganismen scheiden Schwefelverbindungen aus, was als übler Geruch wahrgenommen wird. Ludwig XIV. hatte es seinem Zahnarzt zu verdanken, dass es in seinem majestätischen Rachen so übel roch wie im Abfalleimer des gemeinen Pöbels. Der Leibarzt hatte dem französischen Sonnenkönig beim Zähneziehen den Gaumen durchlöchert, weshalb in der Höhle zwischen Mund und Nase nach dem Mahl die Essensreste faulten. Selbst Clark Gable, der in dem Hollywood-Epos »Vom Winde verweht« die schöne Schauspielerkollegin Vivian Leigh küssen durfte, hatte diese Freude allein dem Drehbuchschreiber zu verdanken. Seine Partnerin beschwerte sich nach der Szene über Mundgeruch und falsche Zähne des Hollywood-Stars. Halitose, wie Mediziner den Mundgeruch nennen, kann der Wind leider nicht verwehen.

... an eine langsam verwesende Maus, verweist das auf Krankheiten, die tiefer liegen. Verwesungsgeruch oder der Duft von Lehmerde sind Hinweise auf einen Leberschaden.

... an den Duft verrottender Äpfel (Acetongeruch), könnte ein Nierenschaden vorliegen. Ein obstartiger Geruch kann auch bedeuten, dass der Körper, statt Zucker abzubauen, Fette verarbeitet – wie es während längerer Hungerphasen oder bei Zuckerkranken (Diabetes mellitus) der Fall sein kann.

... an den alten Hering im Kühlschrank, leidet der Betreffende vermutlich am »Fischgeruch-Syndrom«. Bei diesem Erbleiden kann das Molekül Trimethylamin nicht abgebaut werden, mit der Folge: Der Atem verströmt wie Urin, Schweiß und andere Sekrete einen Fischgeruch. Nicht sehr angenehm.

Sollten Sie in die Verlegenheit kommen, bei einem Leichnam den Mundgeruch prüfen zu müssen, sollten Sie Folgendes wissen:

Erinnert der Mundgeruch des Toten ...

... an faulige Rüben in einem modrigen Keller, liegt der Verdacht nahe, dass der Tote nach Einnahme des Gifts E605 verstorben ist. Diese farb- und geruchlose Flüssigkeit nennt der Volksmund abfällig »Schwiegermuttergift«, da es häufig bei Suiziden und Morden eingesetzt wird.

... an frisch aufgetragenen Nagellack, verweist der im Fachjargon »azetonämisch« genannte Geruch auf eine Diabeteserkrankung. Die ungewöhnliche Ansäuerung des Blutes kann man riechen.

... an ein Männerpissoir (Fachjargon: »urämischer« Geruch), spricht dies für ein Nierenversagen.

... an Bittermandel-Aroma, liegt das nicht daran, dass der Tote gern die gleichnamige Schokolade genascht hat. Dieser besondere Geruch verweist auf eine Vergiftung durch Blausäure. Und falls Sie glauben, diese Mordmethode gäbe es nur in den Krimis von Agatha Christie, liegen Sie falsch. In den 50er-Jahren des vorigen Jahrhunderts verübte der KGB in Deutschland gezielt Anschläge mit dem gefährlichen Gift.

Die Fähigkeit zur Wahrnehmung des Bittermandel-Dufts wird vererbt, nicht jeder kann ihn erschnuppern. Machen Sie den Test, kaufen Sie im Supermarkt Bittermandel-Aroma und eine Packung normale Mandeln. Wenn für Sie beides gleich riecht, wissen Sie, dass Ihnen das »Bittermandel-Gen« fehlt.

Das fehlte auch den Gerichtsmedizinern, die den Leichnam des ukrainischen Nationalisten und Unabhängigkeitskämpfers Lew Rebet untersuchten. 1957 war der in München von dem Sowjet-Agenten Bogdan Staschinski getötet worden. Der Mörder hatte im Auftrag Moskaus das Attentat mit einer Blausäure-Pistole verübt. Die Waffe spritzte einen dünnen Strahl des Gifts in Rebets Gesicht. Der Täter drückte sich ein Tuch vors Gesicht und inhalierte ein Gegengift. Der Exilpolitiker Rebet erstickte, alles sah nach einem Herzinfarkt aus. Es schien der perfekte Mord zu sein. Später tötete Staschinski mit derselben Methode den Regimegegner Stepan Bandera. Als Staschinski 1961 in die Bundesrepublik überlief, beichtete er seine Blausäure-Anschläge.

Beim Verzehr roher Bittermandeln entweicht übrigens im Magen Cyanwasserstoff, was nichts anderes ist als Blausäure. Darum sollten Bittermandeln nie unbehandelt gegessen werden. Wegen ihrer Gefährlichkeit werden sie nur in kleinen Packungseinheiten zu 50 Gramm verkauft. Beim Backen sollte man daher eher zu Bittermandel-Aroma greifen, sofern man es überhaupt riechen kann.

Wie Sie Ekelgefühle überwinden

Um herauszufinden, ob ein natürlicher oder nicht natürlicher Tod vorliegt, sind in der Regel die äußere und die innere Leichenschau nötig, die als Obduktion (Öffnung), Autopsie (Ansicht) oder Sektion (Zerschneiden) bezeichnet wird. Bei der gerichtlich angeordneten Obduktion müssen gemäß § 89 Strafprozessord-

nung alle drei Körperhöhlen geöffnet werden. Diese sind Schä-
del-, Brust- und Bauchhöhle. Die Organe sind dabei freizulegen.

Die innere Besichtigung des Leichnams beginnt mit einem
Schnitt vom Kinn bis zum Schambein, um Halsregion und
Bauchdecke einsehen zu können.

Dabei kommen Hilfsmittel zum Einsatz, die auch in einem gut
sortierten Haushalt zu finden sind. Mit einer Eisenzange werden
die Rippen durchtrennt und dann das Brustbein entfernt. Danach entnehmen wir das Hals-Thorax-Paket, dazu gehören unter
anderem: Zunge, Lunge, Herz, Schilddrüse. Aus der Bauchhöhle
werden Darm, Milz, Magen, Nieren, Leber, Kehlkopf, Luftröhre
und große Blutgefäße wie Hals- und Hauptschlagadern entfernt
und besichtigt.

Die Leber schneiden wir für weitere Untersuchungen mit einem Messer in Scheiben von etwa rund einem Zentimeter Dicke.

Mit einer Art Kelle schöpfen wir aus dem Brustkorb Blut. Der
Toxikologe prüft es auf Alkoholgehalt, Drogen- oder Giftspuren.

Die Öffnung der Schädelhöhle erfolgt, indem man die Haut
am Hinterkopf bogenförmig durchtrennt und abschiebt. Der
nun frei liegende Schädelknochen wird mit einer Säge aufgeschnitten. Wir entnehmen das Gehirn und zerlegen es wie zuvor
die Leber mit dem Messer. Organe, die ausreichend untersucht
und nicht als Beweismittel aufzubewahren sind, werden zum
Schluss in die Bauchhöhle zurückgelegt. Der Präparator näht die
Hautlappen zusammen. Innerlich ist dann zwar einiges durch-
einandergeraten, doch äußerlich ist der Leichnam präsentabel,
falls er in einem offenen Sarg aufgebahrt werden soll. Man wird
ihm die Obduktion kaum ansehen. Um die entleerten Körperhöhlen aufzufüllen, benutzen Präparatoren gern robustes Zeitungspapier – ohne dabei natürlich auf besondere Lesevorlieben
Rücksicht zu nehmen.

Warum ist es überhaupt nötig, eine Leiche zu öffnen, fragen Laien häufig. Ganz einfach: Nur wer ins Innere des Körpers
blickt, findet dessen Geheimnisse. Und kann seine Rätsel entschlüsseln. Zum Beispiel in diesem skurrilen Fall, der von einem
Wurm, einer Frau und zwei Männern handelt:

Der Fuchsbandwurm ist eine seltene Erkrankung, in Deutschland werden jährlich rund 30 Infektionen bei Menschen gemeldet. Die Eier des Parasiten haben eine lange Reise hinter sich, bis sie sich in der Leber des Menschen einnisten. Sie gelangen über den Fuchs zum Menschen, als Zwischenwirte dienen Mäuse oder Ratten. Forscher vermuten, dass über Haustiere wie Katzen und Hunde, die Nagetiere jagen oder im Wald mit von Fuchskot kontaminierten Stöckchen spielen, die Wurmeier auf den Menschen übertragen werden. Wer sich vor der seltenen Krankheit schützen will, sollte sein Haustier alle sechs bis zwölf Wochen entwurmen, es nicht ins Bett lassen und den direkten Kontakt reduzieren. Also lieber nicht mit dem Hund kuscheln, nachdem er Sie beim Gassigehen zu einem Fuchskadaver geführt hat.

In der Leber des Menschen beginnen die Würmer zu wuchern, sie entwickeln Zysten, die einem Krebsgeschwür ähneln und bis zu 20 Zentimeter groß werden. Diese Wucherungen finden über einen Zeitraum von bis zu 15 Jahren statt.

Dieses Wissen wurde für uns relevant, als wir eine junge Frau aus dem früheren Jugoslawien sezierten, von der wir nur wussten, dass sie beim Sex plötzlich gestorben war. Die Untersuchung der Leber löste schließlich das Rätsel um ihren Tod: Das Organ war komplett mit Bandwurmwucherungen befallen. Beim Verkehr in der Missionarsstellung hatte der Körper des Mannes so stark auf die Bauchregion der Frau gedrückt, dass ihre von Geschwüren zersetzte Leber platzte. Es kam zu einem allergischen Schock, und die Frau starb noch im Bett. Dass sie an einer gefährlichen Krankheit litt, hatte sie nicht wissen können. Auch ihr Ehemann war ahnungslos, und zwar nicht nur, was die Erkrankung seiner Frau betraf. Als er von einer langen Dienstreise nach Hause kam, musste er erfahren, dass seine Frau während seiner Abwesenheit gestorben war – im Bett mit ihrem Liebhaber.

Hätte man nicht die Leber der Frau untersucht, die Ursache ihres plötzlichen Todes wäre nie erkannt worden. Nicht nur ihr Liebhaber hatte ein Interesse daran, die Todesumstände lückenlos aufzuklären.

Ginge es nach mir, sollte viel häufiger obduziert werden, als es in Deutschland der Fall ist. Hierzulande bleiben vermutlich rund 1200 Tötungsdelikte pro Jahr unerkannt, weil eine rechtsmedizinische Untersuchung ausbleibt. Womöglich stecken auch finanzielle Gründe hinter der Zurückhaltung: Eine gerichtlich angeordnete Sektion kostet die Staatskasse Geld.

Man muss nicht unbedingt bei meinen Sektionen zuschauen, auch der Alltag hält vieles bereit, was die Ekelresistenz mancher Menschen auf die Probe stellen kann. Ende der 90er-Jahre fragte die Londoner Hochschule für Hygiene und Tropenmedizin in sämtlichen Kulturen der Welt nach, wovor die Menschen sich am meisten ekelten, und erstellte eine entsprechende Liste. Bestimmt findet sich auch für Sie Unappetitliches darin:

1. Körpersekrete: Kot, Erbrochenes, Schweiß, Blut und sämtliche Flüssigkeiten, die beim Sex entstehen und vergossen werden.
2. Abgetrennte Körperteile, Verletzungen, Leichen, Fußnägel, Verstümmelungen.
3. Verschimmeltes Essen, hierbei vor allem Gammelfleisch und -fisch.
4. Fliegen, Würmer, Maden.
5. Kranke und infizierte Menschen.

Sie können nun schockiert nach Riechsalz rufen, wenn der Ekel Sie überkommt, und in die Arme Ihres Partners fallen – oder folgende Ratschläge beherzigen:

1. Beschäftigen Sie Ihre Hände!
Wenn ich sehe, dass Besucher bei meinen Sektionen bleich werden, gebe ich ihnen eine Aufgabe. Ein Ohnmachtskandidat bekommt einen Gegenstand in die Hand gedrückt. Wer nun nicht vollends kollabiert, erholt sich meist schnell wieder: Wenn man etwas zum Festhalten hat, geht die Übelkeit wie von allein weg. Genauso sollte man verfahren, wenn man im Alltag Ekelerregendem ausgesetzt ist. Schauen Sie nicht weg, sondern beschäftigen Sie Ihre Hände.

Mit einem Feuerzeug, dem Schlüsselbund, dem Handy oder was auch immer Sie schnell in die Finger bekommen. Selbst ich kollabierte während meines Studiums einmal während einer Fingeramputation. Der Operateur hatte auf einen chirurgisch sauberen Schnitt verzichtet und zwei entzündete Finger einfach abgedreht und die blutigen Fleisch- und Knochenstücke in den Abfall geworfen. Ich war damals noch sehr empfindlich, mir wurde schwarz vor Augen, und ich bin umgefallen. Heute bin ich abgehärtet.

2. Benutzen Sie Ihren Verstand!

Mir war die Obduktion von Waldleichen nie angenehm. Wegen ihrer feuchten Lage schreitet bei ihnen der Fäulnisprozess besonders schnell voran. Oft ist das abgestorbene Gewebe von Abertausenden Maden besiedelt. Trotzdem muss man in die weiche, leicht schäumende Masse hineingreifen, um sie untersuchen zu können. Kein schönes Gefühl, selbst wenn Gummihandschuhe vor direktem Hautkontakt schützen. Ich versuche mir dann klarzumachen, dass die Made ja auch nur ein Entwicklungsstadium einer gewöhnlichen Stubenfliege ist. Und wer ekelt sich schon vor einer Fliege? Der Verstand verdrängt den anerzogenen Ekel vor Tod und Verwesung.

3. Analysieren Sie Ihre Gefühle!

Wenn der Verstand allein nicht hilft, nutzen Sie Ihre Fantasie: Überlegen Sie, was genau den Ekel auslöst: Fleischreste? Pah, Sie essen jeden Tag Fleisch in unterschiedlichen Konsistenzen und Aggregatzuständen. Blut? Wollten Sie beim letzten Grillabend Ihr Fleisch nicht blutig haben? Schleim, Eiter, Speichel? Bei jedem Schnupfen produzieren Sie Sekrete, lassen diese in Ihrem Mund und Ihren Schleimhäuten zirkulieren. Erst wenn Sekrete den Körper verlassen, werden sie als abstoßend empfunden. Vorher fallen sie gar nicht auf. Analysieren Sie also Ihre Empfindungen und kappen Sie die negativen Konnotationen in Ihrem Kopf. Besinnen Sie sich auf das Wesentliche: Am Ende ist alles Materie. An welcher Materie Ekelgefühle haften und an welcher nicht, ist anerzogen und sozialisiert: In Indien ekeln sich Menschen etwa vor Mahlzeiten, die von Frauen zubereitet wurden, die ihre Periode haben. Klingt für Sie abstrus? Ist es auch. Wer jedoch den Anblick von Blut nicht ertragen kann, wird das noch am ehesten nachvollziehen können.

Wie Sie das Betrachten von Blut aushalten (ohne umzukippen)

Sechs Liter Lebenssaft befinden sich im Körper des Menschen. Es genügen jedoch wenige Milliliter, um bei vielen Menschen Übelkeitsgefühle auszulösen. Selbst ich hatte zu Beginn meiner Karriere als Rechtsmediziner Probleme, große Mengen Blut zu betrachten. Manche Menschen entwickeln sogar eine krankhafte Angst vor Blut. Bei ihnen kann es dann zu einer sogenannten vasovagalen Synkope (Kreislaufkollaps) kommen. Über das Gehirn wird im vegetativen Nervensystem ein Reflex ausgelöst. Dieser Reflex sorgt über den Vagusnerv – einen großen Hirnnerv, der auch entlang des Halses verläuft – dafür, dass Blutgefäße plötzlich weit gestellt werden und die Herzfrequenz sich vermindert. Als Folge sackt das Blut aus dem Gehirn nach unten, sodass es nicht mehr ausreichend durchblutet wird. Der Mensch verliert das Bewusstsein.

Der schwedische Psychologe Lars-Göran Öst hat für Betroffene von Blut- und Spritzenphobien eine spezielle Methode entwickelt, die er »Angewandte Spannungstechnik« nennt. Sein Prinzip ist simpel: Durch wiederholtes Muskelanspannen zirkuliert Blut schneller, der Blutdruck steigt und wird hoch gehalten. Dadurch kann einem plötzlichen Absturz der Herzfrequenz, und damit einem Ohnmachtsanfall, vorgebeugt werden.

So funktioniert die Methode:

1. **Setzen Sie sich auf einen bequemen Stuhl und nehmen Sie eine aufrechte Haltung ein.** Spannen Sie nun die Mus-

keln in Ihren Armen, Beinen und im Oberkörper an. Halten Sie die Spannung 10 bis 15 Sekunden.

2. **Wiederholen Sie Punkt eins so lange, bis Sie ein warmes Gefühl im Kopf spüren.** Durch die Muskelkontraktion zirkuliert Ihr Blut nun schneller durch Ihren Körper. Entspannen Sie nun 20 bis 30 Sekunden lang.

3. **Wiederholen Sie diesen Prozess fünfmal.** Wenn Sie entspannen, sollten Sie nicht zu sehr ermüden, denn dann geht Ihr Blutdruck wieder nach unten, und alle Mühen waren umsonst. Trainieren Sie diese Technik mehrere Male am Tag mindestens eine Woche lang.

4. **Wagen Sie nun die Konfrontation.** Öst zeigt in seinen Therapiesitzungen Dias von Verletzten. Dabei werden insgesamt 30 Bilder benutzt. Der Patient soll die Dias betrachten und auf Anzeichen einer nahenden Ohnmacht achten, wie etwa kalter Schweiß auf der Stirn, mulmiges Gefühl im Magen oder Ohrensausen. Sobald diese Zeichen wahrgenommen werden, soll mit der Anspannungstechnik gegengesteuert werden, bis eine Besserung eintritt. Die vierte Sitzung findet bei einem Blutspendedienst statt, wo der Patient andere Personen beim Blutspenden beobachtet und auch selbst eine Spende abgibt. Wiederum wird die Anspannungstechnik benutzt, sobald der Patient die Ohnmachtsempfindungen spürt.

5. **Nun geht es ans Eingemachte: Die fünfte und letzte Sitzung wird in einer chirurgischen Station verbracht, wo der Patient eine Operation am offenen Herzen oder der Lunge von einem Beobachtungsraum drei Meter über dem Operationstisch beobachtet.** Bei einer Studie zur Effektivität der Methode konnten 90 Prozent der Patienten mit der »Angewandten Spannungstechnik« einen Ohnmachtsanfall vermeiden. Sie haben keinen Bekannten, der Sie als Zuschauer in einen OP-Saal einschleusen kann? Erkundigen Sie sich doch einmal bei einem rechtsmedizinischen Institut in Ihrer Nähe, wann die nächste Führung stattfindet.

Wie Sie schlechten Geruch ertragen

Augen kann man verschließen, wenn etwas unerträglich aussieht. Wenn etwas unerträglich riecht, kann man versuchen, die Nase abzuklemmen. Auf Dauer wird das aber wenig helfen.

Der Mensch hat 350 Riechsensoren am ganzen Körper.

Der Geruchssinn liefert uns Rechtsmedizinern immer wieder mächtige Sinneseindrücke. Es klingt makaber, aber die Geruchswelt des Sektionssaals ist der einer Gourmet-Metzgerei bisweilen nicht unähnlich. Der Duft einer mumifizierten Leiche erinnert an Bündnerfleisch, eine Delikatesse aus der Schweiz, die aus gepökeltem, trocken gelagertem Rindfleisch hergestellt wird. Und der Leichnam eines Verbrennungsopfers riecht tatsächlich wie geräucherter Schinken.

Bei der Verwesung zerfällt der Organismus in seine organische Substanz und löst seine Gestalt auf. Dabei kommt es zu wilden und geruchsintensiven chemischen Prozessen.

Nicht nur was Aussehen und Konsistenz betrifft, auch was den Geruch angeht, ist die Waldleiche ein besonderer Fall. Wenn Maden das Gewebe zersetzen, entsteht das Gas Ammoniak, das scharf und beißend riecht. Beim Verwesungsprozess wird außerdem reichlich Schwefelwasserstoff freigesetzt, was an Faule-Eier-Gestank erinnert.

Wenn Sie üblen Gerüchen ausgesetzt sind, gibt es nicht viel, was Sie dagegen tun können. Immerhin aber sollten Sie diese Tricks kennen:

1. Halten Sie die Luft an!

Versuchen Sie zunächst an etwas Wohlduftendes zu denken, halten Sie die Luft an und zählen Sie dann langsam bis zehn. Danach atmen Sie wieder normal. Sie werden feststellen, dass Sie den Gestank schon nicht mehr so stark wahrnehmen wie vorher. Auf Dauer werden Sie das aber nicht durchhalten können. Darum:

2. Ermüden Sie Ihre Schleimhäute!

Treffen Duftstoffe auf die Riechschleimhaut, werden die Geruchsmoleküle gelöst. Je nach Dauer des Geruchseindrucks wird aber auch die Riechschleimhaut schnell müde. Je länger man einen Gestank aushält, desto geringer wird die Wahrnehmung desselben.

Ein Prozess, der sich bei mir über viele Jahre erstreckte. Mein Geruchsempfinden wurde so sehr strapaziert, dass es heute sehr geschwunden ist. Die Torturen, die meine Nase bei Obduktionen ertragen musste, haben sie kapitulieren lassen. Heute ist meine Geruchswahrnehmung so gering, dass ich noch nicht einmal Blumenduft wahrnehmen kann. Für Sie sicher keine schöne Aussicht.

3. Verzichten Sie auf Gegenreize!

Wenn Besucher zu Obduktionen kommen, bringen manche in Taschentücher gewickelte Zitronenschalen mit oder intensive Duftöle wie Tigerbalsam. Dies halten oder reiben sie sich unter die Nase, um dem Gestank mit einem starken Duft entgegenzuwirken. Allerdings werden durch die Öle die Schleimhäute umso mehr gereizt und wach gehalten. Dies führt dazu, dass alle Düfte noch intensiver wahrgenommen werden. Leider auch die schlechten.

4. Atmen Sie durch den Mund!

Nehmen Sie Sauerstoff über den Mund auf, umgehen Sie den Riechnerv. Durch Mundatmung wird allerdings das sympathische Nervensystem stimuliert, was dazu führt, dass Ihre Organe in anstrengenden oder stressigen Situationen aktiver sind. Wenn Sie dies sehr lange tun, erhöht sich theoretisch der Herzschlag, Sie bleiben leistungsfähiger und wacher. Die richtige Voraussetzung also, um sich eine Strategie zu überlegen, wie man einer üblen Geruchsattacke schnell entkommen kann.

Apropos Leistungssteigerung: Zu Beginn des Kapitels habe ich erklärt, wir Rechtsmediziner seien nicht wie andere Mediziner für Heilung, sondern für Ermittlung zuständig. Manchmal können aber auch wir Gesundheitsempfehlungen aussprechen.

Eine solche wäre: Lassen Sie die Finger von verbotenen Medikamenten und Dopingmitteln, die versprechen, Sie stärker, schneller, leistungsfähiger zu machen. Ich kann nur davor warnen, denn ich weiß, was diese Substanzen im Körper des österreichischen Bodybuilders Andreas M. angerichtet haben. Dieser wurde von unserem Institut obduziert.

Der junge Mann aus der Steiermark eiferte seinem Vorbild Arnold Schwarzenegger nach, träumte von Hollywood, Geld und Ruhm. Im Frühjahr 1996 starb er mit nur 31 Jahren an multiplem Organversagen als Folge jahrelangen Dopings mit Ephedrin, Anabolika, Wachstumshormonen und anderen Mitteln.

In seiner Leber befanden sich gutartige Tumore in der Größe von Tischtennisbällen. Bei einer unglücklichen Bewegung, wenige Tage nach einem Wettkampf in den USA, war ein solcher Tumor aus der porösen Leber herausgedrückt worden und lag in der freien Bauchhöhle. In dem Organ war das Loch zu sehen, in dem der Tumor genistet hatte. Weil die Leber nicht schmerzempfindlich ist, bemerkte M. nur, dass er immer schwächer wurde. Im Krankenhaus wurde per Ultraschall festgestellt, dass seine Bauchhöhle voller Blut war. Die Blutung konnte zwar gestillt werden, doch der Bodybuilder erholte sich nicht mehr. Er fiel in einen Schockzustand und starb. Um vor dem Missbrauch von Dopingmitteln und verbotenen Medikamenten zu warnen, veröffentlichten wir eine Studie, in der auch unsere Obduktionsergebnisse nachzulesen waren: Bei der Sektion von M. hatten wir nicht nur Tumorbildungen in seinem Lebergewebe gefunden. Wie seine Muskeln, so war auch sein Herz unnatürlich gewachsen (Herzhypertrophie), hervorgerufen durch Bluthochdruck, und durch die Hormoneinnahme waren die inneren Geschlechtsorgane zurückgebildet.

Kurz vor seinem Tod hatte M. in einer TV-Dokumentation abgestritten, jemals verbotene Substanzen eingenommen zu haben. Er sagte, sein muskelbepackter Körper sei wie ein Ferrari – etwas, was nicht jeder habe.

Der Mann hatte geschwindelt und betrogen. Es war ein falsches Spiel mit seiner Gesundheit. Er pokerte hoch und verlor.

Am Ende entlarvte die Rechtsmedizin das tödliche Geheimnis seines Körpers.

»*Das Leben ist die Suche des Nichts nach dem Etwas.*«
Christian Morgenstern, Schriftsteller (1871–1914)

Fälschungen erkennen wie ein Zollfahnder

Wie Sie gefährliche Plagiate erkennen – Wie Sie verdächtige Mitreisende erkennen – Wie Sie nach Geheimverstecken fahnden

Ohne eine besondere Liebe fürs Detail könnte **Ul-rich Schulze** seinen Beruf nicht ausüben. Er achtet auf vermeintliche Kleinigkeiten, die andere gar nicht wahrnehmen: die Naht der Röhrenjeans etwa, die Gummierung der Turnschuhsohle, die Zahnrädchendrehzahl einer edlen Uhr oder die Blisterung einer Packung Kopfschmerztabletten. Doch nicht allein mit Mode und Medizin kennt sich Schulze aus, auch im Baumarkt entgeht seinem Expertenblick nur wenig: Schulze weiß, welcher Dübel aus dem Schwarzwald stammt und welcher aus China, welcher Bolzen ein Gerüst zusammenhält und welcher brechen wird. Und er weiß auch, wie man Leute erkennt, die einem billige Kopien statt geprüfter Originale unterjubeln wollen. Ulrich Schulze hat Jahrzehnte als Zollfahnder die Grenzen Deutschlands und der Europäischen Union gesichert, hat Produktpiraten gejagt, Schmuggler überführt und Geldwäscher entlarvt. Für seine Verdienste wurde Schulze als »Weltzöllner« von der World Customs Organization ausgezeichnet. Heute arbeitet der Zollamtmann a. D. bei der Frankfurter KDM Group, einer Firma, die Unternehmen zu Produktpiraterie und Patentsicherheit berät.

Wie Sie gefährliche Plagiate erkennen

Falls Sie dieses Buch nicht als E-Book, sondern in gedruckter Form lesen, möchte ich Sie um folgenden Test bitten: Schauen

Sie auf die einzelnen Buchstaben. Ist der Druck gleichmäßig oder hin und wieder ausgebleicht? Streichen Sie mit den Fingern über das Papier. Fühlt es sich dünn und porös an oder robust und widerstandsfähig? Schnuppern Sie nun am Falz. Riecht es dort angenehm holzig oder nach giftigem Lösungsmittel? Drehen Sie abschließend das Buch und schütteln Sie es kräftig. Fallen einzelne Seiten aus dem Druckerzeugnis oder hält alles kompakt zusammen?

Wenn die allgemeine Erscheinung sowie die Qualität von Druck, Geruch und Verarbeitung dieses Buchs Sie überzeugen, dann halten Sie höchstwahrscheinlich keine (oder zumindest keine billige) Raubkopie, sondern ein Original in den Händen. Das freut die Autoren und den Verlag, und auch Sie selbst können zufrieden sein: Statt Markenfälscher und Produktpiraten unterstützen Sie ehrliche Wertarbeit. Sie erhalten damit Arbeitsplätze, stärken die Volkswirtschaft und schützen geistiges Eigentum.

Ideenklau und das Verletzen von Marken- und Urheberrechten ärgerten bereits die antiken Dichter. Daher geht der Begriff des Plagiats auf den Römer Martial (40–103 n. Chr.) zurück. Nachdem ein römischer Schreiber die besten Passagen eines seiner Epigramme geklaut hatte, beschimpfte Martial diesen als »plagiarius« – »Menschenräuber« auf Latein.

Heute geht der Zoll gegen materielle Plagiate vor und versucht, Raubkopien und Fälschungen aus dem Warenverkehr zu ziehen.

Mit den Erzeugnissen von Produktpiraten ist mittlerweile mehr Geld zu machen als mit Drogengeschäften. Produktpiraterie ist Teil des organisierten Verbrechens. Deutschen Firmen entstehen dadurch jährliche Umsatzverluste von rund 50 Milliarden Euro.

Man kann also schon aus patriotischen Gründen auf Fake-Artikel verzichten. Aber vor allem auch aus egoistischen. Denn was billig ist, kann nicht gut sein.

Auch wenn in den Augen der Geizkrägen die Schatzkiste der Produktpiraten verführerisch funkelt, ihr Inhalt ist meist defekt, unbrauchbar, unrentabel und manchmal sogar gefährlich. Ein raubkopiertes Buch ist harmlos, nicht aber die folgenden Imitate.

Die hier aufgelisteten Waren sollten Sie unbedingt an der Einreise in Ihre Lebenswelt hindern.

Auto & Eigenheim

Das Kfz

Weit mehr als 10 000 Einzelteile sind in einem Auto verbaut. Wartung und Unterhalt von Kraftfahrzeugen sind teuer. Davon profitiert der Markt der Fälscher. Für die sind fast alle Kfz-Teile interessant: von der Schraube bis zur Zündkerze, von der Felge bis zum Bremsbelag. Um Imitate zu entlarven, muss man auf Teilegutachten und die Allgemeine Betriebserlaubnis (ABE) der Produkte achten und zudem Hologramme und 2D-Barcodes überprüfen – so kann man zumindest die billigsten Fälschungen entlarven.

Gefahr: hoch. Kopierte Bauteile bieten dem Fahrer Herzklopfen und Nervenkitzel statt Sicherheit. Unbedingt zu vermeiden sind diese:

- **Motorhauben:** Ohne Sollbruchstellen schieben sie sich bei einem Crash wie die Klinge einer vertikalen Guillotine in den Innenraum.
- **Windschutzscheiben:** Oft sind sie aus Fensterglas, ihre Splitter schießen bei einem Aufprall wie Dolche in die Fahrerkabine.
- **Fußmatten:** Die Nachbauten dienen am ehesten noch als Fußabstreifer, bei Bremsmanövern rutschen sie jedoch leicht unter das Pedal und blockieren es.
- **Scheinwerfer:** Fake-Leuchten werden so heiß, dass sie zu Plastikklumpen schmoren und Regenwasser die Lichter ausfallen lässt. So wird bei Nachtfahrten der Wagen mitsamt Insassen von der Dunkelheit verschluckt.

Immerhin: Auch bei Plagiaten kann sich die Investition in Qualität lohnen. In der Türkei gefertigte falsche Mercedes-Sterne waren so hochwertig, dass Daimler auf eine Klage gegen die Plagiatoren verzichtete – und die Fake-Fabrik zum Zulieferbetrieb machte.

Ist ein nicht genehmigtes Teil verbaut, erlischt übrigens die Allgemeine Betriebserlaubnis des Fahrzeugs – bei der nächsten Hauptuntersuchung erhält der Pkw keine Plakette mehr.

Die Gartenfackel

Wer gern stimmungsvolle Sommerabende im Feuerschein von Gartenfackeln verbringt, kann sich leicht in mehrfacher Hinsicht die Finger verbrennen: Zeitweise wurden radioaktiv belastete Feuerleuchten aus Indien nach Deutschland geliefert. Strahlenschutzexperten entdeckten sie schließlich bei Gastronomen auf der Insel Sylt. Nach 10 bis 15 Stunden Betriebsdauer war die Grenze der tolerierbaren Jahresbelastung für Menschen erreicht. Durch den deutschen TÜV wären die Billigprodukte nicht gekommen.

Gefahr: Da die Fackeln meist im Garten und somit in größerem Abstand genutzt wurden, war die Gefahr für den Menschen nicht akut. Doch wer dauerhaft die nuklearen Brennstäbe vom Subkontinent verheizt, braucht Tschernobyl-Pilze nicht mehr zu fürchten.

Das Quietsche-Entchen

Wer mit Badespielzeug in die Wanne steigt, sollte vorsichtshalber erst einmal daran riechen. Duftet es nach Teer oder Mottenkugeln, könnten sich gefährliche Weichmacher darin befinden. Viele dieser meist giftigen Stoffe sind in der EU verboten. Nicht immer kann der Zoll diese Produkte aus dem Verkehr ziehen.

Gefahr: Im schlimmsten Fall planscht der verbotene Weichmacher Diethylhexylphthalat mit. Der Name bricht Zungen, und der Stoff kann die männliche Fortpflanzungsfähigkeit gefährden, wie das Bundesamt für Risikobewertung erklärt. Auch verbotene krebserregende Stoffe werden häufig in buntem Wasserspielzeug gefunden, vom schwimmenden Quietsche-Entchen für Kinder bis hin zu aufblasbaren Booten, Luftmatratzen, Wasserbällen oder Schwimmreifen.

Der Dübel

Ein Unternehmen aus dem Schwarzwald stellt mit großem Erfolg einen hochwertigen Dübel her. Das Bauteil ist wegen seiner Qualität sehr populär und wird in aller Welt verwendet. So viel Erfolg weckt schnell Begehrlichkeiten – vor allem bei Fälscherbanden in Südostasien. Auf Messen preisen sie Plagiate an, die äußerlich perfekt sind und über originalgetreue Details verfügen. Kollegen vom Zoll konnten vor einigen Jahren verhindern, dass die Fälscher ihre Ware auf einer Messe an einen Großabnehmer verkauften. Sonst hätte heute Ihr örtlicher Baumarkt die Plagiate womöglich im Sortiment. Immer wieder gelingt es jedoch, minderwertige Artikel ohne Prüfsiegel im Handel zu platzieren. Wieder einmal ist der Preis der beste Plagiats-Detektor: Originalware ist nicht billig. Und der Ein-Euro-Laden keine Bastion der Wertarbeit.

Gefahr: Nicht nur der ambitionierte Heimwerker fürchtet gefälschte Schrauben wie der Klempner den Rohrbruch. Auch renommierte Bauherren fallen immer wieder auf Imitate herein, und die gefälschten Dübel oder Schrauben sind tückisch. Sie sind schnell verbaut, und was erst einmal aus den Augen ist, wird nicht mehr kontrolliert. Belegt ist eine ganze Reihe von Unfällen in aller Welt, deren Ursache Imitatschrauben waren. Zu den folgenschwersten zählt Norwegens bis dato größte Luftfahrtkatastrophe: 1989 stürzte eine Maschine der Partnair auf dem Weg von Oslo nach Hamburg ab, 55 Menschen starben. Im Heck der Convair CV-240-Maschine waren drei gefälschte Bolzen verbaut. 36 Jahre hatten sie gehalten. Bis zu jenem Tag im September.

Lifestyle & Genuss

Die Rolex-Uhr

Kaum ein Straßenbasar zwischen Bagdad und Bangkok, der nicht eine gefälschte Rolex Cosmograph Daytona im Angebot hat. Die Fake-Rolex ist der Porsche 911 unter den Markenimitaten: klassisch, zeitlos, unnütz und unwiderstehlich für Hochstapler und Angeber. Kratzer deuten auf gefälschte Ware hin, denn Originale verfügen über ein robustes Saphirglas. Ist das Stück sehr leicht, handelt es sich nicht um ein mechanisches, sondern um ein günstiges Quarz-Uhrwerk. Bei Imitaten gleitet der Sekundenzeiger nicht über die Fläche, sondern springt. Ein Tipp aus der Praxis: Wenn Sie im Urlaub Mitreisende treffen, die sich eine dicke Rolex zugelegt haben, fragen Sie die Zeitgenossen, ob sie nicht mit dem schönen neuen Stück in den Pool springen wollen. Käufer von echter Ware hätten damit kein Problem, Träger von Fake-Uhren hingegen schon. Original-Rolex-Uhren sind immer wasserdicht. Fälschungen fast nie.

Gefahr: für den Körper gering, für die Seele gewaltig. Die unzuverlässigen Chronographen führen zu Unpünktlichkeit, stören ein effektives Zeitmanagement und schaden der Karriere. Der Traum, sich eines Tages eine Original-Rolex leisten zu können, rückt so in weite Ferne.

Das Handy

Oft sind die Fälschungen so gut gemacht, dass man sie kaum vom Original unterscheiden kann. Darum sollten Sie Mobiltelefone, Akkus oder Batterieteile nur bei seriösen Händlern und nicht über das Internet kaufen. Wer nach einem Auslandsurlaub mit gefälschten Markenartikeln einreist und kontrolliert wird, hat nichts zu befürchten, solange er die Reisefreigrenze für den zollpflichtigen Privatgebrauch nicht überschreitet. Die Freigrenze hängt vom Einkaufspreis im Urlaubsland ab. Wer den Verdacht erweckt, er wolle mit den Fälschungen Handel treiben, hat jedoch ein Problem. Bei einem Mann aus der Türkei war das der Fall: Wir griffen ihn am Flughafen Düsseldorf mit gleich 54 gefälschten Handys auf. Bei dieser Menge lag der Verdacht auf illegalen Handel mit Plagiaten natürlich nahe. Die Handys wurden sichergestellt und vernichtet. Danach wurde ein Verfahren wegen Verstoßes gegen das Markengesetz und versuchter Steuerhinterziehung eingeleitet.

Gefahr: Schlagzeilen machte der Tod eines chinesischen Schweißers. In dessen Brusttasche explodierte ein gefälschtes Handy. Durch die Wucht der Detonation brach eine Rippe und bohrte sich ins Herz. Der Mann war sofort tot. Seitdem ist der Verkauf von Handy-Akku-Plagiaten im Reich der Mitte verboten. Zumindest offiziell.

Die Jeans

Anfang der 90er-Jahre verlagerten westliche Hersteller von Bekleidungs- und Elektronikartikeln ihre Produktion in die Billiglohnländer Asiens. Es ist kein Zufall, dass seither gerade in dieser Weltregion die Industrie der Markenfälscher blüht. Neu entwickelte Modelle verschwinden aus den Fabriken der Originalhersteller und werden in illegalen Produktionsstätten kopiert. Indem Hersteller ihre Produktion auslagern, sparen sie zwar Kosten, gleichzeitig begünstigen sie damit aber das Geschäft der ortsansässigen Produktpiraten und den daraus entstehenden Image- und Wirtschaftsschaden. Die Imitate sind so ausgefeilt, dass sie kaum noch vom Original zu unterscheiden sind. Allerdings: Wer auch im Urlaub nur bei offiziellen Markenhändlern einkauft, kann die Artikel zurückgeben, sollten sie sich als beschädigt, minderwertig oder gar als Imitat entpuppen. Die Händler der orientalischen Straßenbasare sind hinsichtlich der Gewährleistung wenig kulant.

Gefahr: Das Herstellen von Jeans ist aufgrund der verwendeten Chemikalien an sich schon eine schmutzige Angelegenheit. Nun sind illegale asiatische Hinterhoffabriken nicht gerade für ihren strengen Arbeitsschutz bekannt. Und auch die Chemiesuppen, in denen die Textilien gebadet und gebleicht werden, sähe man lieber in einem Fass in einer Endlagerstätte. Gesund kann es also nicht sein, wenn diese Stoffe stattdessen an Bauch, Beinen und Po scheuern.

Die Zigaretten

Die Zigarettenindustrie lässt Wissenschaftler gern im Müll anderer Leute wühlen. Bei der sogenannten Entsorgungsstudie werden aus Abfall- und Recyclinganlagen weggeworfene Zigarettenschachteln gefischt und geprüft, um welche Marke es sich handelt und ob sie eine Steuerbanderole aufweisen. Das Ergebnis: 2013 war jede fünfte gerauchte Zigarette nicht in Deutschland versteuert worden. Immer wieder finden die Forscher in Mülleimern eine gelbe Packung mit einem Ziegenbock als Logo, der an das Design der Marke Camel erinnert. Eine der populärsten Zigarettenmarken in Deutschland, so schließt die Studie, ist demnach die Marke Jin Ling.

Eine Schachtel mit 20 Zigaretten kostet weniger als zwei Euro. Allerdings nur auf dem Schwarzmarkt. Jin-Ling-Zigaretten werden in der russischen Enklave Kaliningrad in großen Mengen von der Firma Baltische Tabakfabrik hergestellt und von dort aus in den EU-Markt geschmuggelt. Rund fünf Milliarden der Billigkippen fluten jährlich den europäischen Wirtschaftsraum, und hier vor allem den deutschen. Die hohe Tabaksteuer lässt den Schwarzmarkt blühen. Die Ware wird auf der A2 (im Polizeijargon »Warschauer Straße« genannt) aus dem Ostblock über Berlin Richtung Ruhrgebiet geschmuggelt und landet irgendwann in der Plastiktüte eines Händlers, der Ihnen auf dem Parkplatz eines Discounters die gelben Kippen unter die Nase hält.

Gefahr: Was passiert, wenn Sie zugreifen und sich eine Jin Ling anzünden? Geschmacklich werden Sie vielleicht keinen Unterschied zur Marlboro aus dem Automaten erkennen. Während also das Nikotin in Ihren Blutkreislauf fließt und seine beruhigende Wirkung entfaltet, denken Sie doch mal über Folgendes nach:

Sie haben dem Typen vom Supermarkt-Parkplatz für zwei Euro illegale und unverzollte Ware abgekauft. Dadurch entgehen dem Staat Steuereinnahmen – insgesamt bis zu vier Milliarden Euro pro Jahr –, die sonst dem Gemeinwohl zugutekommen.

Sie sagen: Ist mir egal, schließlich zahle ich schon genug Steuern?

So kann man es sehen.

Allerdings machen Sie durch Ihren Kauf die Baltische Tabakfabrik und damit die internationale Zigaretten-Mafia reicher. Die kann dank Ihrer zwei Euro investieren und expandieren. Sie kann korrupte Ostblock-Zöllner kaufen und so die Staatsgewalt zu Mittätern machen. Korruption ist Gift für jede Volkswirtschaft.

Einen noch größeren Teil Ihrer zwei Euro investiert die Mafia in die Sicherung ihrer Macht. Sie heuert Auftragskiller an, um Geschäftspartner zu bedrohen, zu erpressen oder sofort zu liquidieren. Wie etwa der Vietnamese Duy Bao Le, Spitzname »der Barmherzige« – wobei »der Erbarmungslose« besser gepasst hätte. 2002 wurde der Chef der Berliner Zigaretten-Mafia zu lebenslanger Haft verurteilt. Er hatte acht Morde in Auftrag gegeben. Insgesamt 19 Menschen wurden im Krieg der Zigaretten-Banden in der deutschen Hauptstadt per Kopfschuss getötet. Bezahlt wurden die Kugeln mit den auf dem Schwarzmarkt abgeschöpften Gewinnen.

Die Marke Jin Ling ist mittlerweile so verbreitet, dass sogar die Schmuggelware selbst wiederum gefälscht wird. 2007 wurde bei Köln eine illegale Werkstatt ausgehoben, wo unter haarsträubenden Produktionsbedingungen Rattenkot, Milben, Pestizide und anderer Schmutz in den Tabak der Billigkippen gekehrt wurden. Die Imitat-Jin-Ling waren zumindest äußerlich von den russischen Schmuggelkippen nicht zu unterscheiden.

Der Schlangenschnaps

Als Zollfahnder wird man unfreiwillig zum Ramschgutachter: Bettvorleger aus Tigerfell, Sitzhocker aus Elefantenbeinen oder Aschenbecher aus Löwenpfoten, dazu allerhand Eingelegtes oder Ausgestopftes fallen dem Grenzer in die Hände. Viele dieser Geschmacksverirrungen verstoßen gegen das Washingtoner Artenschutzübereinkommen, in dem geregelt ist, welche Tierarten geschützt sind und nicht eingeführt werden dürfen. Zu den verbotenen, aber gern geschmuggelten Souvenirs gehört der Schlangenschnaps. In Vietnam legen Bauern Kobras, Vipern und Skorpione in hochprozentigen Reiswein ein. Durch das Ethanol wird das Gift der Tiere neutralisiert. Das daraus entstehende Elixier soll Haarausfall, Rückenbeschwerden, Potenzprobleme und andere Alltagsgebrechen kurieren. Man könnte sagen: ein Klosterfrau Melissengeist aus Fernost.

Gefahr: Sie geht weniger vom Alkohol als von den darin eingelegten Tieren aus. In der chinesischen Metropole Harbin wollte eine Frau ihre Rheumaschmerzen mit einem Schluck Schlangenschnaps besänftigen. Als sie den Verschluss der Flasche aufdrehte, schnellte die tot geglaubte Viper heraus und biss sie in die Hand, wie die *China Times* im September 2013 berichtete. Bei anderen dokumentierten Beißattacken soll es sogar zu Todesfällen gekommen sein. Einige Schlangen können ihren Stoffwechsel offenbar geschickt herunterfahren. Sie versetzen sich in den Tiefschlaf und überleben so rund drei Monate lang ohne Sauerstoff in einer mit Schnaps gefüllten Flasche.

Liebe & Sex

Das Parfum

Populäre Parfum-Marken sind teuer. Darum werden im Internet Imitate für einen Bruchteil des Originalpreises angeboten. Parfum-Hersteller können ihre Kreationen nicht schützen lassen, da weder Düfte noch die ihnen zugrunde liegende chemische Formel beim deutschen Patent- und Markenamt hinterlegt werden können. Allerdings ergibt das Design von Flakon und Verpackung zusammen mit dem Duft eine geschützte Marke. Diese Elemente werden von Fälschern aufgegriffen und nachgeahmt. Typischerweise verflüchtigt sich der Imitat-Duft schneller als das Original, weil er billiger hergestellt wird. Auch die Widerstandskraft der Flakons ist gering. Viele zerbrechen schon bei leichter Erschütterung im Koffer.

Gefahr: Von den geprüften Duft-Imitaten geht wenig Gefahr aus. Eher von Fälschungen, die auf Straßenmärkten und Touristenbasaren angepriesen werden. Meist nutzen die Fälscher chemische Konservierungsmittel wie Lackverdünner oder Antifrostschutzmittel. Und das will man sich doch lieber nicht ins Gesicht sprühen.

Der Vibrator

Auch auf Erotikmessen wie der »Venus« sind Fahnder beruflich unterwegs. Man findet dort etliche Plagiate von Sexspielzeugen. Im Jahr 2011 wurde der Vibrator »Patchy Paul« mit der Negativauszeichnung »Plagiarius« prämiert. Der Titel prangert plumpen Ideenklau, Diebstahl geistigen Eigentums und skrupellose Machenschaften an. Trotz seines harmlosen Namens verortete man »Patchy Paul« in diesem Milieu. Das populäre Sexspielzeug gilt als Klassiker im Sortiment einer Bremer Firma. Im chinesischen Guangdong kupferten Hersteller das Spielzeug ab und brachten es für einen Bruchteil des Originalpreises in den Handel – für jene, die es besonders billig mögen.

Gefahr: Eigentlich sollte es eine Selbstverständlichkeit sein, dass alles, was für die Einfuhr in den Intimbereich bestimmt ist, strengste Kontrollen bestehen sollte. Ähnlich wie bei Wasserspielzeug aus Plastik erkennt man Giftstoffe oft an dem penetranten chemischen Geruch der Artikel. Und am Preis.

Die Viagra-Pille

Der Markt der illegalen Arzneimittel ist gigantisch. Die Gewinnmargen sind höher als im Drogen- oder Menschenhandel. Deshalb gibt es auch kaum ein populäres Medikament, das nicht gefälscht wird. Über Internetapotheken werden die Geschäfte mit Fake-Medikamenten abgewickelt. Die Warenpalette ist breit: Aspirin, Schmerzmittel, dubiose Sexpillen und Schlankmacher, Allergietabletten und Anabolika – für jeden ist etwas dabei. Die Mittel sind ohne Verschreibung zu bekommen und kosten nur einen Bruchteil des offiziellen Preises. Laut Schätzungen der Weltgesundheitsorganisation WHO ist jedes zweite im Internet vertriebene Medikament gefälscht. Der beste Schutz vor der Arznei der Scharlatane: Medikamente verschreiben lassen und in der Apotheke nebenan kaufen. So spart man zwar kein Geld, schützt aber seine Gesundheit – was einem doch deutlich wichtiger sein sollte.

Gefahr: Im besten Fall sind die Pillen Placebos und somit harmlos. Im schlimmsten Fall wurden sie in dubiosen Giftküchen zusammengepanscht und enthalten Kleber, Lacke und Farbstoffe, damit sie zum Beispiel wie die rautenförmigen blauen Viagra-Pillen aussehen. Nach dem Konsum von gefälschten Potenzmitteln erlitten in Singapur vor einigen Jahren etliche Menschen einen Hirnschlag, weil die Inhaltsstoffe der Fake-Pillen falsch dosiert waren. Auch der Deutsche Rene D., ein 45-jähriger Ingenieur, wurde Opfer der Imitate. Eines Nachts wurde er mit Schaum vor dem Mund in seiner Wohnung gefunden. Gefährliche Mengen von Glibenclamid, einem Diabetes-Medikament, waren den Tabletten beigemischt. Die Folge: Unterzuckerung, Hirnschlag, Koma.

Wie Sie verdächtige Mitreisende erkennen

Sie kommen aus dem Urlaub, holen Ihren Koffer vom Band und gehen zum Ausgang. Sie haben nichts zu deklarieren und verlassen den Flughafen. Doch im Augenwinkel erkennen Sie noch den Mitreisenden, der von den Beamten aufgehalten und gefragt wird: »Haben Sie etwas zu verzollen?«

Vielleicht fragen Sie sich nun, warum ausgerechnet der nette Herr, der im Flieger neben Ihnen saß, seinen Koffer öffnen muss. Und warum nicht Sie selbst?

Es gibt einige taktische Geheimnisse der Fahndung, die ich hier nicht verraten kann. Anderes Wissen darf ich offenbaren, denn es basiert allein auf logischem Denken und wachen Augen. Ich finde es erschreckend, wie viele Menschen mit Scheuklappen durch die Welt laufen. So kann man nichts entdecken.

Im Folgenden skizziere ich drei klassische Schmuggler-Typen – und wodurch sie sich verdächtig machen. Es sind Charaktere, die Ihnen begegnen, wenn Sie auf Reisen sind: Sie warten mit Ihnen auf den Flug. Oder tanken wie Sie vor der Grenze noch mal voll. Sie trinken mit Ihnen in der Autobahn-Raststätte einen Kaffee. Oder sitzen in Ihrem Zugabteil. Manche sind kriminell, weil sie Geld machen wollen. Andere sind es, weil sie kein Geld verlieren wollen. Und wieder andere werden Schmuggler, weil sie das Geld brauchen, um zu überleben.

Im Flugzeug: Pablo, der Bodypacker

Er ist Tagelöhner, und das Geld reicht einfach nicht, um seine Familie zu ernähren. Er lebt irgendwo in Südamerika. Nennen wir ihn Pablo.

Wenn Pablo Glück hat, packt er Obst von einer Plantage in Kisten, die Richtung Europa verschifft werden. Aber egal, wie viel er schuftet, Pablo wird immer arm bleiben. Also willigt er in einen lukrativen, aber gefährlichen Deal ein und beschließt, selbst auf Reisen zu gehen. Er soll als Flugpassagier Kokain nach Deutschland bringen. Wenn er es schafft, bekommt er 1000 Dollar bar auf die Hand. So viel, wie er sonst in einem ganzen Jahr verdient. Für die Drogenbosse ist Pablo nun ein »Donkey« – ein Esel. So nennt das Kartell die billig angeheuerten Transporteure des Stoffs.

Pablo bucht ein Ticket mit kurzem Stopp in Madrid. Er darf keine Zeit verlieren. Je länger er unterwegs ist, desto gefährlicher ist sein Job.

Er schluckt mit flüssigem Kokain gefüllte Kondome, die wiederum in Fingerlinge gepackt werden. In diese Plastikkapseln passen 12 Gramm des Rauschgifts. Mehr als ein Kilo muss er in seinem Magen-Darm-Trakt nach Europa schmuggeln. Löst die Magensäure die Fingerlinge auf, hat Pablo keine Chance zu überleben. Es ist ein Wettrennen gegen die Zeit – und den Zoll.

Wie erkennt man einen solchen Schmuggler?

Bodypacker, wie die Kuriere genannt werden, sind meist männlich, stammen aus Südamerika und sind zwischen 20 und 50 Jahre alt. Fahnder schauen immer auf die Hände einer Person, denn sie verraten einiges: Wer Narben und Schwielen an den Fingern hat, arbeitet nicht im Büro am Computer. Typischerweise tragen »Donkeys« zur Tarnung teure Anzüge. Ein Anzugträger, der die Hände eines Kistenpackers hat, ist also verdächtig.

Bodypacker essen und trinken nichts, nehmen aber Tabletten gegen Durchfall, um die Darmtätigkeit auszuschalten. Weil sie unter großem Zeitdruck stehen, ihre Fracht nach der Landung schnell loszuwerden, sind Körperschmuggler nervös und ungeduldig – schließlich sind sie in Lebensgefahr. Ein Röntgenbild bringt meist Gewissheit: Darauf sind die Fingerlinge in Magen und Darm zu sehen. Auf dem sogenannten Schlucker-WC können die überführten Kuriere unter Aufsicht ihre Fracht abführen.

Und Pablo? Mehrere Dutzend Bodypacker werden jedes Jahr an deutschen Flughäfen festgenommen. Meist sind es verarmte und verzweifelte Menschen, die für wenig Geld ihr Leben riskieren. Ihre Auftraggeber hingegen verdienen Millionen. Sie tragen teure Anzüge und sind stolz auf ihre gepflegten Hände. Schließlich machen die Drecksarbeit die anderen.

Auf der Autobahn: Axel, der Chauffeur

Sie sind auf dem Weg in den Urlaub, fahren Richtung Ostsee. Sie machen Rast an einer Tankstelle kurz vor der polnischen Grenze und bestellen sich einen Kaffee. Da fällt Ihnen ein junger Mann mit zerschlissenen Jeans auf. Er ist Anfang 20 und tankt ein großes, teures Auto voll. Der junge Mann hat offenbar Geld und eine Vorliebe für PS-starke Karossen, so könnte man glauben. Nennen wir ihn Axel.

Einmal im Monat bekommt Axel einen Anruf mit Instruktionen. Er solle zu einer Raststätte östlich von Berlin kommen. Dort drückt ihm ein Mann ohne Namen einen Schlüssel in die Hand. Es ist jedes Mal ein anderes teures Auto: meist Modelle wie Porsche Cayenne, Audi Q7 oder BMW X5. Für ein paar Hundert Euro fährt Axel dann die Karossen über die Grenze. Am vereinbarten Treffpunkt in Polen übernimmt ein weiterer Mittelsmann. Auch er hat keinen Namen. Zurück nach Berlin fährt Axel mit dem Zug. Leicht verdientes Geld, sagt er sich.

Kleinganove Axel ist nur eine winzige Schraube im großen Uhrwerk der Autoschieber-Mafia. Er begegnet niemals denselben Auftraggebern. Deren Geschäft läuft so: Scheinfirmen schließen Leasingverträge für Autos ab und lassen sie, noch bevor die erste Rate fällig wird, im Ausland verschwinden. Oder: Händler kaufen Autos mit Totalschaden auf, um so an deren Fahrzeugpapiere zu kommen. Anschließend wird ein baugleicher Wagen gestohlen, der Fahrzeugschein auf den neuen Besitzer umgeschrieben – und schon gibt es einen sogenannten Zwilling, in dem dann Axel Richtung Ost fährt.

Axel bringt die Autos nur ein paar Kilometer hinter die polnische Grenze. Doch er kann sich vorstellen, dass es erst der Beginn der Reise für die geklauten Fahrzeuge ist. Auf Märkten in Osteuropa und im Nahen Osten werden sie mit hoher Gewinnspanne verkauft werden. Wird er nach seinem Job gefragt, sagt Axel: Ich bin Chauffeur, mehr nicht.

Wie erkennt man Autoschieber?

Verdächtig sind rote Kennzeichen, die von Kfz-Gewerbehändlern für Probe- oder Überführungsfahrten genutzt werden. Und teure Leihwagen, die gen Osten fahren. Denn viele Autovermietungen erlauben es ihren Kunden nicht, ins osteuropäische Ausland zu reisen.

Auch hier stellt sich wieder die Frage: Passen Fahrer und Auto zusammen? Was macht ein junger Mann in einem Auto, das aussieht wie der Dienstwagen eines Topmanagers?

Als Fahnder muss man die richtigen Fragen stellen. Es geht darum, Widersprüche und Sachverhalte, die nicht stimmig sind, aufzudecken.

Warum fliegt ein Geschäftsreisender mit Übergepäck zu einem Meeting, das angeblich nur wenige Stunden dauert? Warum hat der Langzeiturlauber keine Zahnbürste dabei? Oder: Warum wird ein Paket voller Hightech-Bauteile über Umwege in einen autoritären Staat des Nahen Ostens verschickt? Warum nicht auf direktem Weg? Warum über drei Kontinente? Warum nimmt man hohe Zölle und Frachtkosten in Kauf? Was und wer steckt hinter diesem scheinbar wenig lukrativen Geschäft? Wird hier versucht, ein Waffen- oder Wirtschaftsembargo zu umgehen?

Wenn Axel in seinem Cayenne von der Polizei aufgegriffen wird, behauptet er, er besuche seine Freundin in Warschau. In welcher Straße sie dort genau wohnt, werden die Zöllner fragen. Oder: Wie heißt der Kiosk gegenüber ihrer Wohnung? Axel wird irgendwann nervös werden, weil er sich in Notlügen verstrickt. Und sich damit verdächtig machen.

Kollegen griffen einmal einen Kokainschmuggler aus Afrika auf, der behauptete, er sei Pfarrer. Die Geschichte vom Besuch beim Kirchentag war stimmig. Nur eines hatte der Mann vergessen: eine Bibel. Pfarrer auf Reisen ohne Heilige Schrift? Beim Röntgen wurde der Kurier als Bodypacker entlarvt.

Und Axel? Er wird womöglich auffliegen und wegen Hehlerei verurteilt werden. Doch den Betrieb der Mafia-Maschine stört es nicht, wenn eine einzelne Schraube ausfällt.

Im Urlaub: Das Ehepaar Schmitz

Seit in der »Tagesschau« wieder von Steuer-CDs die Rede ist, können die beiden Senioren nicht mehr gut schlafen. Andauernd ist von der Schweiz, von Nummernkonten und einer CD mit den Daten deutscher Steuersünder die Rede. Das macht nervös und lässt den Blutdruck steigen. Und Aufregung, das ist bekannt, ist nicht gut für das betagte Herz.

Nennen wir die beiden Rentner das Ehepaar Schmitz.

Immer wenn das Telefon klingelt, geht Herr Schmitz vom Schlimmsten aus. Die Polizei? Das Finanzamt? Fahnder? Zum Glück sind meist nur die Kinder dran. Doch ihnen kann Herr Schmitz seine Sorgen nicht beichten. Die Kinder sollen nicht Mitwisser werden.

Also beschließen die Schmitzs zu handeln, mieten ein Auto und fahren gen Süden. Sie wollen das Geld zurückholen. In der Schweiz, so glauben sie, ist es nicht mehr sicher. Jahrzehnte hat dort das Erbe sanft auf einem Nummernkonto geschlummert, es warf ordentlich Zinsen ab. Eine wunderbare Anlage war das. Diskret und ergiebig. Niemand wusste davon. Kein Steuerberater, kein Finanzamt, nur sie beide.

Und nun? Taucht auch der Name Schmitz auf der CD auf? Und wenn nicht auf dieser, dann auf der nächsten? Wie viele dieser Banker-Halunken werden noch Datensammlungen an den deutschen Staat verhökern? Diese Fragen drücken schwer aufs Gemüt.

Einen Teil des schwarzen Vermögens, das heimgeholt werden soll, möchte Frau Schmitz gleich in Goldschmuck investieren. Auch das ist eine Anlage, sagt sie. Der Rest soll bar zurück. Die nächsten Jahre, so glauben sie, werden sie sich dann den Weg zum Geldautomaten sparen können. Das freut Herrn Schmitz – denn er vergisst seine PIN andauernd.

Wenn die Medien über Steuersünder-CDs und die Fälle Hoeneß oder Zumwinkel berichten, dann können die Zollkollegen an den Grenzen Extraschichten fahren. Millionen von Euro werden dann auf abenteuerliche Weise in die Heimat geholt.

Sind Sie an der luxemburgischen Grenze oder im Dreiländereck zwischen Deutschland, Österreich und der Schweiz unterwegs, sind die Chancen hoch, dass Sie Steuersündern wie dem Ehepaar Schmitz begegnen: In der Schlange vor der Grenzkontrolle, im Alpen-Urlaub oder etwa beim Juwelier in der Zürcher Fußgängerzone.

Woran erkennt man Schwarzgeldschmuggler?

Jugendliche unterhalten selten Auslandskonten, verdächtig sind daher eher ältere Herrschaften, die einen gewissen Wohlstand ausstrahlen. Oberklasselimousinen werden darum häufig kontrolliert. Auch die Kennzeichen sind für Fahnder interessant: Wer ist im Mietwagen unterwegs? Wer nimmt eine weite Anreise auf sich?

Geldwäscher beweisen Einfallsreichtum: Zu den beliebtesten Verstecken gehört die Windel, allerdings nicht die für Kinder, sondern die für Senioren. Darin werden dann Barbeträge im Wert eines Eigenheims eingearbeitet. In Konstanz griff man einen Mann auf, der mit 140 000 Euro in kleinen Scheinen gewikkelt war. Ein anderer Senior trug ein Frauenkorsett, in das er 150 000 Euro eingearbeitet hatte. Dass ihm die Reizwäsche die Luft abschnürte, fiel natürlich auf.

Wie das Ehepaar Schmitz versuchen viele, einen Teil des Schwarzgelds in Schmuck zu reinvestieren. Darum jubeln auch die Züricher oder Luxemburger Juweliere, wenn in Deutschland Steuersünder Schlagzeilen machen. Gefragt sind dann kleine, feine und teure Schmuckstücke, die sich leicht verstecken lassen. Denn Diamanten und andere Edelsteine müssen wie Bargeld über 10 000 Euro bei der Einreise angemeldet werden.

Fliegt das Ehepaar Schmitz auf, droht ein Bußgeld – schlimmer aber ist die Kontrollmitteilung an das örtliche Finanzamt. Sind die Fahnder dort informiert, werden die Schmitzs erst recht nicht mehr ruhig schlafen können.

Wie Sie nach Geheimverstecken fahnden

Die Arbeit des Zolls handelt vom Suchen und Finden des Verdachts, des Verbotenen und Unversteuerten.

Welche Taktiken können nun Laien anwenden, wenn sie selbst nach Verstecken suchen?

Grundsätzlich sollten Sie zunächst wissen, was Sie überhaupt zu finden beabsichtigen. Fahndet man beim Zoll nach Kokainschmugglern, schaut man sich Reisende aus Südamerika an. Sucht man Autoschieber, rücken Luxuswagen in den Blick. Wer unverzollte Zigaretten aufspüren will, wühlt im Stauraum eines Lkw. Und hat man Geldwäscher im Visier, kontrolliert man auf bestimmten Reiserouten.

Gehen wir von folgendem Szenario aus: Das Ehepaar Schmitz wird auf seinem Heimweg aus der Schweiz kontrolliert. Im Gespräch verstrickt es sich in Widersprüche. Man vermutet, dass im Auto große Mengen von nicht deklariertem Bargeld versteckt sind. Nun geht es darum, dieses zu finden.

Suchen Sie nicht allein!

Vier Augen sehen mehr als zwei? Allerdings! Es hat seinen Grund, weshalb Zöllner mit einem Kollegen kontrollieren: um Bestechungsversuche zu verhindern und um einen Zeugen zu haben, falls es zu einem Verfahren kommt. Aber eben auch, um mehr zu sehen.

Teilen Sie sich auf!

Die klassische Arbeitsteilung der Fahnder sieht so aus: Einer sucht, der andere schaut zu. Wobei Letzterer nicht den langweiligeren Job hat. Im Gegenteil: Er muss die Reaktionen der Personen während der Durchsuchung ihrer Habe genau beobachten. Was das psychologische Geschick betrifft, ist dies die anspruchsvollere Aufgabe.

Schütteln Sie die Hand!

Als Fahnder grüßen wir Verdächtige nicht per Handschlag. Ihnen als Laie kann diese offensichtlichste Form der Körpersprache jedoch wichtige Hinweise liefern. Weil diese Art der Kommunikation situationsbezogen, unbewusst und instinktiv erfolgt, kann sie kaum manipuliert werden. Anthropologen zufolge schütteln wir übrigens nur Hände, um dem anderen zu zeigen, dass wir unbewaffnet sind. Ein übertrieben harter Händedruck oder von Angstschweiß feuchte Handflächen sprechen für sich. Interessanter ist der Augenkontakt. Kann der Blick gehalten werden, oder geht er unstet und verunsichert in die Ferne?

Folgen Sie dem Blick des Verdächtigen!

Auch während der Suche sollten Sie die Blickführung des Verdächtigen genau studieren. Meist verraten sich die Schmuggler selbst, indem sie über ihre Körpersprache Hinweise auf das Versteck geben. Wann wird jemand nervös? Wann entspannt er sich? Versucht er abzulenken? Ein Gespräch anzufangen?

Es ist tatsächlich wie beim Ostereiersuchen: Man tastet sich von kalt zu heiß – und wenn es extrem heiß wird, sieht man dem Verdächtigen das auch an. Die Blickführung geht in diesem Moment meist in Richtung des Verstecks. So konnten wir einen Geldwäscher entlarven, der ein Auslandskonto aufgelöst und 800 000 Euro Schwarzgeld in der Klimaanlage seines Autos verbaut hatte. Beim Suchen unter den Fußmatten und in der Dachverkleidung schweifte sein Blick weg. Als wir den Lüftungsschacht aufschraubten, schienen seine Augen plötzlich interessierter.

Sein Blick sprach für sich. Er sagte uns: Heiß!

Über die Autoren

Reinhard Keck, geboren 1981, berichtete als Sport- und Polizeireporter für die *Münchner Abendzeitung* und die Londoner *Times*. Er ist Redakteur bei der *Bild am Sonntag* und lebt in Berlin.

Marc-André Rüssau, geboren 1980, ist Redakteur bei der *Bild am Sonntag*. Er recherchiert im Bereich Justiz und organisierte Kriminalität. 2013 erschien sein Bestseller *Rotlichtkrieg*. Rüssau lebt in Berlin.

Auch als **E-Book** erhältlich

224 Seiten
Preis: 16,99 € (D) | 17,50 € (A)
ISBN 978-3-86882-493-3

Joe Navarro

DIE PSYCHOPATHEN UNTER UNS

Der FBI-Agent erklärt, wie Sie gefährliche Menschen im Alltag erkennen und sich vor ihnen schützen

Psychopathen? Die großen Massenmörder der Gegenwart fallen einem ein, die Amokläufer, die Gemeingefährlichen. Doch es sind nicht nur jene aus den Schlagzeilen, die unser Leben bedrohen. Es sind die Nachbarn, die aus fadenscheinigen Gründen einen Streit vom Gartenzaun brechen, die falschen Freunde, die unsere Energie und Kraft rauben, die Mobber im Büro.

Die Psychopathen sind unter uns und wir können uns nicht darauf verlassen, dass die Polizei oder Politik uns vor ihnen schützen. Wir selbst müssen uns und die Menschen, die wie lieben, gegen diese Raubtiere in Menschenform verteidigen! Das bislang geheime Wissen der FBI-Profiler und Agenten hilft uns dabei.

240 Seiten
Preis: 19,99 € (D) | 20,60 € (A)
ISBN 978-3-86883-290-7

Judith Grohmann

IN GEHEIMER MISSION
Was Polizeisondereinheiten im Kampf gegen Verbrechen und Terror erleben

SWAT, Cobra, TEK oder GIGN – die Eliteeinheiten der Polizei kommen immer dann zum Einsatz, wenn es besonders gefährlich wird. Bewaffnete Geiselnahmen und Einsätze gegen die organisierte Kriminalität, Flugzeugentführungen und die Bekämpfung von Terrorismus gehören zum Aufgabengebiet dieser Einsatzkommandos. Immer wieder treffen sich die Spezialkräfte aus aller Welt zum Erfahrungsaustausch.

Die Journalistin Judith Grohmann erhielt als erste Außenstehende überhaupt Zutritt zu diesem Männerbund und berichtet exklusiv aus der geheimen Welt der Eliteeinheiten.